新编高职高专旅游管理类专业规划教材
谢彦君　总主编

LÜXINGSHE CHANPIN SHEJI

旅行社产品设计

万剑敏　主　编
冯　静　朱　廉　徐玉萍　副主编

北京·旅游教育出版社

前言

  旅行社业是旅游业的三大支柱之一。随着我国旅游业的不断发展和人民生活水平的提高,旅行社业也取得了长足的进步。据2013年第三季度全国旅行社统计调查情况汇总公报,全国列入统计的旅行社有25 941家。旅行社行业竞争日趋激烈,呈现出旅游产品结构多样化、品种细分化、旅行社经营品牌化、市场营销网络化、旅游服务社会化等特点,旅行社采用单纯的价格竞争已经无法在市场上立足。旅行社亟待提高产品开发设计的现代市场营销理念和科技含量,打造旅行社产品的核心竞争力。而随着行业发展,其对旅行社专业人才的要求也越来越高,培养高素质旅行社专业人才已成为必然的趋势。

  目前,在我国现行的旅游职业教育中,旅行社方面的专业课程主要有《旅行社经营管理》《导游业务》《模拟导游》等。旅行社作为以营利为目的的经营主体,其产品的开发设计是旅行社进行现代旅游市场营销,赢得市场竞争胜利的关键所在,也是旅行社避免价格战的致胜法宝。因此,一本专门针对旅行社产品开发的教材非常必要。

  本书共分7个模块,从旅行社产品的定义及特点,旅行社产品设计的基本原则和开发过程,旅行社产品的消费市场分析,不同类型的旅行社产品设计,旅行社产品的采购,旅行社产品营销组合以及旅行社产品质量管理等方面全面阐述了旅行社产品设计的有关内容。每个模块后设置"思考与练习",帮助学生整理归纳该模块知识体系,自我巩固该模块的知识要点,并方便教师组织课堂训练,提高学生的实践技能。

  本书总体编写原则是理论性与实践性相结合,力求结构严谨,体例清晰,形式简洁,内容新颖。同时针对高职高专、中职等院校的旅游专业学生的学习特点,结合案例分析问题,语言通俗易懂,并尽可能引入最新的旅游产业信息,增进学生对行业发展现状的了解。

本书适用于职业院校旅游专业的学生学习,也可供相关的旅游从业人员作为参考资料使用。

本书由江西师范大学万剑敏任主编,江西旅游商贸职业学院冯静、朱廉,华东交通大学徐玉萍任副主编。模块一、二、六和模块四中的项目八由万剑敏撰写,模块四中的项目一至七、模块五由冯静撰写,模块三、模块七由徐玉萍、朱廉撰写。全书由万剑敏拟纲、统稿、修改、定稿。

本书在编撰过程中查阅、参考了大量相关资料和案例(参考文献附于书后),力求使所引述的内容更具准确性。谨向有关作者表示敬意和感谢!

编　者
2014 年 4 月

目 录

模块一　全面认识旅行社产品 ··· 1
　模块导读 ·· 1
　项目一　旅行社产品的概念与特点 ·· 1
　　一、旅行社产品的概念 ·· 1
　　二、旅行社产品的特点 ·· 3
　项目二　旅行社产品的构成与分类 ·· 5
　　一、旅行社产品的构成要素 ·· 5
　　二、旅行社产品的分类 ·· 9
　项目三　旅行社产品的内外部关系及其转化 ······························ 13
　　一、旅行社产品构成要素之间的关系及转化 ·························· 13
　　二、旅行社产品之间的关系及转化 ·· 15
　关键词汇 ·· 17
　思考与练习 ·· 17

模块二　旅行社产品的开发过程 ··· 20
　模块导读 ·· 20
　项目一　旅行社产品设计的主要内容 ·· 20
　　一、旅行社产品设计的主要内容 ·· 20
　　二、影响旅行社产品开发的因素 ·· 23
　项目二　旅行社产品设计的指导思想与原则 ···························· 25
　　一、旅行社产品设计的指导思想 ·· 25
　　二、旅行社产品设计的基本原则 ·· 28

· 1 ·

项目三　旅行社产品开发的一般过程 ········· 34
　　一、旅行社新产品开发过程 ········· 34
　　二、现有产品的深度开发 ········· 39
项目四　现阶段我国旅行社产品存在的主要问题 ········· 40
　　一、存在的主要问题 ········· 40
　　二、问题存在的原因 ········· 41
　　三、问题的解决策略 ········· 42
关键词汇 ········· 43
思考与练习 ········· 43

模块三　旅行社产品消费市场分析 ········· 46

模块导读 ········· 46
项目一　旅行社经营环境分析 ········· 46
　　一、旅行社外部经营环境分析 ········· 46
　　二、旅行社内部经营环境分析 ········· 49
项目二　旅行社产品消费市场的形成与特点 ········· 50
　　一、旅行社产品消费市场的形成 ········· 50
　　二、生活方式转变对旅游消费行为的影响 ········· 53
　　三、旅行社产品消费市场的特点 ········· 55
　　四、影响旅游者选择旅行社产品的因素 ········· 56
项目三　旅行社产品消费市场的时空行为规律分析 ········· 58
　　一、旅行社产品消费市场的时间行为规律分析 ········· 58
　　二、旅行社产品消费市场的空间行为规律分析 ········· 62
　　三、旅游者空间移动规律分析 ········· 65
关键词汇 ········· 67
思考与练习 ········· 67

模块四　不同类型的旅行社产品设计 ········· 70

模块导读 ········· 70
项目一　拓广市场"观光游" ········· 70

一、观光游产品概述 ················· 70
　　二、观光游产品的设计思路 ············· 72
　　三、产品设计实例分析与探讨 ············ 73
项目二　新颖市场"休闲游" ················ 75
　　一、休闲游产品概述 ················· 75
　　二、度假休闲游产品的设计思路 ··········· 77
　　三、产品设计实例分析与探讨 ············ 78
项目三　潜力市场"商务游" ················ 80
　　一、商务游产品概述 ················· 80
　　二、商务游产品的设计思路 ············· 81
　　三、产品设计实例分析与探讨 ············ 82
项目四　朝阳市场"老年游" ················ 85
　　一、老年游产品概述 ················· 85
　　二、老年游产品的设计思路 ············· 87
　　三、产品设计实例分析与探讨 ············ 88
项目五　开拓市场"自驾游" ················ 90
　　一、自驾游产品概述 ················· 90
　　二、自驾游产品的设计思路 ············· 91
　　三、产品设计实例分析与探讨 ············ 92
项目六　创意市场"婚庆游" ················ 94
　　一、婚庆游产品概述 ················· 94
　　二、婚庆游产品的设计思路 ············· 95
　　三、产品设计实例分析与探讨 ············ 96
项目七　健身市场"体育游" ················ 97
　　一、体育游产品概述 ················· 97
　　二、体育游产品的设计思路 ············· 99
　　三、产品设计实例分析与探讨 ············ 99
项目八　偶发机缘"事件游" ················ 100
　　一、事件游产品概述 ················· 100
　　二、事件游产品的设计思路 ············· 103

三、产品设计实例分析与探讨 ……………………………………… 104
　关键词汇 ………………………………………………………………… 107
　思考与练习 ……………………………………………………………… 107

模块五　旅行社产品采购 …………………………………………… 110
　模块导读 ………………………………………………………………… 110
　项目一　初识旅行社产品采购 ………………………………………… 110
　　一、旅行社产品采购的实质 ………………………………………… 110
　　二、旅行社产品采购的原则 ………………………………………… 111
　　三、旅行社采购管理的工作标准 …………………………………… 114
　项目二　旅行社产品采购过程 ………………………………………… 114
　　一、产品采购前的市场调查 ………………………………………… 114
　　二、确定旅行社产品采购项目 ……………………………………… 115
　　三、旅行社产品采购合同管理 ……………………………………… 119
　项目三　保障旅行社产品采购质量 …………………………………… 121
　　一、旅行社产品采购的注意事项 …………………………………… 121
　　二、旅行社产品采购的经典案例 …………………………………… 123
　关键词汇 ………………………………………………………………… 124
　思考与练习 ……………………………………………………………… 124

模块六　旅行社产品营销组合 ……………………………………… 127
　模块导读 ………………………………………………………………… 127
　项目一　塑造旅行社产品的品牌 ……………………………………… 127
　　一、旅行社产品品牌认知 …………………………………………… 127
　　二、旅行社产品品牌塑造的基本流程 ……………………………… 129
　　三、旅行社产品品牌定位 …………………………………………… 130
　项目二　制定旅行社产品的价格 ……………………………………… 134
　　一、旅行社产品的价格认知 ………………………………………… 134
　　二、旅行社产品的定价决策 ………………………………………… 137
　项目三　建立旅行社产品的销售渠道 ………………………………… 139

一、旅行社销售渠道认知 ………………………………………………… 139
　　二、选择旅行社产品销售渠道 …………………………………………… 142
　　三、销售渠道的运作与维护 ……………………………………………… 144
　项目四　开展旅行社产品促销活动 ………………………………………… 145
　　一、旅行社产品促销认知 ………………………………………………… 145
　　二、选择旅行社产品促销方式 …………………………………………… 146
　关键词汇 ……………………………………………………………………… 149
　思考与练习 …………………………………………………………………… 149

模块七　旅行社产品质量管理 …………………………………………… 151
　模块导读 ……………………………………………………………………… 151
　项目一　旅行社产品质量及其标准 ………………………………………… 151
　　一、旅行社产品质量的概念及特性 ……………………………………… 151
　　二、旅行社产品质量的基本标准 ………………………………………… 152
　项目二　旅行社产品质量管理 ……………………………………………… 154
　　一、旅行社产品质量管理的内涵 ………………………………………… 154
　　二、ISO 9000 与旅行社产品质量管理 …………………………………… 157
　　三、旅行社产品质量管理案例 …………………………………………… 160
　项目三　旅行社产品经营的风险管理 ……………………………………… 162
　　一、旅行社产品经营的风险管理 ………………………………………… 162
　　二、旅行社的危机处理 …………………………………………………… 165
　关键词汇 ……………………………………………………………………… 175
　思考与练习 …………………………………………………………………… 175

参考文献 ……………………………………………………………………… 178

模块一 全面认识旅行社产品

模块导读

旅行社产品是旅行社为满足旅游者在旅游过程中的需要而提供的服务。旅行社产品设计，无论是对旅行社、旅游目的地，还是对旅游者都具有十分重要的意义。本章是全书的基础概念性章节，对旅行社产品的含义和特点、构成和分类以及内外部关系和转化等进行了概括性介绍。通过对本章的学习，学生能较为全面地了解旅行社产品的概念。

项目一 旅行社产品的概念与特点

一、旅行社产品的概念

提到产品，通常人们会想起汽车、家电、日用品等有形实体，认为这就是产品。但旅行社产品是否也是如此呢？先看两个例子：

[例1—1]

北京滑雪一日游产品

冬天来临，北京某旅行社适时推出了多条滑雪线路。其中一条滑雪线路的行程安排如下：早7:30由指定地点乘车出发，陪同在车上向团员介绍雪场情况，讲解滑雪要领及安全注意事项，约一个半小时左右到达莲花山滑雪场。到达后，团员由陪同协助领取雪板、雪杖、雪靴等滑雪用具，随后开始享受不限时滑雪。雪场内午餐（自理），午餐后继续滑雪。也可自费游玩其他雪上娱乐项目，如雪圈、雪地摩托、雪橇等。16:00到指定地点集合乘车返回北京，约18:00到京，结束愉快冰雪之旅！

这条线路的报价是：平日团队价 108 元/人，周末团队价 138 元/人，费用含往返空调旅游车、滑雪场首道门票、全天不限时滑雪（含雪具、索道、拖牵）及旅行社责任险、滑雪场人身意外保险，但午餐及滑雪用具押金、雪服、更衣柜租金等由游客自理。另外，旅行社随车播放滑雪光盘，赠送滑雪手套。

此外，该线路还介绍了顺义莲花山风景区概况及滑雪安全注意事项，等等。

[例 1—2]

冰山之旅

2006 年 11 月，由上百座南极冰山组成的"冰山舰队"不期而至，来到了新西兰南部海岸附近。据研究人员估计，这个冰山群是一座南极巨型冰山的后代，经过 5 年的万里漂流，才会出现在新西兰附近。这一奇观吸引了不少游客前往观看。

"冰山舰队"离新西兰如此之近，站在港口城市达丁尼的海岸，可以隐约看见两座冰山的身影。对许多新西兰人来说，这是头一次站在海岸上就可以看到冰山，这让他们感到十分兴奋，甚至还有不少外国人也特地赶来一睹冰山风采。新西兰一些旅行社从这罕见的冰山群中觅到了商机，他们立刻行动起来，开设线路，安排游客出海观赏这一独特景观。游客在支付一定的费用后，就可以乘直升机，或乘船到冰山上去看一看。

上面例 1—1 给我们展示了一个有鲜明主题的"一日游"旅行社产品，服务内容、产品特点、产品售价都明确具体；例 1—2 则告诉我们旅行社产品的涉及面非常广泛，一些突发性的非常事件也可以成为旅行社产品的设计内容。由此可以看出，旅行社产品绝不是人们心目中所指的那些有形产品，也不是旅游者在旅游过程中所购买的旅游工艺品、旅游纪念品、旅游用品和旅游食品。当然，这些也是旅行社产品中的构成部分，但旅游者从旅游开始到旅游结束整个过程所包含的内容更广。这一过程包括的全部内容——吃、住、行、游、购、娱等，都是旅行社产品的组成部分。

那么，如何定义旅行社产品？

旅行社产品，是指旅行社为满足旅游者旅游过程中的各种需要，通过组织协调一系列旅游经营企业，而向旅游者提供的各种有偿服务，亦即旅游线路或旅游项目。旅行社产品是一种以无形服务为主体内容的特殊产品，是由吃、住、行、游、购、娱六种要素构成的"组合产品"。

这一概念也可以从买卖双方来理解。从旅行社一方来说，旅行社产品是指旅行社通过组织协调一系列旅游经营企业，向旅游者提供的以满足其在旅游过程中的综合需求的服务;从旅游者一方来说,旅行社产品是旅游者为了获得物质和精神上的满足,通过花费一定的货币、时间和精力向旅行社购买的一次旅游经历。

二、旅行社产品的特点

旅行社产品是一种特殊的产品,这种产品不是以实物形态表现出来的具体产品,而是综合了多种服务的无形产品,具有与一般实物产品所不同的特点。

(一)无形性

旅行社产品属于服务性产品,既无具体形态,又不可实质触及。虽然游客所参观的景点、住宿的宾馆、乘坐的交通车是有形的,但它们只是作为提供旅游服务的条件而存在,而产品的质量和价值则是凭旅游者的印象和感觉来评价和衡量的。不仅其服务特质是无形无质的,而且使用服务后的利益也很难被觉察,或是要等一段时间后享受服务的人才能感觉到利益的存在。因此,人们不可能在购买旅行社产品之前,去感受、尝试旅行社的服务,而是必须参考许多意见与态度以及各方面的信息以决定是否购买,再次购买则依赖先前的经验。

比如,小李打算利用五一长假去海南,到底怎样去呢?他首先会上网查找有关海南旅游的信息和报价。他也可能会找来当地的晚报,翻到旅行社广告专版,很多旅行社都有前往海南的旅游线路,报价也大致相同;那么小李如何决定选择哪一家旅行社呢?他首先综合网络和报纸的相关信息,经过比较价格、线路内容和旅行社的品牌,初步确定了A、B、C 3家旅行社,然后他分别打电话给3家旅行社,询问旅游的具体事项。由于小李对A旅行社接线员的态度和告知的内容特别满意,小李有意选择A旅行社报名参团。但随后他向身边同事和亲友咨询对于A旅行社的评价,在没有听到不良评价之后,才最后做出决定。在整个决策过程中,小李无法实质地触摸和感觉到旅行社的产品,只有参考各方面的意见做最终的决定,这些都是由旅行社产品的无形性所决定的。

(二)易变性

旅行社产品的构成成分和质量水平经常变化,很难统一界定。旅行社产品服务的对象是游客,由于游客的个性不同,使得对于服务的质量检验很难采用统一的标准。一方面,由于导游或旅行社工作人员自身因素(如心理状态)的影响,即使由同一个导游所提供的服务也可能有不同的水准;另一方面,由于游客直接参与服务的生产和消费过程,游客本身的因素(如知识水平、兴趣爱好等)也直接影响服务的质量和效果。

比如,某旅行社的导游小张在两天之内分别接待了两个"一日游"团,参观的景点、各项接待标准和收费完全相同。第一天小张工作非常尽心,以热情的讲解和周到的服务赢得了游客的赞许。而第二天小张身体略感不适,想请假又未获批准,精神状态远不如第一天,服务热情也不够高,在游览中由于讲解太少而引起了游客投诉。同一家旅行社,同一个导游,同样的接待标准,同样的收费,这些有形的部分完全相同,但由于导游员的工作状态不同导致两个团的游客对旅行社的评价大不相同。

(三) 同时性

一般有形产品的生产过程和消费过程是相互独立的。当消费者需要一台彩电时,他只需到商场去选购彩电生产厂家已经制造出来的成品,把彩电买回家之后独立享用,至于彩电是如何生产出来的,在哪里生产,生产过程如何,他都不得而知,也没有必要关心。而旅行社无形的产品具有同时性,即其生产者和消费者是同时出现的。虽然旅行社要事先准备好线路和各项接待服务设施,但旅行社为旅游者提供服务的过程是从导游接团的这一刻开始的;虽然旅游者需要提前支付旅游费用,但旅游者消费这次旅行也是从导游接团的这一刻才开始。也就是说,旅行社产品的生产和消费是同时进行的。而且在旅游过程中,游客和导游还可以相互磋商,适当调整原定的旅游项目,或者对导游提出意见,要求其改进服务。因此,旅行社产品具有生产和消费的不可分离性。旅行社的生产和旅游者的消费在同一地点、同一时间发生,旅游者在消费的过程中也可以参与生产。

(四) 时间性

旅行社产品由于不存在独立的生产过程,也不存在具体的实物形态,因此不像其他有形物质产品那样可以储存起来,待机再售。虽然必要的接待设施和接待人员可以事先准备,但这些仅仅代表旅行社的接待能力,而不是其服务本身。比如例1—2中提到新西兰的旅行社从冰山群中觅到了商机,抓紧时间推出乘飞机或乘船观赏冰山的旅游线路。冰山是一种流动的景观,而且本身还在不断地融化,这条线路今天没有游客购买,就失去了今天的价值,明天售出的是明天的价值。即使对于一些固定的景点或宾馆、交通工具等接待服务设施,也不可能把一次游览、一个床位或是一个机座储存起来,等到旺季再销售。不过这种损失不像有形产品损失那样明显,它仅表现为机会的丧失和折旧的产生。

(五) 综合性

旅行社产品是旅行社为满足游客在旅游过程中的需求而提供的服务。游客在旅游过程中的活动包括吃、住、行、游、购、娱六大方面,旅行社所提供的服务也必须包含饮食、住宿、交通、游览、购物、娱乐及其他项目等多方面的内容,旅行社通过组织协调这些旅游经营企业达到共同为旅游者提供综合旅游服务的目的。由此可见,旅行社产品具有综合性和组合性,涉及众多的行业和部门。

(六) 无权性

旅行社产品虽然是综合性的产品,涉及众多的行业和部门,但很少有旅行社实际拥有旅游线路所涉及的住宿、餐饮、交通、游览、购物、娱乐及其他项目方面的所有权和经营权。旅行社带游客参观的景点、住宿的宾馆、使用的车辆等，绝大部分归其他旅游经营企业所有，当然也有少数实力雄厚的旅行社自己经营航空公司、宾馆或旅游车队，甚至投资开发旅游景点，但这种情况不是普遍存在的。从整个行业来看，旅行社基本是起组织和协调各旅游经营企业为游客提供服务的作用，旅行社本身并不占有旅游资源和旅游服务设施。

（七）替代性

旅行社推出的产品，如旅游目的地、旅游景点、住宿的饭店、乘坐的交通工具等，都具有很大的可替代性，游客可以有多种选择。以例1—1提到的一日游产品为例，北方冬季有大量的冰雪资源，游客对滑雪目的地就可以有很多种选择，所以旅行社制定线路时应当尽可能多地推出前往不同滑雪点的线路，供游客选择。另外，由于旅行社产品缺乏所有权，一个好的旅行社产品很容易被其他旅行社仿制，其他旅行社也可以推出类似的滑雪线路，造成推出产品的旅行社被其他旅行社所替代。因此，旅行社在进行产品设计时，必须充分考虑自身的优势和产品的独特创意，尽可能地避免被替代。

项目二　旅行社产品的构成与分类

一、旅行社产品的构成要素

旅行社产品是旅行社为满足旅游者旅游过程中的各种需要，而提供的各种有偿服务的总和。它的构成复杂，内容丰富。其构成可以从某旅行社推出的一条二日游线路具体分析：

[例1—3]

北京至承德二日游产品

北京某旅行社推出了一条北京至承德的二日游产品。其行程安排如下：

第1天：北京—承德。早8:05北京站乘K7711次火车赴承德，抵达后游览避暑山庄及博物馆。宿：承德。

第2天：承德—北京。早餐后游览普宁寺、普佑寺，午后13:53乘K7712次火车返回北京。

这条线路的价格是420元/人。费用包含：

交通：北京—承德往返火车硬座，当地空调旅游车；

住宿：经济型酒店——双人标准间；
用餐：正餐十人一桌，八菜一汤，含三正餐一早餐；
门票：景点首道门票；
导游：当地专业导游服务；
保险：旅行社责任保险。
备注：费用不包含火车上用餐。

由上述案例可以看出，旅行社产品是由吃、住、行、游、购、娱六种要素构成的"组合产品"，通常旅行社的产品包含以下要素。

（一）旅游交通

在例1—3二日游旅行社产品中，其交通包含了3个部分，一是从北京至承德的交通，使用的交通工具是火车，二是在承德各旅游景点之间的交通，使用的交通工具是空调旅游车，三是从承德返回北京的交通，使用的交通工具是火车。通常在一次完整的旅行之中，其空间移动分为3个阶段：从常住地到旅游地，在旅游地各景区旅行游览，从旅游地返回常住地。交通是旅游活动极其重要的构成部分。在某种意义上，旅游的发展是伴随着交通的发展而发展起来的。没有现代化的交通，就没有现代旅游。旅游者所支付的旅游费用，有很大一部分用在交通方面。旅游交通因此而成为旅游业三大支柱之一。

旅游交通可分为3个层次，第一层次是外部交通，指从游客常住地到旅游目的地，或目的地内各旅游中心城市之间的交通，属于中、远距离的交通。外部交通方式主要采用航空或铁路交通。第二层次是中间交通，指从旅游中心城市到各景区的交通，属于中、短距离的交通。中间交通方式主要采用铁路、公路或水路交通。第三层次是内部交通，即景区内的交通，基本是景点间的短途交通，使用的交通工具根据景区规模大小、地形变化等不同可以采用汽车、缆车、小火车、电瓶车等，或者以步行为主。

旅行社安排旅游交通的原则是便利、安全、快速、舒适、平价。

（二）旅游住宿

旅游住宿是指为旅游者提供住宿、餐饮、娱乐及多种综合服务的行业，是组成旅游业的基础行业，亦称旅馆业。在通常的旅游活动中，住宿一般占旅游者旅游时间的1/3，因而旅游住宿是旅游活动的重要环节，与旅行社、旅游交通并称旅游业三大支柱。因此，旅游者对住宿的满意程度，也是关系旅行社产品信誉的重要一环。旅行社销售产品时，必须注明下榻饭店的名称、地点、档次以及提供的服务项目等。如例1—3中注明住宿标准为经济型酒店双人标准间，如果住四星级宾馆则有不同的价格。如果限于旅游目的地的接待条件，当地没有星级饭店可供选择，旅行社则要详细标明几人间,有无热水、彩电、卫生间,以及卫生间是公用的还是独立的,等等。这些条件一经确定,不能随便更改,更不可降低档次、改变服务项目。

在我国,旅游住宿企业主要是指星级饭店、涉外饭店、旅馆、招待所、青年旅馆、汽车旅馆、野营帐篷和家庭旅馆等各种档次和类型的为旅客提供住宿、饮食的场所。

旅行社安排旅游住宿时要考虑旅游者的消费水平。一般来说,安排住宿的要求是卫生整洁、经济实惠、服务周到、美观舒适、位置便利。

(三)旅游餐饮

旅游餐饮是指在旅游活动中满足旅游者需求的餐饮服务。"吃"是旅游者最基本的需求之一,据有关统计,餐饮费用占旅游支出的18%~20%,因此旅游餐饮是旅行社产品不可缺少的要素。旅游餐饮既包括一般意义上的餐饮,即饭店餐饮,主要经营中餐、西餐或其他如日餐、韩餐、印尼餐等正餐餐厅,也包括地方风味小吃、土特产食品等特色餐饮。富有地方特色的驰名风味餐,往往是吸引旅游者出游的因素之一,甚至有的旅游者专门为了品尝风味餐而参团旅游。即使是短途的"一日游"产品中,也应包含有用餐项目。在例1—3中,旅行社详列了用餐标准及用餐数量:正餐十人一桌,八菜一汤,含三正餐一早餐。这些条款列得越细,越能让游客感到放心。

旅游者对餐饮安排的满意程度直接影响旅行社的信誉和形象。旅行社对安排餐饮的基本原则是:有特色、卫生、新鲜、味美、分(量)足、价廉、营养、荤素搭配适当等。

(四)旅游景区

旅游景区泛指具有一定自然或人文景观,可供旅游者游览并满足某种旅游经历的空间环境,是旅游活动的核心内容和主要目的,也是旅行社产品中最基础、最核心的组成部分。一般而言,旅游景区的类型包括风景名胜区、森林公园、自然保护区、文物保护单位、博物馆、宗教建筑、园林、旅游度假区、主题公园、展览馆、工农业参观点,等等。旅游者到旅游景区游览、观光、体验、休闲是其出行的最主要的旅游动机,旅游景区是旅行社产品产生吸引力的根本来源,也反映了旅游目的地的品牌与形象。在例1—3中,旅行社为游客安排了承德避暑山庄及博物馆、普宁寺、普佑寺等景点,都是承德最具有代表性,也是其旅游资源品位最高的景点。

旅行社对旅游景点选择的原则是:资源品位高、环境氛围好、游览设施全、可进入性好、安全保障性强等。

(五)娱乐体验项目

旅游娱乐,指以娱乐、消遣、放松为目的,以使游客获得精神愉悦和身心平衡的多种旅游活动方式的总称。旅游娱乐项目包括歌舞、戏曲、杂技、民间艺术及其他趣味性、消遣性的民俗活动。通常旅游娱乐活动强调其民族特色和地方特色,活动形式欢快、热闹、幽默,能够让广大旅游者亲身参与。但娱乐活动时间不宜过长,同时要常变常新,强调高雅文化与大众民俗文化相结合,并且寓教于乐,使游客在观赏、休憩、体验、娱乐之余,了解旅游目的地的历史文化、风土人情和科技知识,受到社会文明的熏陶。

在传统的观光型旅行社产品中,很大一部分产品是没有娱乐项目的,如例1—3。但旅游娱乐项目能极大地促进旅游者的游兴,提高旅行社产品的吸引力。现代旅行社产品越来越注重引入体验、休闲、娱乐的观念,娱乐体验项目将越来越多地占据旅行社产品的主要内容。在例1—1中,旅行社的产品是以滑雪体验为主的,此外还留有空余时间以便游客自由选择娱乐项目,使滑雪一日游具有较强吸引力。

(六)导游服务

旅行社产品是一种以无形服务为主体内容的特殊产品,是旅行社通过组织协调一系列旅游经营企业,向旅游者提供的各种有偿服务的总和。在具体的旅游活动中,这些组织协调工作绝大部分由旅行社派出的导游完成。离开导游人员的组织协调,旅游者所享受的服务会大打折扣。旅行社为旅游者提供导游服务是旅行社产品的本质要求,大部分旅行社产品都含有导游服务,如例1—1中的"全程陪同服务"和例1—3中的"当地专业导游服务"等,都是旅行社产品中导游服务项目的具体描述。导游服务包括地陪和全陪服务,主要提供翻译、向导、讲解和旅途生活服务。导游服务必须符合国家和行业的有关标准及有关法规,并严格按组团合同的约定提供服务。

(七)旅游保险

旅游者出行,不论是观赏、体验或休闲,都需要有绝对的安全保障。在设计任何一个旅行社产品时,都要把安全作为重要因素考虑。购买旅游保险,既是对旅游者人身安全的一种保证,同时也降低了旅行社本身的经营风险。目前,旅游保险主要分为旅行社责任险和旅游人身意外伤害保险。

《旅行社责任保险管理办法》规定,凡在中华人民共和国境内依法设立的旅行社,都要投保旅行社责任保险。所谓旅行社责任保险,是指以旅行社因其组织的旅游活动对旅游者和受其委派并为旅游者提供服务的导游或者领队人员依法应当承担的赔偿责任为保险标的的保险。责任限额可以根据旅行社业务经营范围、经营规模、风险管控能力、当地经济社会发展水平和旅行社自身需要,由旅行社与保险公司协商确定,但每人人身伤亡责任限额不得低于20万元人民币。

当旅行社在组织旅游活动过程中,旅行社有疏忽或过失,或者发生意外事故,旅行社应当承担赔偿责任;但旅游者在旅行中,由于自身疾病引起的各种损失或损害、由于旅游者个人过失导致的人身伤亡和财产损失以及由此导致的各种费用等，不在旅行社责任险的赔付范围之内。为减少自然灾害等意外风险给旅游者带来的损害，旅行社在招徕、接待旅游者时，应当提示旅游者购买旅游人身意外伤害保险。

旅行社组织高风险旅游项目可另行与保险公司协商投保附加保险事宜。

（八）其他服务

在某些旅行社产品中，除上述七项构成部分之外，还包括交通票务服务、订房服务、签证服务等委托代办业务，或者一些赠送服务。比如在例1—1中，旅行社特别赠送的项目是随车观看滑雪光盘、赠送滑雪手套。其他服务虽然不是旅行社必须提供的服务项目，但它们是旅行社产品的必要补充和招揽业务的手段，因而也是旅行社业务的重要组成部分。

在以往的旅行社产品中，通常有旅游购物项目，但2013年新《旅游法》出台，法律规定，旅游经营者不得以不合理低价组织旅游活动，不得指定具体购物场所，不得安排另行付费项目。导游、领队不得擅自变更旅游行程或者中止服务活动，不得向旅游者索取小费，不得诱导、欺骗、强迫旅游者购物或者参加另行付费项目。这是不是说团队游产品不能设计购物环节呢？其实这是一种误解。旅游的六要素吃、住、行、游、购、娱中，购物本来就是重要一环。旅游者在旅游过程中适当购买一些风物特产、古玩及其仿制品、工艺美术品等，以自用或留作纪念或馈赠亲友，是旅游活动的一项重要内容。旅游购物是旅游过程的延伸和物化，它对丰富旅行社产品内容，提高旅游目的地形象，增加当地旅游收入，扩大社会效益都有十分重要的作用。因此，旅行社在不影响客人利益的前提下，可以适当安排游客自由活动的时间，为游客推荐部分服务态度好、物美价廉质优的购物场所。但是要和游客商榷购物点、购物时长等，得到全体游客确认同意，并且以合同形式注明，不能擅自变更行程。

二、旅行社产品的分类

旅行社产品的类型有多种划分标准。

（一）按照旅游者的组织形式分类

旅行社产品按旅游者的组织形式可分为团体旅游产品和散客旅游产品。

团体旅游，也称"集体综合旅游"，旅游者一般按旅行社制订的日程、路线、交通工具、收费标准等做出选择后事先登记，付款后到时出行。优点是日程、线路、所住旅馆、参观节目都按计划进行，收费比单独出游要低，尤其是去某些语言不通的国家和地区，团队派有导游，是颇受旅客欢迎的。团队旅游通常由10人以上的旅游者组成，旅行社团体旅游产品一般采用包价的形式。旅行社组团人数的标准有时与产品的档次相挂钩，如国内旅游豪华团10人成团，标准团16人成团，经济团

30人成团,入境旅游则9人成团。另外,我国公民出境旅游必须以团队形式进行,3人即可成团。

散客旅游,也称"个别旅游",其旅游日程、线路等由旅游者自己选定,然后再由旅行社做某些安排,如机票、旅馆等。因散客旅游灵活、自由,可选择性强,因此为很多旅游者喜爱。散客旅游通常由10人以下的旅游者组成,旅行社散客旅游产品有时采用非包价的形式,有时也采用包价的形式。散客旅游的发展是旅游业进入更高层次、更新阶段的产物,也是旅游业发展的必然趋势。虽然由于老弱游客、初次出游者以及语言障碍等因素的存在,团体旅游在近期内不可能完全消失,但其规模将会缩小,团体模式也将有所改变。因此旅行社必须充分重视散客旅游,设计更多适合散客的旅游产品。

(二)按照产品包含的内容分类

旅行社产品按产品所包含的内容可以分为包价旅游产品和非包价旅游产品。

1. 包价旅游产品

包价旅游是旅游者在旅游活动开始前将全部或部分旅游费用预付给旅行社,由旅行社根据与旅游者签订的合同或协议相应地为旅游者安排旅游项目。包价旅游产品可分为全包价旅游产品、半包价旅游产品、小包价旅游产品和零包价旅游产品及组合旅游产品。

(1)全包价旅游产品。旅游者将涉及旅游行程中的一切相关的服务项目费用统包起来预付给旅行社,由旅行社全面落实旅程中的一切相关服务项目。全包价旅游产品中的一切相关服务项目包括食、住、行、游、购、娱各环节及导游服务、办理保险与签证等。团体旅游通常是全包价旅游产品。

(2)半包价旅游产品。是指在全包价旅游的基础上扣除中、晚餐费用(不含中、晚餐项目)的一种包价形式。半包价旅游的优点是降低了产品的直观价格,提高了产品的竞争力,更好地满足了旅游者在用餐方面的不同要求。部分团体旅游产品采用这种半包价旅游形式。

(3)小包价旅游产品。也称可选择性旅游,或自助游。它由非选择部分和可选择部分构成。非选择部分包含城市间交通(长途交通)和市内交通(短途交通)及住房(含早餐);可选择部分包括景点项目、娱乐项目、餐饮、购物及导游服务。小包价旅游具有经济实惠、手续简便和机动灵活等特点,通常向散客旅游者推出。

(4)零包价旅游产品。是一种独特的产品形态。参加这种旅游的旅游者必须随团前往旅游目的地,返回时也必须随团离开旅游目的地。在目的地期间旅游者可自由活动,旅行社不安排项目,完全由旅游者自己来安排项目。零包价旅游产品特点是:旅游者活动自由,只受到行程期限的限制,行程内容由自己安排;旅游者即使以散客的形式也能享受团体机票的优惠;旅行社统一代办签证和保险。目前我国公民出境探亲旅游多采用此种方式。

（5）组合旅游产品。也称自由人旅游,这种产品是旅游目的地的旅行社把来自不同旅游客源地的零散游客汇集起来,组成团队进行旅游,旅游活动结束后,旅游团就地解散,各自返回原客源地。组合旅游产品的特点是：异地拼团,避免了一些客源地旅行社组团能力不足而造成客源浪费的弊病。另外,组合旅游的组团时间短,有利于目的地旅行社在较短的时间内招徕大量的客源。还有,组合旅游产品比通常的散客全包价费用低,这对于散客旅游者是很有吸引力的。

2. 非包价旅游产品

非包价旅游产品主要指单项服务,也称委托代办业务,是旅行社根据旅游者的具体要求而提供的各种非综合性的有偿服务。旅游者需求的多样性决定了单项服务内容的广泛性,其中常规项目包括办理交通票务、订房、订餐、办签证、办边境证、伴游、租车、会务安排等。旅行社单项服务的对象主要限于散客。

从以上旅行社的包价与非包价产品的介绍可以发现,从全包价旅游产品到单项服务产品,旅行社产品的构成要素逐步减少,服务要素的构成方式也各不相同,但绝不等于说旅行社的产品只有这几种形态。事实上,只要有利于满足旅游者要求和提高产品竞争力的任何形态的旅游产品都大有开发潜力。

（三）按照产品的档次分类

旅行社产品按档次可以分为豪华等、标准等、经济等旅游产品。

豪华等旅游产品旅游费用较高,游客主要追求的是舒适的享受,一般住宿和用餐于四五星级酒店或豪华游轮里（或高水准的客房、舱位）；享受中高级导游服务；享用高档豪华型进口车；欣赏高水准的娱乐节目等。标准等旅游产品旅游费用适中,游客一般住宿和用餐于二三星级酒店或中等水准的宾馆、游轮；享用空调旅游车。经济等旅游产品旅游费用低廉,住宿和用餐一般在低水准的招待所和旅社,享用普通汽车。此外,在使用长途交通工具上,豪华等旅游产品往返使用飞机航线（干线和支线）；标准等旅游产品大部分往返使用飞机航线（只限干线）；经济等旅游产品一般使用汽车、火车和普通轮船。

（四）按照旅游的位移距离分类

旅行社产品按旅游者在旅游过程中的位移距离和活动范围,可分为远程旅游、中程旅游、短程旅游产品。

远程旅游产品一般跨省级旅游区范围以上,包括海外旅游、边境旅游和国内省际旅游,旅游者活动区域大、线路长、时间长,如欧洲十一国十五日游、"丝绸之路"旅游（西安—甘肃—敦煌—吐鲁番—乌鲁木齐九日游）等。中程旅游产品通常指省级旅游区内或者跨省级旅游区周边近邻地区的旅游,旅游者的位移距离和所费时间介于远程和近程之间,如北京到承德、南昌到黄山的旅游等。短程旅游产品一一般是区内旅游或者到附近城镇、郊外的旅游,通常一日可以来回,如市区游或近郊游。

(五)按照旅游所需的时间分类

根据旅游者一次出游活动所需的时间,旅行社产品又可分为一日游、二日游、三日游或多日游产品等。采用这种方式划分旅游线路在我国的国内游中比较普遍。其优点是旅游者一眼便可看出所需旅游时间的长短;对于旅行社来说,可根据时间长短来安排旅游内容,并且比较容易确定价格。从我国旅行社现行的操作情况来看,它的缺点是对旅游主题的表述往往不明确,体现不出旅游线路的特色。如北京—天津包机六日游、昆明—大理—丽江八日游,旅游消费者很难从中看出产品的核心利益。

(六)按照旅游活动的内容和性质分类

旅行社产品按照旅游者的旅游动机、旅游活动内容和性质可以分为观光游览旅游产品、度假休闲旅游产品和专项旅游产品(特种旅游产品)。

1. 观光游览旅游产品

观光游览旅游产品是指旅行社以旅游目的地的自然旅游资源和人文旅游资源为依托,以旅行社安排的各项接待设施为媒介,组织旅游者前往参观游览自然风光、文物古迹及考察民情风俗的一种旅游产品类型。进行观光游览的旅游者一般无特殊要求,主要是满足自身观光游览的需要。因而旅行社在这一类产品中要安排较多的旅游点,而旅游者旅游时在每一旅游点停留的时间较短,重复旅游的几率较小。观光游览旅游产品包括文化观光、自然观光、民俗观光、生态观光、艺术观光、都市观光、农业观光、工业观光、科技观光、修学观光、军事观光等。观光游览旅游产品一般具有资源品位高、可进入性大、服务设施多、环境氛围好、安全保障强等条件,长期以来一直是国际旅游市场和国内旅游市场的主流产品,深受广大旅游者的喜爱。由于观光旅游产品开发难度小,操作简易,该产品是旅行社开发度假旅游产品和专项旅游产品的基础。观光旅游产品的优点是旅游者能在较短的时间内领略旅游目的地的特色,缺点是旅游者参与的项目少,旅游者对旅游目的地感受不深。

2. 度假休闲旅游产品

度假休闲旅游产品是指旅行社组织旅游者前往度假地(区)短期居住,进行娱乐、休闲、健身、疗养等消遣性活动。旅游者的主要目的是休息、度假。旅行社在设计这类旅游产品时,旅游景点不需要太多,一到两个足矣,让旅游者在每个旅游点的停留时间稍长,这样旅游者重复前往的概率较大。度假休闲旅游产品包括海滨度假、山地度假、湖滨度假、温泉度假、滑雪度假、海岛度假、森林度假、乡村度假等。度假休闲旅游产品要求度假地(区)具备四个条件:环境质量好、区位条件优越、拥有良好的住宿设施和健身娱乐设施、服务水平高。度假休闲旅游产品所包含的项目都是参与性很强的,如水上运动、滑雪、高尔夫球运动、垂钓、温泉浴、泥疗、狩猎、潜水、农家乐等。购买度假旅游产品的旅游者在旅游目的地的停留时间较长、消费水平较高且大多以散客的形式出行。

3. 专项旅游产品

专项旅游产品又称特种旅游产品,是以某一主题内容为主要设计思路而开发的旅游线路。产品当中各个组成项目之间有比较统一的内容或属性,具有较强的文化性、知识性、趣味性和专业性。此类旅游产品由于各产品的主题多种多样,因而受到有各种专项需要或不同兴趣爱好的旅游者的欢迎。专项旅游产品包括:商务旅游、会议旅游、体育旅游、探险旅游、漂流旅游、登山旅游、徒步旅游、考古旅游、品茶旅游、书画旅游、宗教旅游、烹饪旅游、婚庆旅游、保健旅游、老年旅游、自驾车旅游、事件旅游等。专项旅游产品适应了旅游者个性化、多样化的需求特点,是今后旅行社产品的开发趋势;但同时由于专项旅游产品的开发难度大,操作程序多,有时需要多个部门的协作或参与,费用一般较高,这在一定程度上抑制了旅行社的开发积极性。

本书针对目前旅行社产品设计的发展趋势,着重介绍观光旅游产品、休闲旅游产品和专项旅游产品中的商务游产品、老年游产品、自驾游产品、婚庆游产品、体育游产品、徒步游产品、事件旅游产品的主要特点和设计思路。

项目三 旅行社产品的内外部关系及其转化

一、旅行社产品构成要素之间的关系及转化

(一)旅行社产品构成要素的内在联系

旅行社产品由多种要素构成,其生产涉及饭店、餐馆、交通、游览、娱乐等多种性质不同、功能各异的行业。如交通部门提供运输工具和服务,帮助游客进行空间位移;饭店餐饮行业向游客提供休息、补充和调节机体的设施和服务;旅游点、娱乐场所向游客提供自然与人文吸引物等。没有交通部门的服务,游客无法到达目的地;没有饭店餐饮行业的服务,就无法保证旅游活动的顺利开展;没有旅游点和娱乐场所的服务,游客旅游的最终目的就不能实现,也就无旅游活动可言。这些部门和行业虽然各有独立的业务范围,各自针对自己的目标市场进行独立的经营活动,但都围绕着旅游者的需要这个总目标运行,无论哪一部分的活动背离了这个总目标,不仅会影响本行业的经济效益,而且还会影响其他部门、行业的经营和发展。这体现出旅行社产品构成的各要素间内在联系。

在旅行社产品各要素中,功能相同的行业或部门也有不同的类型、规模和档次。如旅馆行业有高级饭店、普通饭店、会议、商务饭店、供膳寄宿饭店、汽车旅馆、度假村、农舍式小屋、别墅和野营帐篷等,以满足不同游客对住宿条件的不同需求;交通运输设施有飞机、汽车、火车、轮船的区别,而汽车类型中又有公共汽车、小轿车、旅游车和景点索道之分。虽然其功能都是满足游客位移的需要,但在速度、给予乘客的感受和价格等方面有很大区别,游客可根据个人需要进行选择。这些功能相同的行业内部也存在一定的内在联系。

此外,旅行社产品是满足人们旅游活动需要的高层次精神消费品,其各种组合要素之间相互制约、相互依存的关系,以及这种关系的转化,对调节旅游供求矛盾有重要意义。

(二)各要素的互补关系

旅行社产品构成要素之间的互补关系,是指组成旅行社产品各要素之间相互依存的关系。

首先,旅行社产品构成的几个主要因素,每个要素能够售出的服务是以其他要素售出服务的多少为前提的。一个要素滞后,其他要素的经营就会受到影响,一个要素超前也不一定能单独创造效益。比如在一个旅行社产品中,旅游景点很有吸引力,住宿设施也齐全,导游服务水平较高,倘若交通不便,便会阻碍大批游客前往该旅游景点,当地的住房率就难以提高,地接旅行社也很难提升业务量。又如,某些偏僻的少数民族地区有浓郁的民族风情,但既无配套的住宿、娱乐、购物设施,道路又崎岖难行,也不利于开展大规模的团体旅游活动。

其次,旅行社产品各要素的经营成果相互影响。一个要素的收入增加或减少会直接影响其他要素的收入;一个要素服务设施的数量与其他要素服务设施的数量之间的比例失调或一个要素的服务质量低劣,都会直接影响其他要素的经营。如航空客运量的变化,游客数量的增加或减少,都会直接影响目的地旅馆行业住房率的增减。一个拥有众多旅游吸引物的地区,如果饭店的数量少或服务质量低劣,会直接影响旅游者的游娱情趣,不仅该地区的旅游业和娱乐场所的经营会受到影响,而且飞往该地区飞机的机座利用率及其他服务部门的经营都会受到损失。旅行社产品构成要素间这种内在的互补关系,是由旅游需求综合性的特点决定的。各要素不是孤立地为旅游者提供服务,而是相互依存,互为前提,互相补充的。只有组成旅行社产品各要素的行业、部门按比例均衡发展,才能发挥旅行社产品的整体效用。

(三)各要素的替代关系

旅行社产品构成要素之间的替代关系,是指旅行社产品各要素中具有相同功能的组成成分之间存在互相替代的关系。比如旅行社产品构成中的交通部分包括飞机、火车、汽车、轮船等不同形式的交通工具,这些设施都为满足游客出行的需要提供服务。对同一游客而言,这些设施之间只能选择其一,乘飞机就不能同时乘火车,各交通方式之间存在相互替代的关系。这种关系也反映在同一交通工具的不同规格和档次之间,如火车有磁悬浮列车、动车组、高铁、直通特快、普通快车、旅游列车等多种车次,同一轮船有头等舱、二等舱、三等舱、四等舱的区别。因此,在旅行社产品构成的各要素中,提供相同服务的各组成要素存在替代关系。同样,旅行社产品构成中其他功能相同的设施之间,对同一目标市场也都存在可互相替代的关系。但对不同目标市场而言,由于旅游需求的差异性很大,在规模、档次、服务水平相差较大的同种功能设施之间,这种关系就不明显。如在非意外的情况下,豪华团的旅客不会住进招待所,而青年背包游客也不可能住进五星级饭店。

同种功能要素的替代关系反映了同种功能设施之间存在竞争性。在市场经济条件下,竞争有利于促进企业重视经营管理工作,改善服务质量,提高企业信誉,改善目的地形象。另外,当旅行社产品某要素出现供需脱节时,可利用这种替代关系帮助解决困难。如在旅游旺季时,如果旅行社无法订到足够的直达特快列车卧铺票,不能将游客及时送走,可以考虑订动车组的车票以解燃眉之急。

(四)各要素的互补与替代关系的转化

旅行社产品构成的各要素之间互补关系与替代关系,不是绝对的,也不是一成不变的。例如,旅行社产品构成要素中的交通和住宿,分别由交通部门与旅馆行业提供功能不同的服务,它们之间是互相补充的关系。但在市场经济条件下,为了获得竞争优势,各企业都根据市场需求不断改进产品形象,向顾客提供方便、舒适、快捷、经济的多功能服务,比如饭店设法提供接送顾客从饭店往返于机场、车站和旅游景点的交通服务;而有些国际航运公司增营饭店业务,以满足国际、长途旅客转机夜宿的需要。如此,旅馆和交通部门的互补关系便转化为替代关系。在这里,饭店和航空公司这种做法的目的是方便顾客,为本行业争取客源,而不是改变原来的经营内容。又如旅馆业的经营必须依靠副食部门提供服务,而副食部门也要依靠旅馆行业的发展来扩大自己的销量,它们之间也是互补的关系。但一般大饭店为方便经营,自己建立副食品基地,把与副食部门的互补关系转化为替代关系了。同样,旅行社产品各要素中功能相同的设施,在一定条件下也都可以发挥其相互替代的特点以解决暂时性供需失衡的矛盾。如,飞机运力不足时可用火车代替;在长途旅程中,旅行社为了向游客提供多样化的服务而分别使用水、陆、空等多种交通方式等,这些都是把替代关系转化为互补关系。

二、旅行社产品之间的关系及转化

(一)产品之间的互补关系

旅行社产品之间的互补关系,是指旅行社推出的不同系列、不同档次的产品,可以互为补充,最大限度地满足游客多样化的需求,从而在整体上增强旅行社对游客的吸引力。例如,丽江古城近年来在国际、国内旅游市场的名气越来越大,蜂拥而至的旅游者和千篇一律的常规旅游线路令当地接待旅行社不堪重负,随之而来的是服务质量下降,游客投诉增多。某旅行社另辟蹊径,通过细分目标客源市场,策划构想了一系列特色丽江旅游产品,把丽江游做成一个有多种选择的线路套餐,供游客任意组合选择:比如对邻近客源市场主推"周末到丽江去度假",以"半自助游"作为推广的核心亮点,给游客多一点自由,并提供最实用、最丰富的丽江旅游资讯;又如"三八"妇女节主推"千名太太游丽江",探访女儿国,张扬远古的女性社会地位;重阳节主推"万老寻古丽江行",倡导"丽江是老人一生中必游的地方"的观念;对青年男女推"丽江有约",把未婚青年的"旅游+交友"推向一个新的浪漫境地;对已婚男女推"千古不变丽江情怀",以玉龙雪山作为见证;等等。所有这些产品互为补充,既最大限度地组织了客源,又避免了与广大的常规线游客"抢索道""抢餐""抢房"的局面。这些产品一经推出,立刻在市场上取得了热烈的反响,为旅行社带来丰厚的经济收入。

由此可见,利用旅行社产品之间的互补关系,设计针对不同目标顾客的多种产品,能够提高旅行社自身的市场竞争力,同时能够增强旅游目的地的吸引力。

(二)产品之间的替代关系

在旅行社产品之间,尤其是那些吸引物相同而目标市场又近似的旅行社产品之间,它们的可替代关系很明显,从而在产品之间形成竞争。比如,在南昌郊区有一个厚田沙漠景区,该景区本身具有非常独特的旅游资源,号称"绿洲中的沙漠""江南第一大漠",但景区的收费项目比较多,游客购买了景区门票,到景区里面每一项参与性的娱乐项目都要另外购票,加上沙漠气候条件较差,下雨无法参与娱乐项目,天晴又不能在沙漠上长时间停留,游客通常只能玩上半天,但包括往返车程、中餐等每人至少要花一二百元。在南昌郊区还有一个国家重点风景名胜区——梅岭,是一个低山型的避暑、休闲、踏青的好去处。该风景区范围内有若干个独立景区,每个景区的门票在15~30元之间,游客到此花费不多,但可以轻松地休闲一天。虽然厚田沙漠的景观独特,有吸引力,但游客进行综合考虑之后,往往会选择梅岭。游客的愿望是周末找一个地方休闲放松,这两个景区都是周末短途休闲可供选择的去处,如果其中一个花费过多而停留时间又不长,游客就会找另一个景点替代。又如对欧美市场而言,中国和东南亚国家都是可以满足其到东方亚洲国家旅行愿望的旅游目的地,因此,中国的旅行社产品与东南亚国家的旅行社产品之间就存在着替代和竞争的关系。

此外,旅行社产品与其他消费品之间也存在着一定的替代关系。当一个消费者积攒了一笔有限的资金,他会在去旅游还是购买一台笔记本电脑或其他消费品之间进行选择,或者去旅游,或者购买所需之物,这时旅行社产品和这些消费品之间就出现了替代关系。

(三) 产品之间互补与替代关系的转化

旅行社产品之间的关系也和旅行社产品各要素之间的关系一样,其互补与替代关系是可以转化的。例如,在传统文化、风土人情有近似之处的各文化圈,如欧洲各国、东亚各国或地区,旅行社产品之间存在着互相替代关系。比如在春节期间,中国的旅行社推出的欧洲游线路有:"芬兰极地破冰八日之旅","体验滑雪、奶酪火锅、恋恋瑞雪——瑞士一地八日游","驰骋法国滑雪天堂、体验激情浪漫——法国一地十日游"等,这些各国独立的旅游线路报价在 15 600～20 800 元人民币之间,对大部分想出境旅游的中国游客而言,仅能选择其中的一条线路,但都能满足其"欧洲滑雪"的愿望,时间也差不多,因此这三国之间的旅行社产品存在竞争、互相替代关系。如果各旅游目的地国或地区的旅行社采用联合营销策略,统一编排旅游线路,联合开展推销活动,简化旅游手续,使游客的多次购买、多次旅游变为一次购买连续旅游,如"德法荷比卢奥意瑞列九国十四日游","西班牙、葡萄牙深度十一日游","法意时尚购物八日之旅"等,把欧洲各国著名旅游城市、旅游景点联合起来,把各国的产品组成一个旅游产品,这样既方便了游客,为游客节约了时间和费用,又有利于各个国家旅游业的发展。这时西欧文化趋同的替代关系就转化为互补关系。

掌握旅行社产品各要素之间以及旅行社产品之间互补和替代关系,一方面,旅行社要充分了解消费者的需求和自身所面临的激烈竞争的环境,设计出有针对性和吸引力的产品,提高产品的竞争力;另一方面,可以有效利用这种替代关系,设计出不同档次、不同内容、形式多样的产品,以满足不同层次顾客的需求。近年来许多旅行社正是利用旅行社产品要素与要素之间,产品与产品之间互补与替代关系的转化改进经营方式,以赢得更多的顾客。

关键词汇

旅行社产品　含义　特点　构成　分类　内外部关系　关系转化

思考与练习

一、填空题

1. 旅行社产品,是指旅行社为满足旅游者_____中的各种需要,通过组织协调一系列_____,而向旅游者提供的各种_____,亦即旅游线路或旅游项目。是由吃、住、行、游、购、娱各种要素构成的"_____"。

2. 旅行社产品服务的对象是_____，一般有形产品的生产过程和消费过程是_____。

3. 旅行社产品包括_____、_____、_____、_____、_____、_____、_____、_____。

二、单项选择题

1. 下面哪个才是真正意义上的旅游产品？（　　）
   A. 旅游纪念品　　　B. 旅游工艺品　　　C. 旅游用品　　　D. 旅游线路

2. 下列哪些不是旅行社产品的特点？（　　）
   A. 综合性　　　　　B. 不可转移性　　　C. 时间性　　　　D. 无形性

3. 下列哪个项目不是旅游产品的构成因素？（　　）
   A. 旅游住宿　　　　B. 旅游保险　　　　C. 旅游时间　　　D. 旅游餐饮

4. 关于半包价旅游产品解释正确的是？（　　）
   A. 旅游者将涉及旅游行程中的一切相关的服务项目费用统包起来预付给旅行社，由旅行社全面落实旅程中的一切相关服务项目。
   B. 是指旅游中扣除中、晚餐费用（不含中、晚餐项目）的一种包价形式。
   C. 它由非选择部分和可选择部分构成。非选择部分包含城市间交通（长途交通）和市内交通（短途交通）及住房（含早餐）；可选择部分包括景点项目、娱乐项目、餐饮、购物及导游服务。
   D. 是一种独特的产品形态。参加这种旅游的旅游者必须随团前往旅游目的地，返回时也必须随团离开旅游目的地。

三、多项选择题

1. 下列哪些是旅行社产品的特点？（　　）
   A. 无形性　　　　　B. 时间性　　　　　C. 同时性　　　　D. 不可替代性

2. 按照旅游组织分类可以分为？（　　）
   A. 包价旅游产品　　B. 非包价旅游产品　C. 团体旅游　　　D. 散客旅游

3. 旅行社产品构成要素之间的关系？（　　）
   A. 互补关系　　　　B. 依赖关系　　　　C. 替代关系　　　D. 促进关系

四、判断题

1. 旅行社产品是一种以有形服务为主体内容的特殊产品。
2. 旅行社产品是一种特殊的产品，是综合了多种服务的无形产品。
3. 旅行社产品是旅行社为满足游客在旅游过程中的需求而提供的服务。
4. 旅行社产品构成的各要素之间互补关系与替代关系，是绝对的。

五、简答题

1. 如何理解旅行社产品的含义？

2. 旅行社产品有哪些特点？
3. 旅行社产品的构成有哪些？
4. 旅行社产品有哪些分类？
5. 旅行社产品内外部的替代与互补关系如何转化？

六、案例分析

2014年春节期间，重庆各大旅行社推出的境内外旅游产品销售全线飘红，特别是相对高端的"私人订制"旅游产品，呈现出供不应求的局面。"参团游行程安排太紧张，只能以观光为主，不适合深度旅游。自由行虽然自由，但是比较麻烦，需要自己提前做好行程规划，预订酒店、机票等。"市民刘女士订制了市内一旅行社推出的"自由行家庭套餐"，这种产品让一个家庭就可以成团。《旅游法》实施以来，重庆市旅游市场出现了一个重大变化：专线游备受冷落，自由行开始火了起来。往年春节期间，参团游客和散客的比例为7：3，而2014年却倒了过来，自驾、自助旅游占到春节出游的7成以上。在参团游客人数大幅下滑的大背景下，旅行社要实现盈利，必须提高单个旅游产品的价格，产品价格上涨与服务价值的提升是成正比的，这意味着未来旅游产品结构也将随之进行调整。发展中高端"私人订制"旅游产品，展现旅游服务的个性化独特魅力，已成为各大旅行社寻求转型的突破口。2014年春节期间，重庆市的部分旅行社投放了少量的"订制服务"试水，效果好得出乎意料。比如1月中旬推出的意大利、西班牙等地的订制旅游，虽然价格都在1.5万元以上，但几天时间就销售一空，后又投放了非洲、东南亚海岛等线路的订制产品，也已在年前全部售罄。

1. 分析新《旅游法》出台后旅行社产品所体现的新特点和新变化。
2. 结合本模块知识和本案例谈谈旅行社产品如何在变与不变之间保持平衡和发展。

模块二 旅行社产品的开发过程

模块导读

本章对旅行社产品设计的主要内容和影响因素进行了分析,探讨了旅行社产品设计的指导思想和应遵循的基本原则以及产品开发的一般过程,并对我国现阶段旅行社产品开发的现状、存在的问题及解决的办法进行了一些探索。

项目一 旅行社产品设计的主要内容

一、旅行社产品设计的主要内容

旅行社产品是旅行社通过组织协调一系列旅游经营企业,向旅游者提供的满足其在旅游过程中综合需求的服务。旅游者在旅游过程当中的综合需求包括吃、住、行、游、购、娱等各个方面。旅行社产品的设计就是分析市场需求,选择、采购、组合、优化能够满足旅游需求的各项服务,使各项要素发挥最大的服务效益,为旅游者提供令其满意的最佳服务组合。

旅行社产品设计主要包括以下内容:

(一)充分调研,了解市场需求

任何产品的设计开发都必须建立在充分的市场调研、分析的基础之上,只有全面了解客源市场的需求之后,才能有针对性地设计出新产品。旅行社产品也不例外。旅游市场调研的目的是帮助旅行社及时掌握旅游消费者的需求特点,了解市场动向,把握市场脉络,从而确定正确的产品设计方向。旅游市场调研主要包括四个方面内容:

1. 旅游市场需求信息

包括旅游者的构成及特征、旅游者消费行为特征及其原因、旅游者的旅游动机等。

2. 旅游市场供给信息

包括旅游目的地的可进入性、旅游资源禀赋、旅游接待服务水平、旅游目的地承载力等。

3. 竞争对手信息

包括竞争对手数量、产品特征、质量、品种、营销策略、竞争实力以及长短期的竞争战略等。

4. 旅游市场环境信息

包括经济环境、政治环境、法律环境、人文环境、自然环境、技术环境等。

通过对旅游市场需求信息、供给信息、竞争对手以及市场环境的调查,旅行社可以获得所需要的基本信息,在对这些信息进行整理分析的基础上,设计开发旅游产品。

(二) 突出主题,确定产品名称

每个旅行社产品,不论是传统的观光旅游,还是度假或专项旅游,都有一定的主题,其名称是对这个产品的性质、主题项目和设计思路等内容的高度概括。因此,确定产品名称应综合考虑各方面的因素,力求体现简约、突出主题、时代感强、富有吸引力等原则。旅行社产品的名称包括旅游目的地、旅游项目、旅游时间、旅游交通形式、旅游线路特点等内容。

产品命名可以采取多种形式。有朴实型,即简明扼要地说明旅游线路的目的地、交通方式、花费时间等,如"桂林漓江山水四星四日游""昆明、大理、丽江双卧五晚六日游""九寨沟汽车四日游"等;也有煽情型,即用优雅浪漫、富有文采或激情澎湃的语言突出线路最吸引人的主要特征,如"珍藏瞬间,见证中国航天历史——相约中国神舟五号载人航天飞船首次发射现场""拜祭民族始祖、瞻仰革命圣地、领略黄土风情延安三日游""地中海的味道——'原装欧版'地中海游轮塞浦路斯岛环游"等名称。

(三) 优化资源,策划旅游路径

完整的旅行社产品通常包含了一个以上的旅游目的地,以及多个游览、休闲景区(点)。产品所涉及的不同的旅游目的地,称为线路节点。旅游路径即是以一定的交通方式串接各节点的先后顺序。节点是构成旅行社的基本空间单元。同一条旅游线路中的各节点,可以是具有相同或相似特点,用于满足旅游者的专项需求并服从于某一特殊主题的相类似的旅游目的地,如中国精品红色旅游线;也可以是在游览内容、旅游项目上差异性较大的旅游目的地,以满足游客求新、求异的多样化需求。节点可以是城市,也可以是独立的风景名胜区。线路的始端是第一个旅游目的地,是该线路的第一个节点;终端是线路的最后一个节点,是旅游活动的终结或整个线路的最高潮部分;而途经地则是线路中除始端和终端外的其他节点,是为主题服务的旅游目的地。策划旅游路径一方面是对符合主题特色的节点城市或风景区的选择；另一方面是对节点游览顺序的安排。旅行社在设计产品时，要科学合理地、人性化地选择、安排旅游路径，优化旅游资源，使整个线路形成强烈的特色和强大吸引力，并发挥出线路最佳效益。

（四）充实内容，巧排活动日程

活动日程是指旅游路径当中，在各旅游目的地或旅游景点游览的具体项目或开展的具体活动内容，以及各项活动进行的日期、在各地停留的时间长短等，即把旅游路径具体化，为每天的日程安排具体的游览项目、活动内容。活动日程不仅包含参观旅游景点，通常还包含住宿、餐饮、购物、娱乐活动的安排以及交通方式的选择。因此，在计划活动日程时，旅行社应当使旅游行程劳逸结合，丰富多彩，内容充实，特色明显，高潮迭起。在交通工具的选择上，不同交通工具的速度、价格、载客量、舒适度等有很大差异，旅行社必须在耗费时间、舒适享受和花费金钱之间寻找到最佳的平衡点，最大限度地提高游客的旅游"性价比"。

[例2—1]

坝上草原风情之旅

北京某旅行社推出了一条坝上草原风情之旅线路，其行程安排是：

第一天：早6:00从北京出发，约12:30到达美丽的坝上草原。稍作休息后在宾馆用午餐。午餐后，游客经过简单的马术培训，即可开始进行骑马活动，或游览闪电湖、辽金遗址、黄花岛、点将台、白桦林等自然景观，尽享高原清新空气。晚上19:30用晚餐，在熊熊篝火旁品尝香味四溢的草原美味——烤全羊，并燃放烟花。

第二天：早4:00（随季节变动）观草原日出（自愿）。7:30早餐，餐后统一组织娱乐活动：参加专业马术培训，或骑马游览草原中心著名景点——点将台、黄花岛、白桦林，或骑骆驼、开越野吉普车、垂钓、划船、坐滑翔机、坐马车、草地四轮摩托车、滑索、拜访蒙古人家、祭敖包、爬山、采摘野花、放风筝等。11:30午餐，餐后于12:30发车离开草原。大约18:00返回北京出发地。

该线路的费用含吃、住、行、门票、保险、娱乐等项目，游客可以自行选择特色农家小院、草原风情木屋、蒙古王府四合院或双人间、四人间、八人间等，住宿标准不同报价也不相同。

该线路名称为"坝上草原风情之旅"，突出"草原风情"主题，主要面向有体验草原风情需求的北京市民。在具体项目安排上，各个活动都突出草原特色，第一天上午从北京到坝上草原，以空间位移为主，中午稍事休息，用餐之后，即切入旅游活动,让游客学骑马,观赏草原风光,晚上安排品尝烤全羊风味大餐以及篝火晚会等娱乐活动;第二天一早看草原日出,上午组织只有在草原上才能进行的娱乐活动,中午用餐后返回北京。整个行程以草原风情为卖点,策划了诸多极具参与性的、涉及吃、住、行、游、娱等多方面内容的草原游产品,使游程丰富多彩,高潮迭起,令人回味无穷。

二、影响旅行社产品开发的因素

影响旅行社产品开发的因素主要有产品设计人员、资源禀赋、设施配置、旅游需求、旅游成本等。

(一)产品设计人员

产品设计是旅行社经营与管理的主要职能。旅行社的一切经营与管理都必须围绕着如何使产品更好地满足市场需求这个中心。产品设计者是否了解旅游消费者的行为特征,是否具有丰富的旅游基础知识,是否具备旅游行业工作的技巧、敏锐的商业意识、足够的市场和财会方面的知识,这些都直接影响旅行社产品的质量。另外,好的线路设计者还要懂得顾客的需求和心理,以及时了解供给方面的情况。鉴于我国目前旅行社的规模不一,不可能每家旅行社都成立产品设计部,但是,组成一个产品设计小组是十分必要的,也是现实可行的。旅行社的产品设计部门(小组)应该由3种人组成:一种是精通旅游市场、熟悉产品内容和具有一定产品设计能力者;二是熟悉顾客需求、了解顾客心理特征的一线接待人员;三是具有一定资历的能胜任美工设计的设计人员。

(二)资源禀赋

资源禀赋是指一个国家或地区拥有旅游资源的状况。与旅行社产品相关的资源,包括以下几种:

1. 旅游资源

旅游资源指自然界和人类社会凡是能对旅游者产生吸引力,可以为旅游业开发利用,并可产生经济效益、社会效益和环境效益的各种事物和因素。它包括自然旅游资源和人文旅游资源。

(1)自然旅游资源。自然旅游资源是指具有观赏性及游娱性的自然景观与自然环境,是自然界的诸多因子在不同的历史条件下形成的。自然旅游资源包括江海湖泉、山岳瀑布、飞禽走兽等大自然的产物,其构成旅游空间,决定着旅游发展的潜力。但是,自然资源对旅行社产品开发的作用,还取决于它们的特点和可进入性,否则只能算作潜在的资源,有待开发。但是,对自然旅游资源的开发不应破坏其自然属性。

(2)人文旅游资源。人文旅游资源是指人类在各种活动中创造的,把动态的历史用静态的实物体现出来的,能够激起人们旅游动机的物质财富和精神财富的总和。它可划分为历史文化名城、古迹、宗教文化、交通、建筑与园林、文学艺术等旅游资源。

有些旅游资源具有独特性,因而垄断性突出,如中国的长城、秦始皇陵兵马俑等,具有较强的吸引力。更多的人文资源则是人们的日常生活、风土民情,这些也能吸引旅游者,它们是对人文旅游资源的深层次开发。

2. 人力资源

人力资源是旅游业开发与经营的基本要素,在一定程度上也决定着旅行社产品的开发。它包括旅行社与协作单位人员本身的能力、素质,旅行社与旅游目的地的吃、住、行、游、购、娱等经营企业以及当地政府的关系,旅游地区居民的数量、宗教信仰、生活状况、受教育程度、风俗习惯、素质、居民对旅游者的接受程度等。旅行社在开发产品时,必须充分考虑到旅游目的地居民的接受程度,有针对性地开发产品。比如,很多汉族游客对藏族的天葬很好奇,但藏族人民并不希望在进行天葬仪式时被外人打搅,因此,旅行社不宜开发有关天葬探秘的旅游产品。

3. 资本资源

旅行社开发产品需要资金的投入。开发产品时,尤其是开发一条新的线路,前期需要进行市场调查以了解需求情况,要委派人员前往旅游目的地考察线路情况,要去旅游地采购、建立、沟通各种关系,这些都需要有充裕的资金作保证,资金短缺会严重影响旅行社产品的开发。

(三) 设施配置

设施配置是指与旅游者旅游生活密切相关的服务设施和服务网络的配置状况,它包括以下几个方面。

1. 旅游基础设施

旅游基础设施包括:

(1) 一般公用设施,如供水、供电、排污、煤气、通信、互联网、道路系统等;

(2) 满足现代生活所需要的基本设施或条件,如银行、医院、商店、治安管理机构等。

旅游基础设施的主要使用者虽然是当地居民,但也必须向旅游者提供,或者说旅游者也必须依赖这些设施。没有基础设施作保证,旅游业很难进一步发展。

2. 旅游上层设施

旅游上层设施是指虽可以供当地居民使用,但主要供外来旅游者使用的设施,如饭店、指定商店、旅游问讯中心、某些娱乐场所等。

3. 旅游服务

旅游服务是旅游企业员工以一定的旅游资源和旅游设施为凭借,向旅游者直接提供劳动。它包括翻译导游服务、住宿服务、饮食服务、交通运输服务、物质供应服务、出入境服务以及各种与旅游直接或间接相关的服务。

旅游基础设施、旅游上层设施只是旅行社产品存在与发展的客观物质条件,旅游服务则是把这些客观物质条件变成现实的旅游产品,以满足旅游者旅游活动的需要。

(四)旅游需求

旅游需求是指旅游者在一定时期内,愿意以一定价格购买的旅游产品的数量。

旅行社产品与旅游需求的大小和旅游者的旅游兴趣密切相关。其中,需求量的大小受许多因素的影响,如旅游产品的价格,旅游者的支付能力、余暇时间、动机,还有政治、经济、文化、社会等因素。因此,从某种意义上讲,旅游需求决定着旅行社产品开发的方向。

(五)旅游成本

1. 旅游时间

旅游时间包括旅游者消费旅行社产品总体耗费的时间以及整个旅游过程中的时间安排。因旅游客源地、旅游目的地、出游季节、旅游者闲暇时间等不同,旅行社产品中的时间安排也不一样。从旅游经营者的角度考虑,旅游时间就是旅游者对各种旅游产品的消费时间,旅游者逗留的时间越长,旅游经营者获利就越大。因而旅游时间的长短直接影响旅游消费,二者成正比关系。但另一方面,很多上班族没有足够的假期进行长时间旅行,如果旅游时间过长的话,这些潜在的旅游者根本无法成行。这就需要旅行社充分研究旅游者的特征,根据其闲暇时间设计符合其要求的产品。

2. 旅游价格

旅游价格(费用)是旅游者为满足其旅游活动的需要所购买的旅游产品的价值的货币体现。影响旅游价格的因素有很多,如旅游供求关系、市场竞争状况、汇率变动及通货膨胀等。过高的价格会使普通旅游者望而却步,而价格过低旅行社又没有利润。因此,制定一个合理的价格是旅行社产品能否实现其价值的关键。

项目二 旅行社产品设计的指导思想与原则

一、旅行社产品设计的指导思想

旅行社产品设计是指按照一定的规则配置旅游资源、组合旅游项目和旅游服务,并以一定的主题、内容、形式和价格表示出来的过程。旅行社产品设计主要从两个方面来考虑,一是尽可能满足旅游者的旅游愿望,便于旅游者自主地选择、安排自己的旅游活动,有计划地支配旅游费用,使旅游者获得最佳的旅游体验;二是充分发挥各旅游点的功能,便于旅游服务部门组织接待活动,进行有效的旅游经营管理。

随着旅游需求的不断升温,旅游消费者日益成熟。许多传统的旅行社产品已不能适应现代旅游市场的发展要求,现代旅游呼唤着现代旅行社产品,现代旅游产品需要注入现代元素。

(一)创新精神

创新是人类思想的结晶,更是人类的灵魂。人类历史就是一个因不断创新而发展的历史。我们生活在一个创新的世界中,又被创新的世界推动着,不断创新,不断前进。旅行社产品设计必须要有独到眼光、独立头脑,不随大流、不人云亦云,同时应与时俱进,以变求变,打破常规,大胆创新。创新是强势群体发展的必由之路。创新的目的是引领新的旅游消费需求。旅行社产品的创新精神体现在3个方面:创新主题、创新内容、创新形式。

由于旅行社对产品所涉及的绝大部分吃、住、行、游、购、娱等项目没有所有权,当某家旅行社设计出的产品获得市场欢迎后,便会出现大量"跟风"旅行社,模仿、抄袭这些好的产品,这在很大程度上打击了投入大量人力、物力、资金研发产品的旅行社的积极性。因此,有相当一部分新旅行社成立后,就收集同行的旅游行程和报价,然后在此基础上减少一点利润,就可以对外招徕游客了。跟风的旅行社没有产品设计的成本,往往用低价格来吸引旅游者,从而加剧了市场的混乱与竞争。

(二)依托城市

旅行社产品开发受资源禀赋、设施配置和旅游需求等诸多方面因素的影响。其中旅游基础设施、接待设施以及交通设施大都要依托一定的城镇体系。城市在旅行社产品中起着骨架支撑作用。区域中的主要城镇往往也是主要的旅游中心,它们不仅是主要的旅游客源地,而且是重要的旅游接待中心、旅游集散中心,一些机场、火车站、汽车站、码头也布局在这里,因此城市有较好的接待条件和较强的容纳能力。城镇体系的建设与旅游业的发展是相辅相成的。一般来说,基础设施、旅游接待设施以及交通设施都良好的城镇也是旅游业发展比较好的地方,而旅游业的发展也促进了这几个方面的建设。

旅行社产品设计不能脱离旅游中心。目前,我国的一些旅游区与其依托城市之间的关系有以下几种:

(1)旅游区资源优良,处在城市之中或与区域经济基础好的城市近邻,区位条件好。

这种情况以我国沪、宁、杭地区和北京市及其郊区最为典型。比上述地区各方面综合条件略逊色的地区有西安、广州、珠江三角洲地区等。

(2) 旅游区资源品位高,但区位条件与经济背景较差。

旅游区资源品位高,但距离城市较远,或所依托的城市经济基础稍差,区位条件不够优越,交通也欠发达。这种类型在我国占有很大比例,如安徽黄山与九华山、湖南张家界、湖北宜昌长江三峡、贵州黄果树瀑布、四川峨眉山等。

(3) 旅游区资源品位较差,但区位条件与经济背景较好。

这类地区有湖北武汉、江西南昌、安徽合肥等地。这些城市的共同特点是旅游资源较少,邻近的周边地区资源类型单调,档次不高,而一些著名的风景区又距离这些城市较远。因此,这些城市容易成为旅游集散中心,游客往往是借此过境,顺便一游,便捷的交通反而为送走游客提供了方便。

(三) 体验参与

随着旅游业发展的不断深入,旅游产品正由观光型逐步向体验参与型转变。在旅游活动中增强游客的体验性和参与性,是现代旅行社产品设计的发展趋势。因此,在产品的设计上应该以资源为舞台,以环境为背景,以文化为内涵,以设施为载体,以服务为支撑,为旅游消费者制造独特的体验和经历。通过调动旅游者的视觉、味觉、嗅觉、听觉、触觉,而使其获得身心愉悦的感觉和感受。缺少体验设计的产品将是不合时宜的、落伍的产品。

传统的旅行社产品模式是以景观为中心设计,以观光为主线展开。这种产品使旅游者被组织计划安排,被动地消费产品。旅游消费者的成熟使消费心理、消费行为发生变化。人们已不再满足于被动地接受程式化的产品,而是希望主动地参与产品的设计和生产的全过程,注重参与过程中的感受和体验。旅游者的参与、社区的参与、旅游者与自然人文交流互动的程度,成为衡量旅行社产品品质的重要标准。

(四) 美学思想

旅游是现代人对美的高层次的追求,是综合性的审美实践。旅游美学具有促进和提升旅游实践品位和格调的功能。旅行社在设计产品时,要在旅游资源当中发现美,并按照美学原理创造美,使分散的美集中起来,形成相互联系的有机整体,使复杂、粗糙、原始的美经过设计与开发而变得纯粹、精致、高雅,符合旅游审美要求。

美学思想贯穿旅行社产品设计始终。在产品设计之初,设计人员应充分了解旅游者的审美需求,对景观的审美偏好、审美习惯进行调查分析,以最大限度地满足旅游者的审美需要,进而获得社会的认可和回报。在产品设计中,通过独具匠心的项目组合体现自然的意境美、艺术的传神美、社会的风尚美,这也是旅行社产品设计所追求的最高境界。旅行社产品的美学特征越突出,知名度越高,旅游吸引力就越大,市场竞争力就越强。

(五) 生态观念

生态旅游兴起于20世纪80年代初,是当今世界旅游业发展的一个新潮流。发展生态旅游牵涉整个自然生态环境、生物资源的保护和科学利用,关系社会经济的可持续发展。这些生态资源极易受到破坏,而且一旦破坏就很难再生,甚至可能从地球上消失。旅行社在设计产品时应始终把保护生态放在重要位置。

生态旅游的最大特点是"保护旅游对象",也就是要保护生态环境。"生态旅游"的创始人谢罗贝洛斯·拉斯喀瑞指出,"生态旅游的对象是自然景物,因此,自然景物不能够受到损害"。旅行社产品设计人员要了解和尊重当地的自然和文化特色,不要将可能破坏生态环境的项目、活动引入其中。在旅游中,导游应提醒游客保护野生动植物,不离野生动物太近,不去喂养它们,不收集受保护和濒危的动植物及其样品,不购买受保护和濒危的动植物及其制品。在旅游过程中,导游应提醒游客把所有的废弃物丢入垃圾桶里,以确保旅游地的水和土壤不受到污染。

二、旅行社产品设计的基本原则

(一) 市场导向原则

市场导向原则是指旅行社必须根据旅游市场的需求,即根据旅游者的需求为导向设计产品。由于旅游者的年龄、文化、职业、经历和所在地区不同,旅游者的需求千差万别,而且随着社会经济的发展,旅游市场的总体需求也在不断发生变化。旅行社要对旅游市场进行充分调研,以市场为导向,了解并预测市场需求的发展趋势和需求数量,分析旅游者的旅游动机,并根据市场需求的变化不断加工、完善、升级已有产品,以最大限度地满足旅游者的需要,使旅行社产品对旅游者具有长久的吸引力。市场导向原则具体体现在以下3个方面。

1. 根据市场需求状况开发产品

尽管旅游者的需求千变万化、差异较大,但是,对于大多数旅游者来说,有些需求是相对稳定和具有代表性的,如:

(1)求名、求新、求异。希望能去著名景区、热点景区、未曾去过的景区或者与日常生活环境差异大的旅游目的地;

(2)放松、享乐。希望通过旅游使其从紧张烦琐的生活中解脱出来,舒适身心,怡情养性;

(3)游有所值。希望旅游过程既内容丰富又不是很劳累;能够有效地利用预算,物美价廉。

因此,旅行社产品中应包含必要数量的著名的、有价值的旅游地以及自然环境和人文环境与游客常住地差异较大的旅游地。

2. 根据旅游者或旅游中间商的要求开发产品

旅行社根据从旅游者或旅游中间商获得的意见和要求,设计专门的个性产品以满足他们的需要。例如，某旅行社原有一条北京六日游产品，价格为 2780 元/人。在销售过程中，该旅行社发现全市销售的北京六日游行程是完全一样的，标准也一样，产品的同质化造成了恶劣的价格竞争。旅行社销售部门员工通过市场调查发现，旅游消费者认为北京行程不够丰富，线路中景点都是传统景点，新开发的景区没有被纳入，而且价格稍高，大多数人能够接受的价格是 2200 元/人。旅行社根据旅游者的要求，在线路安排中增加了 3 个新景点，并且设法与交通、住宿等经营企业谈判取得特别优惠，将总价格降低到 2200 元/人，最终推出了广受旅游者欢迎的独家北京六日游产品。

根据旅游者或中间商的要求设计个性化产品符合现代旅行社产品开发的趋势，但由于旅游者的需要差异较大，旅行社设计个性化产品时必须考虑其成本。因此，要充分调查并科学分析旅游者或中间商的个性需求，找出其中的共性并正确预测其发展趋势，使个性化产品在市场上有足够的消费群体，从而保证旅行社的赢利空间。

3. 创造性地引导旅游消费

旅行社可通过构思创新，创造性地开发出新产品，以引导旅游消费。

如，云南丽江旅游线原来在深圳一直不温不火，深圳某旅行社经过周密策划，推出"丽江假期"系列产品之后，却使云南丽江旅游立马火了起来。如其设计的主题为"深呼吸一次，足足回味一辈子""在丽江适合发呆"的产品，极具创意，对白领、小资阶层产生了巨大的吸引力。该旅行社还进一步对市场进行细分，把丽江游做成一个有多种选择的线路套餐，策划构想了一系列特色旅行团：针对白领阶层"周末偷闲白领度假团"；针对喜欢特种旅游发烧友的"徒步虎跳峡""壮观三江并流""寻源中甸香格里拉""攀越哈巴雪山""迪庆生存挑战"等系列探险线路；针对英语爱好者的"English talk in Li Jiang!"纯英语情境对话团、纯自助的丽江游等线路。

此外，该旅行社通过构思创新，还创造性地开发出丽江深度半自助游产品，该产品既有观光团的便利，又有自由行的自主之优点，使到丽江的深圳游客避免了与广大的常规线游客"抢索道""抢餐""抢房"的局面。这样的自由行线路一经推出，在深圳市场上取得了立竿见影的良好业绩。

（二）突出特色原则

由于旅行社不实际拥有线路当中的旅游景点、住宿、餐饮设施、交通工具等资源，旅行社在设计产品时只能是将这些资源以不同方式组合在一起，因此，旅行社产品很容易被模仿。一家旅行社推出某个特色产品之后，往往不能对其申请专利进行保护，其他旅行社可以很快复制该产品，最后大家只能陷入低价竞争的无奈状况。但真正好的旅行社产品必须要有自己的特色，突出特色是旅行社产品具有吸引力的根本所在。旅行社要对产品的资源、形式等进行精心选择,力求充分展示旅游的主题,做到特色鲜明,以新、奇、异、美吸引旅游者的注意。同时还要精心建立各种业务网络,苦练内功,在软件服务上下功夫,形成不能被模仿的核心竞争力。突出特色,体现以差异竞争代替价格竞争的原则,是旅行社产品摆脱低水平竞争的根本所在。突出特色的原则具体体现在以下几方面:

1. 从市场的角度挖掘旅游资源的特色

在这个问题上,旅行社必须以市场的价值观念看待资源的吸引力问题,而不是凭自己的主观意识做出决定。比如,江西南昌有个厚田沙漠景区,位于赣江之滨,过去政府把这里视作土壤沙化的典型,每年投入大量资金防风固沙。随着旅游产业的兴盛,当地政府改变视角,突出其独特性——"绿洲中的沙漠",开发出与周围江南水乡风光迥异的沙漠景区,对旅游者产生了巨大吸引力。

2. 选择具有突出特点的旅游资源

旅行社产品设计者应当选择具有突出特点的旅游资源,以满足旅游者求新、求异、求奇的心理。例如浙江丽水的飞石岭景区,旅游者不是很熟悉,但如果突出其"全球首个网络景点",则较容易引起旅游者的兴趣。此外,某旅游资源在一定的地理区域范围内属最高、最大、最古老、最现代或"三大古建筑群之一""四大佛教名山"之一,等等,也能更轻易地引起旅游者的兴趣。

3. 选择最具有地方风格和民族特色的旅游资源

每个旅游目的地独特的地方风格和民族特色都是宝贵的旅游资源。少数民族地区独特的自然地理风光、居民的日常生活习俗都对旅游者有巨大的吸引力。旅游资源的差异性是使旅游者产生旅游动机的重要因素,如果产品中的旅游项目同客源地的情况无差别,游客是不太愿意前来游览的,即使来过一次,以后也很难故地重游,除非旅游地有新的变化。

(三)旅游体验效果递进原则

旅游者对旅行社产品的选择,最基本的出发点是以最少的旅游时间和旅游花费获取最大的有效旅游信息和旅游享受。旅游者对一次旅行的感受,不仅受旅游者本人的性情、爱好、修养、旅游同伴等影响,还与旅游路线当中各个景区、项目安排的先后次序有关。同样的旅游景点和活动项目,会因旅游线路的结构、顺序、节奏不同而给旅游者带来差异很大的体验效果。

旅行社在设计产品时,应当在交通合理方便的前提下,充分考虑旅游者的生理和心理特点,使整个旅游线路呈现"序曲—中潮—高潮—次高潮—大高潮"的节奏,有张有弛,把吸引力最大的、消耗体力最多的景点放在游览过程的最后,把主要购物地安排在最末一站,这样既有利于旅游者大量采购物品,又免去携带不便的烦恼,这样才能极大地调动旅游者的兴趣,增强其对旅行社产品的满意程度。

[例 2—2]

庐山二日游

南昌某旅行社推出庐山二日游,具体行程安排如下:

第一天:

南昌早(上车时间地点:7:00 南昌宾馆,7:15 江西宾馆侧门,7:30 洪都宾馆)乘空调旅游车赴庐山(约2小时),上午游三宝树、黄龙潭、乌龙潭、黄龙寺、芦林湖、如琴湖等。

中午在庐山牯岭云庐山庄用餐。

下午游览花径、锦绣谷、天桥、仙人洞、险峰、美庐别墅,参观国民党军官训练团旧址——庐山会议会址。

晚餐、住宿都在云庐山庄。

第二天:

宾馆早餐后游览含鄱口、五老峰、三叠泉。

中午在三叠泉景区用餐后下午乘车返南昌(约晚上6:00到南昌)。

报价:550元/人,费用含:

1. 住宿:云庐山庄双标间
2. 门票:景点第一大门票
3. 交通:旅游空调车、景区观光车
4. 用餐:一早三正餐(十人一桌,八菜一汤)
5. 导游:优秀导游服务
6. 保险:提供旅行社责任保险8万元/人,旅游意外保险自愿购买

在上述行程安排中,旅行社首先设计了一个时间不长,花费不多,却能够游览世界文化景观——庐山的绝大部分精华景点的旅游产品,符合市场需求原则。

其次,旅行社选择了庐山最有代表性的景点:三宝树——寺前三株树,一树一菩提;芦林湖——群峰环抱,山水相映,桥如虹,水如空;花径——白居易咏桃花之处,"人间四月芳菲尽,山寺桃花始盛开。长恨春归无觅处,不知转入此中来";锦绣谷——全长1452米,庐山最美的峡谷;天桥——神龙巧救朱元璋;仙人洞、险峰——毛泽东曾咏颂"天生一个仙人洞,无限风光在险峰";美庐别墅——国共两代领导人都曾居住于此;含鄱口——"春如梦,夏如滴,秋如醉,冬如玉",中国著名的日出观赏点之一;五老峰——中国领袖峰;三叠泉——庐山落差最大的瀑布,"不到三叠泉,不算庐山客",等等。这是突出特色原则的体现。

此外,旅行社充分考虑了游客欣赏自然美景的心理需求和体能分配,第一天上

午游览庐山的次热线景点,路途较为平坦,属于"序曲"部分,下午则是庐山最热线的景点,进入一个"小高潮",但游览路径也较为舒缓,游客不至于过度疲劳。第二天需要登山,游客要耗费较多的体力,旅行社把庐山最壮美但路途也最艰辛、最耗费体力的景点——三叠泉,放在旅游路径的终端,使全线旅游在经历高潮之后戛然而止,留给游客美好的回忆。这是旅游体验效果递进原则的体现。

如果旅行社把第二天的行程放在第一天进行,游客在游完三叠泉之后,疲惫不堪,根本就没有心情进行第二天的游览活动;即使游客勉强游玩之后,观景的感受也会觉得不如第一天好。同样是安排这些景点,最后游客的回味却大相径庭。

(四)避免重复原则

旅游者在游览过程中,其注意力并不局限在旅游景点和活动项目上,旅游沿途的景观也是可供旅游观赏的对象。在游览过程中,如果要走回头路,就意味着要重复观赏相同的沿途景观。这种重复,不仅令旅游者感到乏味,而且造成旅游者时间和金钱上的浪费,是旅游者最不愿意接受的。因此,旅行社在设计产品时,应竭力避免重复经过同一旅游点,或尽量使旅游路径成为环形结构。如果实在受限于自然条件,必须回头,也应当考虑变更交通方式,比如乘缆车上、步行下,或者乘船去、坐车回,等等,以给旅游者带来多重体验。

避免重复原则还体现在对旅游景点和活动项目的选择上。旅行社在设计常规的观光型产品和度假型产品时,要考虑到各旅游点的代表性,不能重复安排同一主题的旅游点。同一主题的旅游点对一般旅游者来说往往大同小异,吸引力不大。如短线型旅游产品中,忌上午看寺,下午再逛庙,或者第一天登山,第二天再爬山。对于专项型产品,虽然这种产品针对特定的目标市场,旅游者需要对同一主题的旅游项目进行深度体验,但也应尽量考虑同中求异,围绕主题安排各有特点和侧重的专项旅游项目。

(五)择点适量原则

旅游者希望花最少的时间和金钱获得最多的旅游体验。旅行社在设计产品时,应该综合考虑旅游花费和旅游体验两个方面。择点适量,既可以使整个产品的价格控制在旅游者可以接受的水平,在激烈的竞争中获得价格优势,又能够使整个旅游行程有张有弛,紧凑而不忙乱,使旅游者达到放松享受、娱乐身心的目的。在时间一定的情况下,如果旅游项目安排过少,空闲时间太多,旅游者就会抱怨旅行社没有尽心尽责地安排旅游活动;而过多地安排旅游点同样是不可取的,不仅使整个产品直观价格偏高,而且旅游节奏太快,在各点停留的时间太短,游客无法充分地欣赏、品味旅游点的文化内涵,无法体验旅游点的参与性项目,更容易使旅游者紧张疲劳,达不到休息和娱乐的目的。老年旅游产品如果安排景点过多,节奏过快,甚至可能引发部分老人身体不适等安全事故。

（六）时间合理性原则

时间合理性原则，首先体现在制订合理的旅游活动停留时间和恰当的景点间距。内容丰富、参与性项目多的旅游点停留的时间要长，观光游览性项目停留时间可以稍短。旅游点之间的距离也不宜太远，以免造成大量的时间和金钱耗费在旅途中。另外，在花费一定的情况下，尽量选择快捷的交通工具，这样既可以缩短交通运行时间，以争取更多的游览时间，又可以减轻旅途劳顿。

其次，行程安排要留出一定的机动时间。不论是短途旅游还是长途旅游，都要留有适当的自由活动时间，同时还要留出一定的机动时间，以应付旅途中可能发生的意外情况。比如，有些旅游者时间观念较强，有些则自由散漫，通常很难按导游的预先安排全部准时集合到位，因此留出机动时间就显得尤为重要，否则旅游很难顺利进行下去。

最后，游程安排要符合人体生物钟的规律。一般来说，人经过一夜睡眠之后，上午的精力较为充沛。旅游者在上午猎奇、感知欲望较强，心理上希望并且实际上能够收集和感知的环境信息量较大。午餐过后，大部分人有昏昏欲睡的感觉，此时旅游者对获取和感知环境信息的需求大为下降。午餐一两个小时之后，人的大脑又逐渐活跃起来。因此，上午的游览最好安排较为丰富的旅游项目，否则就容易使旅游者产生游览内容不够丰富甚至平淡的感觉。而在午餐后，应适当让游客休息。下午游览的内容又要相应地充实一些。总之，游览内容的丰富程度应尽量与游客一天中对旅游环境感知欲望的强弱相吻合，恰到好处地为游人提供适量的感知对象，以满足其旅游感知需求。

（七）"安全第一"原则

旅游是人们在解决了基本温饱之后，在有钱有闲的情况下进行的较高层次的享受活动。这种享受活动必须在保证安全的前提下进行。出门旅游，人们最担心的是安全问题；组织旅游，旅行社最担心的也是安全问题。常见的旅游安全事故包括交通（铁路、公路、民航、水运等）事故、治安（盗窃、抢劫、诈骗、行凶等）事故以及火灾、游客食物中毒、游客突发疾病等。旅行社在设计产品时，必须遵循"安全第一"的原则，在组合产品的各个环节，尽量选择安全性高的吃、住、行、游、娱、购的设施、场所和安全有保障的经营单位，并且通过导游人员周到、尽心的服务，把旅途中安全事故的发生概率降到最低。

比如，青藏铁路通车之后，向往去西藏旅游的人与日俱增，旅行社纷纷开设青藏旅游线，但青藏的高原反应也令很多游客望而却步。旅行社在组织旅游之前，一方面，要做好宣传解释工作，减轻游客对未知环境的恐惧，让尽可能多的游客参加旅游；另一方面，要让游客做体检，确保其身体状况能够适应高原环境，并要反复向游客说明初到高原不要洗澡、严防感冒、保持行动平缓等注意事项以及预防高原反应的措施等。到达拉萨的第一天,也不要安排太多的、过于辛劳的旅游项目,让游客有充分的时间消除高原反应带来的不适,把游客在青藏高原上旅游的危险性降到最低。

(八) 机动灵活原则

旅游过程牵涉面广,过程复杂,即使做了最充分的准备,仍有可能发生意外情况,如遇到不可抗力的突发灾害或由于某些特殊原因必须临时更改旅行安排,比如有游客走失,为寻找游客耽误了行程,或飞机晚点、交通堵塞等。这种情况下必须随机应变,更改部分旅行安排。因此,旅行社在设计产品时,日程安排要充实,但又不能过于紧凑,应留有一定的回旋余地。在执行计划过程中,也须灵活掌握,允许局部变通。

大部分旅行社对旅途中可能发生的意外有预先的准备,在发给游客的行程安排中,会特别注明:"导游可根据实际情况调整旅游景点游览顺序或取消自理景点,但不减少行程中所含景点。如遇不可抗拒的因素而导致费用增加,我社不予承担。"

项目三 旅行社产品开发的一般过程

一、旅行社新产品开发过程

旅行社产品开发主要包括新产品开发和现有产品的深度开发两个阶段。顾名思义,新产品开发是从无到有的过程,而一个新产品在市场上有了一定的占有率后,必须对其进行进一步的深度开发,完成其从初级产品到中、高级产品的过渡。

旅行社新产品开发过程一般由产品策划、产品制作、市场试销和投放市场4个阶段构成。

(一) 产品策划

1. 寻求创意

新产品开发过程从寻求创意开始。所谓创意,就是开发新产品的设想。虽然并不是所有的设想或创意都能变成产品,但尽可能多的创意却可为开发新产品提供更多的机会。因此,大多数企业都非常重视创意的发掘。旅行社产品创意主要有以下几种途径。

(1)投诉问题分析法。旅游消费者是产品信息的最好来源,而产品若被旅游者投诉则说明产品肯定存在问题,需要改进。分析这些投诉,经过综合整理,最后则可转化为创意。例如,国庆节期间,某旅行社推出北京双飞四日游产品。在促销期间,一些旅游消费者要求旅行社在行程中增加参观天安门升国旗的项目。产品设计部人员经过进一步调查，采纳了这个建议。结果，该产品受到了旅游消费者的高度认同。

（2）内部人员会议法。召集旅行社相关人员，如导游、组团部工作人员等围绕某个问题，各抒己见，从中激发灵感、激发创意。

（3）旅游中间商、代理商提供法。旅游中间商、代理商与旅游消费者直接接触，他们最了解消费者的行为与心理，同时对竞争对手也比较了解，这来源于他们的创意往往是最佳的。

（4）反向头脑风暴法。该方法是把不同岗位、不同职务、不同部门甚至完全不相关的行业的专家或人员召集起来，如媒体工作人员、学校教师等，围绕某一个主题没有限制地各抒己见，在思想的相互激荡中，寻求新产品设计的灵感。反向头脑风暴法要求主持者有高度的把握会议的能力，成员对彼此的观点不作评价，更多的只是表达自己的观点。而产品设计者的任务是通过听取他人的发言，遴选出对产品设计有价值的建议。

好的产品需要好的策划，而好的策划离不开大胆的畅想。创造性思维在产品策划中的重要性，无论如何强调都不为过。来自社会的各方面信息，都能提供给产品设计者许多畅想的机会。旅行社的视野，应该在缤纷的世界中展得更开。

2. 市场分析

产品的策划阶段既需要富有激情的畅想，也绝对少不得冷静的市场分析。市场分析要求产品设计人员以理性的态度对拟定的产品进行剖析。设计人员取得足够创意之后，要对这些创意加以评估，研究其可行性，并挑选出可行性较高的创意，这就是创意甄别。创意甄别的目的是淘汰那些不可行或可行性较低的创意，使旅行社有限的资源集中于成功机会较大的创意上。它一般要考虑两个因素：一是该创意是否与旅游企业的战略发展目标相适应，这些目标主要是利润目标、销售目标、旅游形象目标等；二是旅游企业有无足够的能力开发这种创意，这些能力表现为融资能力以及开发所需要的技术能力、资源供给能力、市场营销能力等。

事实上，这样的产品分析，就是一份详尽的产品可行性报告。它不仅包括对市场状况、市场需求、旅游者承受心理等外部因素的分析，也包括对产品本身的特点、构成、落脚点等因素进行分析。缺少了这样的分析，产品就很可能是出于臆想，成为"建立在沙漠中的大楼"。

3. 形成新产品的概念

经过甄别后保留下来的新产品创意还要进一步发展成为产品概念。在这里，首先应当明确产品创意、产品概念和产品形象之间的区别。所谓产品创意，是指企业从消费者的角度考虑的能够向市场提供的可能产品的构想。所谓产品概念，是指企业从消费者的角度对这种创意所做的详尽描述。所谓产品形象，是指消费者对某种现实产品或潜在产品所形成的特定的印象。在确定最佳产品概念，进行产品和品牌的市场定位后，就应当对产品概念进行试验。所谓产品概念试验，就是用文字、图画等形式将产品概念展示于目标顾客面前，观察他们的反应。

（二）产品制作

在完成产品的策划后，就进入到具体的线路编排、制作阶段。旅行社产品开发设计程序的第一个阶段所确定的产品策划及创意，只是一个粗略的、轮廓化的产品速写，而产品制作阶段要进行的工作，则是让产品有血有肉地鲜活起来。

1. 收集相关资料

产品制作阶段的首要步骤是收集相关资料。目的地概括、各类介绍及评价文章等，都可以作为产品设计的有用的参考资料。其他旅行社的现成产品资料也十分有用，但仅能用作参考。因为对其他旅行社的现成产品的全面抄袭借用，会有很大的风险隐含其中。这种风险表现为：①无法了解产品的最初编创意图；②无法完美体现原有产品的特色；③受原创产品旅行社的局限和束缚。

2. 实地考察

在设计新的产品，尤其是涉及新的目的地、新的线路、新的特色时，实地考察是必需的。在考察中所发现的问题，是在办公室里无论如何也想不到的。为了达到考察的真正目的，考察人员要进行先期的资料准备并草拟考察提纲。实地考察期间，考察人员要时时以旅行社与旅游者的双重身份，从两种角度审视考察对象。考察结束后，要形成详细的考察报告。考察报告应包含这次考察的详细记录，包括产品构想、考察的详细日程、考察笔记及相关的全部材料。在实地考察的评价表中，要至少包括这样一些内容：城市区间交通状况评价、景点评价、地接旅行社评价、旅游目的地接待服务设施评价等。

3. 分析取舍

设计人员在实地考察之后，要对收集的信息进行分析取舍。旅游线路作为产品的体现必须面对现实，面对市场。在进行分析取舍时，要注意以下3点：①产品内容要符合产品名称并突出主题。因为，产品名称的确立，即为产品的生产树立了一块基石，产品的主题、形式无不与产品的名称有着重要的关联。②要从购买者主体的欣赏角度出发。尤其是一些文化旅游产品，其所蕴涵的内容能否满足旅游者的心理需求，要重点考虑。③在产品制作中，应尽力避免对景点选择的不慎重，以及由此可能给旅游者带来的误导及隐性的伤害。

4. 组装产品

这一过程是将分析取舍之后的旅游项目编排成一条完整的线路，并确定产品名称。线路编排就像工厂中的总线装配，经过取舍之后的产品名称、交通状况、城市、景点、食宿、娱乐活动等各类资料，都需要在这道工作环节中进行组合装配。经过合理编排的线路,才能变成一个完整成形的产品。产品的组装,应当在旅行社产品设计原则的指导下进行,除"探险旅游"及廉价产品外,各类产品的设计,无一例外都要考虑行程安排的科学性和旅游者的舒适性,做到有效合理。

5. 制定市场营销组合

产品组装之后,设计人员还需要制定市场营销组合。针对不同市场需求对产品进行不同包装,制定产品价格,确立销售渠道,组织促销活动,等等。

(三)市场试销

如果旅行社的最高管理者对某种新产品开发设计结果感到满意,就可以着手用品牌名称、包装和初步市场营销方案把新产品装扮起来,向旅游消费者推介新的线路。推介的主要方法有做广告、发宣传单、营销人员直接对潜在旅游者推介或给予低价、赠送项目等让利方式,以便尽快地吸引第一批游客报名参加旅行。在这一阶段,旅行社应当密切关注游客在旅游过程中对活动项目的评价,旅游接待过程中各个环节的衔接状况,以及旅游目的地的接待服务水平等,并且不断地与相关接待部门进行沟通、协商,对旅游中出现的问题加以调整和改进,以提高产品质量。

(四)投放市场

新产品经过一段时间的试销,如果效果良好,旅行社就应该及时地将该产品全面投放市场,运用恰当的市场营销手段,尽量扩大产品在市场上的占有份额,提高产品的销售量和利润率。

[例2—3]

90后大学生毕业游产品设计案例

每到6月毕业季,某在线旅行社都会接到大量电话或网络咨询,询问是否有适合大学生团体出游的线路。旅行社产品设计人员随即展开了市场调查,并着手开发新产品——90后大学生毕业游。

1. 市场调查显示,"毕业游"发展潜力巨大

到了6月毕业季,不少大学生已订好行程相约一起毕业游。抛掉多年课业压力的烦恼,叫上最要好的同窗好友,一起在海滩上燃起篝火烟花,一起去小吃排挡享受海鲜啤酒,一起在小资客栈里抵足夜谈……用毕业旅行告别那单纯而美好的校园岁月,是众多毕业学子向青春致敬的选择。跟同学一起毕业旅行,是一种别样的记忆,如果没有这种经历,以后想起来会觉得很遗憾。很多大学生都表示希望能够在毕业时有一次集体的毕业旅行。

2013年6月,淘宝旅行发布了首份《互联网下的90后旅游消费报告》。报告显示,90后群体一年出行1~3次的占到了74%,出行3~5次的占到20%,剩下的

6%出行次数超过5次。如今大学已经是90后的天下,这份旅游消费报告也从侧面表明当今大学生有着良好的出游习惯。

据教育部公布的数据显示,2013年的高校毕业生已经达到了699万人,如果大多数毕业生有出游的意愿和需求,对旅行社来说无疑将是一个巨大的市场。

2. 90后大学生毕业游行为特征分析

预订毕业游产品的大部分游客是90后学生,6月中下旬是出行高峰。一些工作一两年的职场新鲜人也召集昔日同窗加入毕业旅游的行列。受学生们欢迎的旅游线路通常以观海、美食和文化旅游为主题,以国内旅游居多。他们对价格的关注度高,比如住宿方面不选择高星级酒店而青睐客栈,交通方面不选择飞机往返而选择火车往返或火车去飞机回。在旅行消费上,90后平均旅游消费1500元以下的占51%,1500~3000元的占28%,还有21%是高于3000元。3000元以上的消费能占据近1/4的比例,可见90后一族在旅游消费上舍得花钱,但以经济型消费为主。最受90后群体欢迎的十大热门国内目的地分别是丽江、成都、杭州、北京、三亚、长沙、桂林、西安、南京、厦门。

3. "毕业游"新产品初步设计

根据上述市场调研和分析,旅行社产品设计人员在"毕业游"的线路中设计了很多为学生量身定制的行程和服务,比如"毕业游"线路仅收学生群体,确保游伴有更多共同的话题和专属空间,独立成团带专人专车服务。在线路报价单中有专门说明:"本行程完全为学生群体量身打造,如果您不属于此群体,可以选择其他产品线路""线路与传统意义的团队游有一定的区别,所以针对行程时间、行程线路给予了一定程度的自主性"。

"毕业游"产品以经济型价位为主,分为200元以下线路和200~500元线路,多数都是大学所在地周边游。学生可以使用学生证购票,享受价格优惠。对不同旅游目的地推出一系列有"学生特色"的优惠,如,北京毕业游主打感受京城历史与文化,走进北大、清华,入住北京四合院客栈或青年旅舍,此外还有"90后专属优惠",出行人只要出生日期在1990年及以后,即可获赠嘻哈包袱铺相声表演门票;厦门毕业游仅收学生群体,推荐学生在厦门大学芙蓉餐厅用餐;桂林毕业游免费配送自行车、瀑布攀爬等基本户外装备,让学生尽情地在秀美山水间定格美好的青春时光;庐山毕业游安排了庐山包列,全车软卧4人1间包厢,方便学生长夜"私聊";等等。

4. 市场需进一步培育和开发

该在线旅行社推出"毕业游"新产品后,业务量有明显提升,但仍然感到切入这一市场并不容易。从已经接待的大学生游客在旅游当中的表现及售后反馈来看,大学毕业旅游有以下特点:第一,是对吃住行的质量要求不高,但是对价格较为敏感。第二，毕业生一般都希望旅程当中能够多加入一些互动活动。第三，希望景点能够丰富，不希望有购物。第四，导游需要经过专业的培训，根据毕业生的特点提供服务。

但是，大学生有着强烈的自我意识，毕业旅行更喜欢自助游。选择自助游的主要原因是大部分旅行社现有产品无法满足他们的要求。大学毕业生的毕业旅游或以班级为单位，或以宿舍为单位，无论人数多少，一般都希望能够单独成团游玩；同时由于经济上还没有独立，学生们对价格也比较敏感，而市场上，便宜的线路没有特色，有特色的线路价格又偏高，这也成为很多毕业生不选择旅行社的重要原因。旅行社产品开发人员进一步了解到，大学生在人数较少的情况下，会选择自助游，但是相对于人数较多的毕业旅行来说，只要符合他们的出游条件，大学毕业生们还是比较愿意把行程交给旅行社来安排。传统的随团旅游，衣食住行不用自己操心，但代价是旅游失去了自由；自己出行有了随意安排的自由，但凡事都需自己操办，组织者承担的责任较大，也比较容易出现意外情况。旅行社如果能扬长避短，将两者融合，必然会受到欢迎。

因此，旅行社决定对已推出的"90后大学生毕业游"产品进行深度开发，使之更好地适应和满足市场需求。

二、现有产品的深度开发

新产品开发投放市场之后，即使受到旅游者的欢迎，仍然只能算一个初级产品，其旅游资源的配置、所提供的服务基本处于初级阶段，产品以"小型、粗品、经济"为主要特征。初级产品主要是完成了对主题部分的命名，旅游形式以"慢拙"为主，提供常规的、满足游客"生理和心理的低层需求"的、"无疑难服务要求"的旅游服务产品。因此，新产品在市场上有了一定的占有率之后，必须进行深度设计开发。

（一）中级设计

中级设计的任务是对现有产品进一步配置旅游资源，另加个性化旅游服务，实现现有产品由小型向中型、由粗品向细品、由经济等向标准等的转化。

具体工作过程是：①收集初级产品的运作信息，如来自景区、宾馆、餐馆、车船公司等接待部门的反馈信息，导游人员在带团过程中经常遇到的困难，旅游者投诉等方面的内容。②根据收集的信息及反映出的问题，设计人员进一步实地考察，大胆取舍有关项目，充实旅游内容，变换旅游形式，深化产品主题，美化产品名称，使产品有节奏、讲品位、成系统。③对提供旅游接待服务的住宿、餐饮、交通等部门重新进行选定、谈判、签约，使旅游服务更加标准化，旅游形式更加轻松、快捷。④增加"疑难服务"，并在价格上体现"疑难服务收费"，等等。

(二)高级设计

高级设计总的任务是在初、中级设计的基础上,合理配置旅游资源,使旅行社产品实现由中型向大型、由细品向精品、由标准等向豪华等的转化。在这一阶段,设计人员应深入发掘产品的文化内涵,深化产品的立意和文化品位,并通过选择舒适的吃、住、行设施,融入特色游、购、娱项目,使产品更加具有休闲性和享受性。

旅游产品设计的高级阶段,旅行社应重点考虑通过完善产品,打造旅行社的品牌,注重社会效益和可持续发展的战略问题。

项目四　现阶段我国旅行社产品存在的主要问题

一、存在的主要问题

(一)旅行社产品过于单一且雷同

当前我国旅游市场向游客提供的旅游产品,大多是"团体、包价、观光、标准等"旅游产品:团体游产品为主,散客游产品比例很小;包价旅游产品以全包价为主,灵活包价和单项服务的比例很小;消费档次上以标准等为主,豪华等和经济等比例很小;旅游以观光为主,其他形式的旅游所占比例很小。旅行社产品结构比较单一,难以满足旅游者多样化的需求。

(二)旅行社产品缺乏特色

大宗旅游线路、传统旅行社产品不外乎"交通+景点+住宿",而这三种资源均不在旅行社的掌握之中,而旅行社又必须依赖这些资源生存,资源的同质导致了产品的同质,旅行社产品无法形成自身特色。旅游消费的大众性使其没有明确的受众群,这也是导致旅行社产品没有特色的必然结果。随着消费者收入水平的提高,旅游消费已经从以往的高端消费领域向大众化发展,旅游所体现的生活方式日益被大众所接受。各旅行社目前推出的旅游线路任何人都可以消费,不分性别、年龄、教育程度。目标消费群的界定不清,也导致宣传推广找不到落脚点。

(三)旅行社产品模仿和抄袭盛行

雷同的产品导致旅行社线路、产品推广宣传的雷同,大多数旅行社产品设计基本上脱离不了"旅行社名+线路+报价"的模式。当某家旅行社设计出成功的旅行社产品获得市场欢迎后,便会出现大量的旅行社采用"跟风"的方式,模仿、抄袭这些好的产品,这在很大程度上打击了投入大量人力、物力研发产品的企业的积极性。一个最简单的例子,当一家新的旅行社成立后,它所要做的就是收集同行的旅游行程和报价,然后在此基础上加上或减少一点利润,转天就可以开张营业了。而跟风的旅行社往往用低价格来吸引旅游者,"价格战"引发市场的混乱,降低了服务质量,扰乱了旅游市场。

(四)旅行社产品普遍的低端性

首先,我国的观光产品在国际市场上还处于初级开发水平,高质量的观光旅游产品应突出游客的参与性、娱乐性、知识性和享受性,这几方面在我国观光旅游产品开发中没有得到充分体现。其次,度假旅游产品、专项旅游产品等其他旅游产品开发的水平也同样存在着差距。最后,旅行社旅游产品设计的科学含量和技术含量低,也容易被抄袭。

(五)不重视对旅行社产品市场的调查研究

市场调研是旅行社产品开发的基础。只有通过市场调查,才能够了解消费者的需求,设计出适销对路的产品。与一些旅游业发达的国家相比,我国旅行社在产品开发过程中往往不进行或不注重市场调查,而是靠主观判断或跟风,这不仅会给自己的经营造成很大的风险,同时也脱离了市场的需求。

(六)旅行社产品品牌意识淡薄

消费者对品牌的认同和信仰,归根结底是对该品牌所代表的产品特质的认同,但目前我国旅行社行业缺乏定位清晰、具有特色的产品,也就难以形成被消费者认可的品牌。

一方面,由于资源的同质性,旅行社产品品牌难以创立;另一方面,目前旅行社也普遍不重视品牌产品的创立,整个旅游业中品牌企业所占的比例很小,品牌产品也为数不多,这也是造成现在旅游业市场混乱的重要因素之一。

二、问题存在的原因

(一)对旅行社产品设计开发重视程度不够

大部分旅行社盲目追求短期经济效益,不愿在旅游产品设计上耗费时间、资金和精力。旅游业发达国家的旅行社开发产品往往需要十几个月时间,而我国的旅行社开发产品多则几个月,少则几天就完成,或者干脆照搬其他旅行社的旅游产品。这种相互抄袭导致旅行社产品雷同现象十分严重,其最终结果就是游客对这些产品麻木乃至厌倦,最终使旅行社失去这些客源。

(二)旅行社产品经营理念落后

一些旅行社的经营者不在旅游产品设计开发、服务质量上做文章,反而进行跟风、打价格战。经营者缺乏创新意识,不能对旅游产品推陈出新,及时将旅游产品换代,而是通过"搭便车"的方式,模仿他人的产品,降低风险,减少成本,低价竞销,严重扰乱了市场竞争秩序,不利于旅游业的健康发展。

(三)旅行社产品设计开发资金投入严重不足

我国的一些旅行社在具体的运作过程中,将大量的资金投入到宣传促销上,而不是旅行社产品设计上。旅行社产品开发资金投入严重不足是造成产品开发后劲不足、品种少、无特色的重要原因。

（四）高素质的旅行社产品设计人才缺乏

目前旅行社普遍缺乏高素质的产品设计人才。我国的旅行社产品设计人员大都是具有丰富旅游从业经验的人员，但是他们没有专业的理论知识。他们所设计的产品，往往能被消费者接受；但是他们的设计有时会走入一种误区：没有考虑到市场的变化和旅游者需求的多样化。许多大中专毕业生加入这一行业，他们有专业的理论知识，但缺乏必要的实践锻炼，设计出的旅游产品往往脱离市场，无法为旅游者所接受。旅行社产品设计人员应该既具有理论知识又有实践经验，只有这样，才能设计出消费者所需要的旅游产品，才能在市场竞争中站稳脚跟，才能从总体上促进旅游业的健康、持续发展。

三、问题的解决策略

（一）从战略上高度重视培养旅行社产品设计开发人才

旅行社产品的竞争最终表现为人才的竞争。好的创意、好的构思都由人的思想产生，旅行社产品也要通过旅游接待人员提供优质服务来实现。要想适应人们对旅行社产品需求多样化、专业化、个性化的趋势，开发出多样化、个性化的产品，旅行社必须从战略的角度高度重视产品设计开发人才的培养，为产品设计人员提供学习现代市场营销理论的机会，并让其掌握旅行社经营管理的实践技能。

（二）注重旅游市场调研

我国旅行社在产品的设计开发过程中大多忽视市场调研的工作，推出的产品往往只是根据经营者的主观判断，一味追求短期经济效益。这样的产品既缺乏自己的特色又没有新意，大部分不能在市场上维持很久。旅行社产品的设计不是孤立的，在具体操作过程中也不能孤立地谈产品设计，而要把它与市场调研、可行性分析相结合。进行市场调研工作有助于分析旅游市场动态，细分市场，进而有效地进行旅游产品设计开发。旅行社只有做好充分的市场调研，把握市场需求动态，才能有针对性地开发和设计出适销对路的旅行社产品。

（三）注重旅行社产品品牌的创立

我国的旅行社产品的开发过程，多则几个月，少则几天就能完成，这样随意、不慎重设计开发出来的旅游产品，往往缺乏特色与内涵，容易被模仿，很难树立品牌，产品的生命周期较短。因此，旅行社必须从长远出发，做好自己的市场定位，深层次挖掘旅游产品的潜力，充分挖掘内涵，突出特色，使得其他竞争者难以仿冒。与此同时，旅行社还应重视品牌的创立，形成自己的品牌优势。

（四）加快配套设施建设

旅行社产品是由诸多要素组合而成的产品，其中主要包括吃、住、行、游、购、娱六大要素。配套设施建设的滞后直接影响旅游产品的质量。如,目前我国的旅游交通在有些欠发达地区比较落后,可进入性较差,游客旅行中大量时间花费在"行"上,浪费了游客的宝贵时间,游客的安全得不到保障;如有些酒店结构不合理,不能满足不同消费层次旅游者的需要,季节性供求矛盾突出;旅游景点的开发不合理,参观游览的条件较差;旅游购物场所建设滞后,旅游商品开发不足;娱乐设施安全性令人担忧,旅游者的人身安全得不到很好的保障。因此,要加强旅行社产品配套设施的建设,从吃、住、行、游、购、娱六方面着手,整体提高旅行社产品的质量。只有把产品的配套设施进一步完善,才能提高旅行社产品的整体吸引力,促进整个旅游行业的全面发展。

(五)开发新品种以改善旅行社产品结构

目前,我国的旅行社产品主要以观光旅游为主,其他如度假旅游、商务旅游、休闲旅游、文化旅游等都没有进行深入的开发,对于这些旅行社产品,经营者也没有给予足够的重视。随着旅游者需求的多样化,旅行社产品必须能迎合游客的需求。对于目前的市场状况,只有改善旅行社产品的结构,才可以满足游客多样化的要求,在市场中赢得自己的市场份额,不被市场所淘汰。

关键词汇

旅行社产品设计　主要内容　影响因素　指导思想　设计原则　开发过程
存在问题　解决策略

思考与练习

一、填空题

1._____的目的是帮助旅行社及时掌握旅游消费者的需求特点,了解市场动向,把握市场脉络,从而确定正确的_____方向。

2.影响旅行社产品开发的因素主要有_____、_____、_____、_____、_____等。

3.旅行社产品的创新精神体现在3个方面:_____、_____、_____。

二、单项选择题

1.下列哪项内容不属于旅游市场调研内容?(　　)

A.旅游市场需求信息　　　　　B.旅游市场供给信息

C.竞争对手信息　　　　　　　D.消费者意见

2.旅行社经营与管理的主要职能是什么?(　　)

A.产品设计　　　　　　　　　B.产品调研

C. 产品促销 　　　　　　　　　D. 产品分析
3. 在旅游新产品开发后,并且占有一部分市场后,接下来要做的是?(　　)
A. 产品策划 　　　　　　　　　B. 产品制作
C. 深度开发 　　　　　　　　　D. 投放市场

三、多项选择题

1. 旅行社新产品开发过程一般由(　　)4个阶段构成。
A. 产品制作 　　　　　　　　　B. 产品策划
C. 市场营销 　　　　　　　　　D. 投放市场 　　　E. 主管审查
2. 产品制作的主要步骤有哪些?(　　)
A. 收集相关资料 　　　　　　　B. 寻求创意
C. 分析取舍 　　　　　　　　　D. 组装产品 　　　E. 投放市场
3. 下列哪些需求对于旅游产品设计的市场导向原则是相对稳定和具有代表性的。(　　)
A. 求名、求新、求异 　　　　　B. 放松、享乐
C. 自我满足 　　　　　　　　　D. 游有所值 　　　E. 个性体验

四、判断题

1. 每个旅行社产品,不论是传统的观光旅游,还是度假或专项旅游,都有一定的主题,其名称是对这个产品的性质、主题项目和设计思路等内容的高度概括。(　　)
2. 完整的旅行社产品通常只包含了一个旅游目的地或者多个游览、休闲景区(点)。(　　)
3. 设施配置是指与旅游者旅游生活密切相关的服务设施和服务设施的运行状况。(　　)

五、简答题

1. 旅行社产品设计的主要内容有哪些?
2. 影响旅行社产品开发的因素有哪些?
3. 旅行社产品设计应遵行哪些指导思想?
4. 旅行社产品设计的一般性原则有哪些?
5. 如何看待现阶段我国旅行社产品存在的问题?

六、案例分析

青藏铁路通车之后,广州某旅行社准备推出青藏游产品。根据初步采线和铁路、航空部门运行的实际状况,设计人员认为,在西藏旅游天数和游览景点一定的情况下,可以设计3种出入西藏的方式:

1. 从广州乘进藏列车,直达拉萨,乘车时间约55小时。到拉萨之后,游览拉

萨、日喀则、纳木错、林芝等地的景点,然后由拉萨乘飞机前往成都,再从成都飞回广州。

2. 从广州乘飞机至成都,再由成都飞西宁,在西宁停留一天,游览青海湖等景点。然后从西宁乘进藏列车至拉萨,乘车时间约23.5小时(旺季时西宁至拉萨的火车票十分紧俏,除本身票价之外,每张票还需要100~500元不等的订票费)。抵达拉萨之后行程与1相同。

3. 从广州飞往成都,再由成都飞往拉萨,游览拉萨、日喀则、纳木错、林芝等地的景点。然后从拉萨乘火车前往西宁,在西宁游玩一天之后,乘飞机到成都,再从成都飞回广州。

如果你是设计人员,请具体分析3种线路的优劣及其操作的可行性。

模块三　旅行社产品消费市场分析

模块导读

通过对本章的学习,让学生了解、掌握旅行社产品营销的内外部环境,旅行社产品消费市场形成的条件,旅行社产品消费市场的特点,旅行社产品消费市场的时间和空间行为规律。

在今天消费者掌握市场主动权的情况下,要使旅行社产品设计体现科学性,旅行社必须引入营销导向的理念,分析市场,全面了解消费者的行为习惯和心理需求,根据市场需求研发设计产品,真正做到"市场需要什么,旅行社就设计什么产品"。

项目一　旅行社经营环境分析

进入21世纪以后,随着我国经济的持续快速发展和大众对休闲、旅游认识的逐步深入,我国旅行社的营销环境与20世纪相比,已经发生了巨大的变化。这种变化表现在:旅游消费的日常化和全民性;旅游消费者的个体化和多次性;旅游消费的多元化和梯次性;旅游消费者阅历的丰富化和成熟化。简言之,我国旅游业已经完全进入了买方市场。

一、旅行社外部经营环境分析

旅行社外部经营环境是企业营销活动的重要环境,它对企业营销活动产生直接或间接的影响,是企业不可控制的因素。外部经营环境由一些大范围的社会力量构成,包括经济环境、社会文化环境、政治法律环境、科学技术环境、自然地理环境等。每个旅游企业都处于这些外部环境因素的包围之中,不可避免地受到其制约和影响。这些因素及其发展趋势为旅行社的发展提供了机会,同时也对旅行社的生存构成威胁。

（一）经济环境

经济环境是指旅行社营销活动所面临的经济条件，它是开展市场营销活动的基础。旅游企业从事市场营销活动的前提是市场的存在，而旅游市场是由旅游消费者、购买力、购买意愿、购买权利四个要素组成的，旅游市场的四要素实质上都是直接受经济环境变化的影响。因此，经济环境对旅游营销活动有更为直接的影响力。

旅游业是一种休闲产业，只有经济发展到一定阶段，人们有了进行旅游的愿望和需要、时间和资金的保障能力，旅游才能提上人们的日程，旅游业发展才具有原动力。现代旅游业首先是在经济发达国家兴起，如美国、德国、英国、法国、意大利、加拿大、日本等国。与此相反，众多的发展中国家经济底子薄，交通落后，基础设施不完善，在国际旅游市场上缺乏竞争力。

（二）社会文化环境

社会文化环境是指由社会地位和文化素养的长期熏陶而形成的生产方式、价值观念和行为准则，是一个社会的风俗习惯、宗教与民族特征、教育水平、语言、价值观等的总和。风俗习惯对旅游者消费行为和旅行社营销方式影响重大。宗教与民族影响着人们的价值观、审美观、行为准则与认识事物的方式，从而直接或间接地影响着人们的旅游消费行为。教育水平不仅影响人们的旅游水平，而且影响旅行社的市场调研与促销活动。掌握当地语言，易于人们的感情沟通，对旅游营销活动十分有利。因此，旅行社的营销活动必须适应社会文化因素，并随社会文化因素的变化而变化。反映在具体的旅游营销活动中，特别是开展国际旅游营销活动中，旅游企业不能以本国、本地文化为参照系，而要自觉地考虑异国、异地社会文化的特点，使旅游营销与社会文化因素之间互相适应。如制作旅游广告、旅游产品目录，必须顾及语言文字、模特形象是否符合异国、异地文化。一个漂亮女性形象的广告，在许多国家都可以被接受，但在伊斯兰教国家却会遭到抵制，在某些中东国家甚至无法进行电影、电视广告宣传。

（三）政治法律环境

政治法律环境是指政府、政党、社会团体在国际关系和国家社会经济生活方面的政策、活动。旅行社的营销活动是社会经济生活的组成部分，必然受到政治与法律环境的调整与约束。构成政治法律环境的因素主要有：①国家的政治体制、政局变动。②经济管理体制、政府与企业的关系。③政府的法令、条例、法规，特别是有关经济、旅游立法。④政府的有关经济政策。

近几年，我国的政治法律环境的变化对旅游业有着较大的影响。2013年1月，中央政治局出台了"八项规定""六项禁令"，旅行社接待的会议团、考察团明显缩水，特别是单位公派旅游，很多旅行社出现计调前一个月完成团队预订机票、预订酒店、代办签证的工作,接着被通知团队取消,又花半个月时间做退订机票、退订房间等工作。

2013年10月1日《旅游法》正式施行。《旅游法》分别对旅游者、旅游规划和促进、旅游经营、旅游服务合同、旅游安全、旅游监管、权利救济等内容作了规定。旅游法采取综合立法模式,突出保障旅游者和旅游经营者的合法权益,坚持以人为本,安全第一并实行统一的旅游市场准则,对旅行社经营的方方面面均做出了规范。如《旅游法》第四章第三十五条针对"零负团费"规定,"旅行社不得以不合理的低价组织旅游活动,诱骗旅游者,并通过安排购物或者另行付费旅游项目获得回扣等不正当利益。旅行社组织、接待旅游者,不得指定具体购物场所,不得安排另行付费旅游项目。"这一条款严格规定了旅游线路的报价,旅游购物的限制。2013年国庆节就有多家旅行社因为违反《旅游法》相关内容而被罚款甚至停业。所以,目前的旅行社正面临着行业大洗牌的格局,这些行业的变化都与国家的政治法律环境是密不可分的。

(四)科学技术环境

科学技术环境的变化,给旅行社带来了前所未有的机遇与挑战。一方面,新技术的发明和应用,给旅行社开发新产品创造了条件,增加了产品的吸引力,提高了旅游服务水平和质量,提高了服务效率和服务的准确性,也给旅行社创造了新的市场,带来了新的利润。例如,电子计算机的广泛应用,提高了旅行社的工作效率,旅行社能够开展一对一营销,为客人提供定制化产品。又如,交通技术的飞速发展使得旅游者的出行更加便捷,旅游需求量也随之增加。另一方面,新技术的发明,也对老产品构成了威胁。旅游产业信息化的发展,使得游客选择旅行社的范围更广泛,旅行社业的竞争更加激烈,这无疑也加大了旅行社的成本。互联网的出现,弱化了旅行社的代理功能,使不少旅行社面临生存危机。

(五)自然地理环境

从人类审美的心理需求来看,自然景观美是旅游的基础,秀美的山水、清新的空气等旅游自然资源较好地满足了游客返璞归真、放飞心情、回归自然的心理需要。特别是随着生产的发展和科技的进步,人们的闲暇时间逐步增加,长期生活在钢筋混凝土中的城市居民,工作和生活节奏快、压力大,通过旅游的方式回归自然,从而达到锻炼和疗养身心的目的。旅游资源本身蕴涵的各种美学特征及其历史、文化、科学价值是旅游行为的直接激发者,资源的破坏将直接影响旅游者的满足程度。在一个空气污浊、水体污染、四周嘈杂的环境中,游客是无法去领略、欣赏游览对象的各种美学特征的。

旅行社在为社会提供舒适、安全、有利于人体健康的旅游产品的同时,要以一种对社会、对环境负责的态度,合理利用资源,保护生态环境。旅行社产品的设计和开发需考虑对环境的保护,要使破坏环境的影响最小,经营过程中资源和能源的消耗尽可能最低。同时旅行社应向顾客提供绿色的旅游产品,并能积极参与环境保护和旅游资源保护活动,处理好保护与开发利用的关系,从而达到社会效益、经济效益和生态效益的"多赢"。

二、旅行社内部经营环境分析

(一)旅行社发展分工体系

我国旅行社采用水平分工体系,无论旅行社的规模大小,都开展所有的旅游业务,这样的分工体系使得大型旅行社无法实现规模经济,其优势得不到发挥,而中小旅行社缺乏明确的市场定位,难以形成自身的核心竞争力。这种分工体系在旅行社发展的实践中弊端日益暴露。要改变目前我国旅行社企业的这种经营状况,就应该改革其分工体系,由平行分工体系向垂直的分工体系发展,使得各个旅行社可以通过资源共享,合理的分工,达到各自利益的双赢。

(二)旅行社产品具有多重特性

旅行社产品是由吃、住、行、游、购、娱各种要素组成的"组合产品",且大部分是无形产品,其多样性、无形性和综合性使旅行社的产品开发具有一定的难度。由于单个旅行社拥有的资源有限,在开发旅游产品的过程中,旅行社要整合和利用外部资源来设计最好的旅游产品组合。

(三)旅行社需要加强联合,优势互补

由于不同的旅行社所拥有的核心业务各不相同,这就需要拥有不同优势的旅行社之间进行联合,优势互补,增强各自的竞争力。随着出入境旅游的发展,境外旅行社集团进入我国旅行社市场,使我国旅行社面临着严峻的挑战。散客旅游是国际旅游业发展的一大趋势,随着旅游消费观念的进一步成熟,旅游消费者对旅游产品的需求也日益个性化。这种大趋势要求旅行社不断推出不同种类的散客旅游产品。然而,单个的旅行社受到资金、资源等的限制,要开发散客旅游产品的成本较大。要有效地参与国际竞争,我国旅行社只有加强联合,走集团化的道路,将各地的散客集中统一操作,这样才能降低操作成本,才能应对快速变化的旅游市场。

(四)大型旅行社集团化、中小型旅行社专业化

目前,我国少数大型旅行社由于大而全的经营模式,优势得不到进一步发挥,难以做强,而多数中小型旅行社由于小而全的经营模式使其步履维艰。因此,大型旅行社应当把重点放在实现规模经济上,通过合并、兼并小旅行社或其他方式重新组合,形成集人力资源、财力资源和景点资源一体化的旅行社集团,进行统一的组织管理,这样可以发挥其在采购、预订、营销、资金、人才等方面的优势,并可以引导和稳定旅游市场,避免出现旅行社市场因过度分散和紊乱而出现的问题。中小型

旅行社可以采用集中化市场营销战略,如做某条专线代理,或者是提供机票预订、门票代订、酒店代订、代办签证等单项服务,这样既降低成本和风险,形成特色产品或特色服务,也可避免在残酷的市场竞争中被淘汰,还使得市场上的旅游产品更加多样化。

(五)多渠道的开发市场,寻找有利商机

目前,市场开发的形式很多,而大多数旅行社由于规模和盈利的限制,一般采用的是最传统的开发方式。大量新的市场开发方式如电子商务的运用可以吸引更多的游客,特别是年轻群体的加入,因而旅行社开发市场可以借助网站、微博、微信等新媒体来进行宣传,或者建设自身的旅游电商网站寻找新的商机。

项目二 旅行社产品消费市场的形成与特点

一、旅行社产品消费市场的形成

一个人如果要外出旅游,必须同时具备主观和客观两个方面的条件。主观上,要有外出旅游的动机,客观上,要具备一定的支付能力和闲暇时间,而且身体状况允许。因此,旅行社产品消费市场形成的条件包括旅游者的可支配收入、闲暇时间和旅游者个人情况以及其他条件。

(一)可支配收入

某一国家或地区的富裕程度和经济发展水平往往是能否产生旅游者的首要条件。但个人的收入并非全部应用于旅游活动,所以确切地说是其可支配收入在影响着旅游的需求。

消费支出可分为日常生活(衣、食、住、行等)必备支出、纳税及社会消费(如健康人寿保险、老年退休金、失业补贴的预支)等。可支配收入是指一年总收入扣除上述部分,即扣除掉全部税收、社会消费和衣、食、住、行等生活必需消费等基本开支后剩余的部分。这部分开支是能够根据个人意愿自由支配的。可自由支配收入越多,人们选择旅游的可能性越大,二者成正比关系。

不同的国家、不同的生活方式使得可支配收入也有较大的差异。首先,可自由支配收入的多少与一个国家或地区的社会生产力水平有着直接的关系,社会生产力水平越高,社会总财富越多,人均国民生产总值也越多,其所支配的收入也越多。其次,可支配收入的多少与人所处的年龄阶段有较大联系。少年时期不创造收入,其出游花费主要是靠父母。年轻人尤其是有了稳定的工作还未养育子女的人群出游能力较强。中年人中有一部分人家庭负担较重,上有父母,下有子女,往往不太愿意过多旅游。退休人群也是一个出游能力较强的群体。最后,不同国家的传统生活方式也会对可支配收入的多少产生影响。例如,美国青年在成人后都要离开家庭独立生活,需要购买房屋、汽车等,生活支出较大,从而出游能力较弱。

总之,可支配收入的多少是决定一个人是否成为旅游者的必要物质条件。研究表明,当一个国家或地区家庭的收入不足以购买生活必需品时,该家庭很少会出外旅游;一旦其收入超过这一临界点,该家庭用于旅游的消费就会大大增长。

(二) 闲暇时间

闲暇时间是指日常工作、学习、生活及其他必需时间之外,可用于自由支配、从事消遣娱乐活动或自己乐于从事的任何活动的时间。闲暇时间是一个非常重要的因素,它是决定一个人能否旅游的重要条件。一般来讲,人的时间可以划分为6个部分:①进行满足人的生理需要的活动的时间,如吃饭、睡眠等。②必要的生计时间,如上班、工作等。③用于家务或杂事等的时间。④用于社会交往的时间。⑤用于如购物、加班、处理不可预知的突发事件等的时间。⑥完全由个人意愿支配,不受其他条件制约的时间——闲暇时间。在上述时间中,只有闲暇时间是对旅游有意义的时间。

闲暇时间可以划分为零碎的每日闲暇时间、每周的周末公休时间、公共假日时间、带薪假期时间和其他法定的休息时间等。每日的闲暇时间最多,但这部分时间较为零散和不确定,虽然可以用于娱乐和休息,却不可能用于旅游活动。相比较而言,周末公休时间和公共假日的时间段较长,是完全可以进行旅游的时间。带薪假期时间是目前大多数经济发达国家规定的对就业员工实行的带薪休假制度。带薪假期较长,又有相应的经济支持,因此是进行旅游的绝好时机。国际上有很多国家和地区都实行了带薪休假制度,我国的香港和台湾地区也有带薪休假的相应规定。我国内地也于2007年12月7日通过了《职工带薪年休假条例》,该条例于2008年1月1日起施行。其他的法定休息时间主要指从事某些行业的人群,如教师、海员、部分铁路或航空工作人员,这些人员在某一段时间会有较长的休闲时间,可以用来进行旅游活动。

(三) 旅游者个人情况

除了可支配收入和闲暇时间外,旅游者的个人情况也对旅游的产生起到一定作用。主要表现在旅游者个人的身体状况、所处的年龄阶段、性格和性别等。

1. 身体状况

通常,身体好的人更易于选择旅游活动,反之则难于成行。外出旅游虽然是一种精神和身体的享受,但也要有一定的身体条件作为保证,因为各项旅游活动都需要旅游者亲身参与。既然是旅游,到了景区,每一个景点是都要看一看的,整个游览路线走下来,需要消耗大量的精力和体力。如果是长线旅游,旅游者更要长时间奔波于旅游地和旅游景点之间,因此,身体不好的游客很难胜任。游客旅游中只是疲于奔命,走马观花,在旅游结束后,没有得到美的享受,旅游反而不如在家里休闲,那就得不偿失了。必须指出的是,不能正常活动的病人,即使有充裕的时间和较好的经济条件,也不能外出旅游。

2. 年龄阶段

不同年龄阶段的人出游的愿望不一样,出游的频率也不同。

一般来讲,具有自主行为和一定经济来源的中青年较多旅游。据统计,在不同年龄阶段中,中青年游客(16~60岁之间)占全部旅游者的50%以上。但是其中的很多游客特别是青年游客都喜欢采用自助或者是自驾游的方式,所以,对于这部分游客来说,开发更适合他们的旅游线路可以使更多的这类群体通过旅行社报团出游。

值得关注和研究的是我国老年群体的状况。老年人出游一方面取决于他们的身体能否适应旅游过程中的颠簸和频繁的活动,若身体状况不成为限制性因素的话,老年旅游者的市场潜力是较大的,他们有充足的时间和一定的财力,因此,具有旅游的充分条件。另一方面,我国的城镇老年人群虽然退休后有经济保障,但是受传统家庭观念的影响,更多的老年人把精力和金钱花费在下一辈身上,所以老年旅游者数量偏少。随着生活观念和生活方式的转变,老年人可望成为一个较大的旅游群体,需要挖掘和开发。

3. 性格和性别

按照心理活动的倾向划分,旅游者的性格大致可划分为外向型和内向型两种。外向型的人多活泼好动、热情直爽,容易流露自己的感情,具有较强的冒险和开拓精神,更倾向于进行旅游活动。内向型性格的人不爱交际,安静稳重,办事小心谨慎,经常反复思考同一问题,更倾向于保守,进行旅游的兴趣低于外向型者,这类人即使出去旅游,也大多选择活动量较小、自己熟悉的旅游地。

从性别来看,热衷于冒险的男性更易于成为旅游者,女性次之。在旅行活动中,女性旅游者所占的比例要低于男性旅游者,而且所参与的范围也较窄。原因如下:一是来自于社会角色的认同。从社会角色角度来看,男性从事的工作和职业较为广泛,接触面很宽,其所承受的社会压力也较大,他们更倾向于通过旅游来放松身心;同时,社会大环境也为男性的出游提供了大量的条件。而女性除了工作之外,还要承担更多的家务、照顾老人和孩子等,即使是双休日等假期,女性的休闲时间也远不如男性休闲时间多。二是男女两性的特点和差异所致。男性较强壮,愿意参加各种活动,女性较为弱小,即使出去旅游,也偏爱于游览风景、购物等旅游活动。男女性别的差异造成休闲方式也有差别,例如日常生活中最为常见的,大多数女性认为去逛商场是一种休闲和享受的放松方式,而大多数男性则认为是受罪。

(四) 其他条件

城市化、旅游业的发达程度、政府对旅游业的重视等因素也会影响旅游需求的产生。

1. 城市化

随着经济的发展,越来越多的人走进城市生活,从事第二产业和第三产业的人越来越多,人们的传统的生活方式将受到城市生活方式的冲击。生活节奏加快、人际关系紧张、生活压力增大,加上城市环境的喧嚣和污染,都使得人们在紧张繁忙的工作之余希望以更休闲的方式进行休息。旅游活动正好提供了这样一个机会。

2. 旅游业的发达程度

旅游活动是人们通过离开自己熟悉的环境到达一个较为陌生的场所完成的。人们在旅游过程中要面临很多困难,他们在吃、住、行、游、娱、购等方面都需要旅游地提供相关的设施和服务。旅游业发达,交通、通信便捷,人们在旅游的过程中能够完全满足自己的需要,则能够促进旅游业的发展。反过来,发达的旅游业又能够提供大量的人力、物力和财力投入到旅游基础设施建设和服务中去,从而为旅游者的大量产生创造更好的条件。

3. 政府对旅游业的重视因素

越来越多的政府把旅游业作为本国或本地区的主导性产业来发展,对旅游产业采取较为全面的扶持措施,主要表现有:①鼓励入境旅游,简化入境手续。②不断加强旅游基础设施建设,为旅游者提供更为快捷、方便、高效的服务。③不断完善旅游景点的建设、开发新的旅游地和旅游产品,增强旅游吸引力。④提供更好的旅游服务,加强包括对导游、旅行社人员、宾馆、饭店等旅游从业者和服务人员的培训等。⑤加强宣传,及时发布新的旅游产品和信息。⑥加强对旅游业各方面的研究,出台一系列的旅游法律法规、旅游安全保障措施,加强旅游治安和旅游投诉管理等。以上这些因素都会为旅游者创造一个良好的旅游环境,从而促使旅游者的出游行为提前到来。

二、生活方式转变对旅游消费行为的影响

随着社会的发展,人们的生活方式和生活观念都在发生着日新月异的变化,越来越多的人把旅游看成生活的一部分。现代经济发展对人们生活方式的改变,突出表现在消费社会化、享受时尚化、追求文化化等方面,这些方面的变动都对旅游消费产生很大影响。

(一)消费社会化促进旅游消费

所谓消费社会化,即人们的生活消费依托社会服务,把个人从繁杂的家务中解脱出来,由此便增加了人们的休闲时间,滋生了旅游消费的主观愿望。社会公共消费服务为旅游消费创造了条件。所谓社会公共消费服务,是由社会公共消费机构投资、社会有关开发和管理部门举办的直接以社会服务的形式满足人们的物质和

文化需要的消费服务。旅游活动的诸要素（包括吃、住、行、游、购、娱等）是人们消费社会化的集中表现形式。实践证明，消费社会化程度越高，旅游就越发达。

(二) 享受时尚化吸引旅游消费

所谓享受时尚化，即人们在满足基本物质要求的基础上，解决生活用品从"有没有"的状态，上升为"好不好"的状态，它表现为享受求新颖、赶时尚。旅游消费是一种新兴消费领域，人们从中可以获取多方面全新的享受。旅游消费流行的渠道多、速度快，往往自发地形成一种"消费导向"，为众多消费者接受或趋从。旅游消费所引起的对某种商品劳务的需求具有新特征，是在新的条件下人们的审美观念、价值观念的产物。因此，旅游消费在某些方面是社会时尚在消费领域的反映，旅游者是时尚消费的引导者。

(三) 追求文化化推动旅游消费

旅游消费本身是文化消费现象，旅游者在旅途中获取综合的文化享受。同时这种消费过程又是精神财富的消化、继承、积蓄、再造和创新的过程。

旅游消费具有一定的启蒙和教化作用，能够增进人们之间的社会交往和相互了解，使消费者得到精神享受，同时能达到益智和发展个性，从而符合信息时代对复合型人才的需要。旅游还有助于增进跨文化理解，促进社会和谐，提高人们的文化素养，改善人与人之间的关系。旅游既含有消费文化成分，又是文化消费行为。旅游是现代人满足文化消费需求的重要途径之一。

[例3—1]

"舌尖之旅"应运而生

2012年，随着纪录片《舌尖上的中国》的热播，很多人开始对各个城市的美食产生了浓厚的兴趣，旅行社也看到了这一商机，一大批的"舌尖之旅"旅游线路也应运而生。

某旅行社推出了"舌尖上的徽州——徽州美食之旅两日游"，将徽州的美景和美食巧妙地结合在一起，线路是这样安排的：第一天白天游览新安江山水画廊，晚上前往屯溪老街品尝汪一挑馄饨、黄山徽墨酥、小烧饼等特色小吃。第二天早上游览歙县的徽州古城，中餐品尝一桌地道的徽菜大餐。

除此之外，还有"舌尖上的江南""舌尖上的大连""舌尖上的内蒙古""舌尖上的山西"等有明显的"舌尖效应"的旅游线路。

虽然这些线路的价格几乎是普通线路价格的两倍，但是因为其美食特色，受到了很多"吃客"们的追捧。由此看出，文化是旅游消费的重要内容，旅行社要善于挖掘市场需要、把握市场命脉。

三、旅行社产品消费市场的特点

(一) 市场容量增大

随着居民可支配收入不断增加,居民身体素质和文化素养不断提高,生活和消费观念也发生了根本变化,人们已不满足于封闭式的家庭生活,而是迫切希望通过旅游满足开阔视野、陶冶性情的高层次的需求。随着带薪假期的逐步推行,国民的闲暇时间增多,出游机会更多,旅游人数会稳步增长。旅游是一次性购买和一次性消费的产品,它没有需求饱和的情况,也没有储存的可能。从旅游产品的特征来看,它与住房、汽车等不同,不是一次性购买后就可以长久享用的耐用品。旅游产品是一个不断消费、再行购买的过程。再加上目前旅游消费价格比较贴近和适应中国中等收入水平的消费,因此旅游消费市场具有更广阔的发展前景。

(二) 黄金周带动旅行社产品消费市场发展

为了促进旅游、拉动内需,我国政府实行黄金周政策,人为地制造出更多的长假,方便人们外出旅游或安排各种休闲活动。每到黄金周时期,我国都会迎来一次旅游高潮,席卷周边甚至更为遥远的一些国家和地区,使他们也跟随着这种固定的周期迎来一个个旅游消费旺季。近些年来,中国旅游业发展迅速,黄金周起到了重要的促进作用。以黄金周为代表的假日旅游消费的飙升,将旅游消费带入了大众化阶段。

(三) 旅游消费需求多样化

随着经济发展、物资流通、人民生活水平不断提高,旅游者消费心理日益成熟。一方面,旅游者的消费需求越来越多样化;另一方面,旅游消费的形式由初级向高级发展。旅游者不再满足于初级的游山玩水,对享受性和游乐性的要求大大增强,由基本满足型向舒适型、享受型过渡。旅游市场这种需求分化的明显趋势,必然要求具有能够满足需求的相应的旅游产品。因此,一部分市场感觉比较敏锐的旅行社,主动进行业务转型,开始试水大众观光旅游之外的其他目标市场,比如高尔夫旅游、拓展训练、探险旅游等。而在那些历来比较火爆的传统经典线路中,由于激烈的价格竞争大大压缩了利润空间,一方面迫使部分旅行社退出这些市场,转而谋求其他行业发展;另一方面,仍然身在其中的旅行社,开始对原有的线路产品重新进行差异化的创新整合。

(四) 旅行路线由短途向长途发展

旅游者逐渐不满足于家门口的短距离启蒙式旅游,而转向中长途旅游。旅游的区域扩大,热点仍热,温点和冷点将随着国内旅游的发展而逐步升温。随着我国交通事业的进一步发展和人们的闲暇时间增多,人们的眼光逐步投向远方的世界。

(五) 旅游市场结构发生变化

当前我国国内旅游消费结构中吃、住、行的比重较大,达75%~85%,游、购、娱占15%～25%。旅游业发达国家和地区,如新加坡和中国香港,旅游消费中游览、购物、娱乐支出约占60%。我国旅游消费结构中,物质消费比例高,精神消费比例低。旅游消费者构成中,自费旅游的人数将逐步增加,公费旅游中的职工奖励旅游、公务旅游、会议旅游仍将在国内旅游中占一定比重,只不过份额将逐步下降。随着人民生活水平的提高,越来越多的人将会选择自费旅游的方式出行。

(六)旅行社产品消费市场竞争激烈

类似的旅游资源可能导致类似的旅行社产品设计,因此也就极有可能导致旅行社之间的恶性竞争。由于旅游资源的相似性,不同的旅行社之间极易出现相互抄袭产品设计的现象,不同旅行社雷同性旅游产品相互移植,这些雷同的旅游产品一旦在相同的客源市场上重叠,就必定会形成恶性竞争。

四、影响旅游者选择旅行社产品的因素

(一)影响旅游者选择旅行社产品的因素

1. 旅行社的规范性

旅行社的规范性有两个层次的含义,一是指该旅行社是否是根据我国《旅行社管理条例》相关规定设立的合法旅行社,二是指该旅行社在经营过程中是否存在欺骗旅游者、不正当竞争和超范围经营等违规行为。旅行社的规范性是旅游者在选择旅行社产品时首先考虑的因素。

2. 旅行社产品的价格

旅游者之所以选择旅行社组织的旅游线路,一个很重要的原因就是希望节省旅游费用。因此,旅行社能否推介价格诱人的旅游线路,在很大程度上决定着旅游者的购买决策。

3. 旅行社的服务质量

随着我国旅游消费者渐趋理性,越来越多的旅游者在选择旅行社的时候,已不仅仅着眼于旅行社的报价,而是综合考虑旅行社所提供旅游产品的"性价比",从而权衡其所做出的购买决定是否"物有所值"。因而,旅行社的服务质量在旅游者选择旅游产品时所占的分量越来越重。

4. 旅行社产品的多样化和个性化程度

进入新世纪以来,人们的旅游消费观念正在发生多方面的变化,其中之一就是旅游消费需求的多样化和个性化。传统的团体标准等全包价旅游产品对旅游者的吸引力越来越小,相反,那些能够为旅游者提供多种包价形式和旅游服务,尤其是能够提供根据旅游者的特殊需要量身定制的旅游产品越来越多地受到旅游者的青睐。

[例 3—2]

《爸爸去哪儿》产生的旅游效应

2013年湖南卫视亲子秀节目《爸爸去哪儿》成为当年最火的一档娱乐节目,节目中的拍摄地点成为了观众近期关注的焦点。东莞某些旅行社借助此档节目包装亲子旅游线路,增加了产品的人气效果,受到市民热捧。东莞旅游市场上的"爸爸去哪儿"线路一般分为两种,一种是前往节目拍摄地的主题线路,另一种则是由节目延伸出来的亲子游线路。

旅行社借助节目带动的旅游效应,没有低端地生搬硬套节目中的线路,而是加以创新,产生了较好的效果。例如东莞青年旅行社推出的常规北京线路,除了故宫、北大、清华、万里长城、中国科技馆等景点外,还特意模仿节目增加了南锣鼓巷胡同"寻宝"环节,使得旅游者兴趣大增。东莞中旅的华东六市灵山大佛、扬州瘦西湖、太湖湿地候鸟迁徙、古镇水乡南浔同里双飞五天团等线路也都以《爸爸去哪儿》主题进行包装,增加了亲子互动环节。

旅行社在进行相关线路包装的时候,一定要做好相关产品的策划工作,加入自己的创新,开发出多种多样的产品,以满足旅游者的个性化需求。

5. 旅行社的诚信度

诚信是旅行社企业立足于社会和长期赢利的基石,也是旅游者选择旅行社的关键因素之一。旅行社的诚信主要体现在是否能够切实履行其出行前向旅游者所做的服务承诺。

6. 旅行社的品牌形象

旅行社产品的无形性特征增大了旅游消费者的"购买觉察风险",而购买品牌产品是降低该风险的有效方法。所以,旅行社在旅游者心目中形成的品牌形象,直接影响到旅游者的购买选择。

(二)旅行社的对策

1. 依法设立,合法经营

市场经济是法制经济,要想在激烈的市场竞争中立足,赢得旅游消费者的信赖,旅行社就要坚决摒弃投机思想,杜绝不规范经营和超范围经营。

2. 提高旅行社的综合竞争力

单纯的价格竞争是最低层次的市场竞争手段,"零团费""负团费"现象更是扰乱了正常的旅行社市场竞争秩序,并最终伤害了旅游消费者和旅行社的利益。故而,培养以优质服务为核心的综合竞争力应该成为我国旅行社未来发展的一个努力方向。

3. 实施产品差别化战略

激烈的竞争一直是旅行社市场的重要特征,这一点在国内旅游市场更为显著。为了在竞争中立于不败之地,各个旅行社都采取了许多策略。其中,差别化战略是旅行社在产品设计中的常用策略。从宏观上看,旅行社倾向于设计不同于其他旅行社经营线路的产品,以争取唯一化的领先优势;从微观上看,在同一产品的设计上,旅行社也会努力做到景点组合不同于其他旅行社。这种差别化战略主要是为了区别于同类产品,控制具体线路细分市场的份额,出奇制胜,提高利润,其结果是使得旅行社组团线路产品多样化。

4. 加强旅行社的诚信体系建设

国家旅游局提出在全国旅游行业开展诚信旅游活动,这为旅行社的诚信体系建设营造了良好的氛围。旅行社应紧紧抓住这个契机,通过诚信建设塑造自身在旅游者心目中的良好形象。

5. 重视旅行社的品牌构建

旅行社的品牌构建是一项综合工程,其核心是建立旅行社产品服务质量体系。旅行社应切实站在旅游者的角度,想旅游者之所想,急旅游者之所急,不断提高自身的知名度和美誉度,以赢得旅游消费者的认同。

项目三 旅行社产品消费市场的时空行为规律分析

一、旅行社产品消费市场的时间行为规律分析

我国旅行社产品消费市场具有明显的季节性。在旅游旺季,各地旅游设施超负荷运转,而在旅游淡季这些设施却大量闲置。由于旅游产品具有无形性的特点,决定了不能在旅游淡季生产旅游产品并存起来供旅游旺季使用,只能在旅游旺季的时候加大劳动力资本,特别是劳动力的投入,而旅游旺季过后就会造成部分设施利用率低下以及要释放部分劳动力,不利于劳动力市场的稳定。因此,研究旅行社产品消费市场的时间行为规律具有十分重要的意义。

(一)旅行社产品消费市场的季节性

旅游的季节性特征在旅游资源、旅游活动以及整个旅游业中都有体现,并被称为旅游中最容易理解却最难以解决的问题。旅游的季节性是旅游资源的季节性、旅游活动的季节性及旅游经营的季节性综合作用的结果。

1. 旅游资源的季节性

旅游资源由于受自然界因素(旅游资源所在地的纬度、地势和气候等)和社会因素的作用,在时间上呈现出一定的变化性,并形成一定的规律性。

旅游资源是旅游的吸引物,是旅游者参观游览的对象,也是构成旅游活动和旅游事业最基本的要素,它包括自然旅游资源和人文旅游资源。

自然旅游资源常常受到自然条件的影响,如地理位置、气候变化、日月运动、四季变更等,具有明显的季节性特性。许多景物在一年四季表现出不同的美,有些景点有特殊的季节性,只有在某一特定季节和时间才会呈现出最好的景致。例如,钱塘江潮在农历八月十八日前后会达到最高潮,是一年当中最壮观的潮景;北京的香山红叶最佳观赏期是每年的10月至11月。因此,旅游资源的季节性差异,往往使旅游者在选择旅游活动时会受到时段的限制。

人文旅游资源包括遗址遗迹、建筑、园林、民俗风情等,其中民俗风情中的岁时节令、生养婚娶、游艺竞技等也都集中在某一个时期。据不完全统计,目前全国大大小小的旅游节庆活动有5000多个。从时间上来看,目前的节庆活动多分布在4~5月,9~11月(李明德、马聪玲《中国旅游节庆的发展与展望》)。而3~4月份是西部旅游节庆最多的月份,如4月11~16日的西双版纳傣族泼水节、4月10日~5月10日的昆明文化艺术节、4月23~28日的大理白族三月节等。

2. 旅游活动的季节性

旅游活动的季节性是指旅游者外出旅游时间的选择体现出明显的淡、旺季差异。

旅游者是旅游活动的主要参与者,但是,并非所有旅游者都有大量的闲暇时间,尤其是目前大部分旅游者都有自己的工作,这些人的休闲时间是有限的。在我国,公民共同的休息日为:双休日、清明节假期、端午节假期、"五一"假期、"十一"假期、中秋节假期、春节假期,学生和教师还有寒暑假。大量的人群在固定的时间流动,造成了旅游的旺季,如果处理不好就会引发大量的问题。如大量游客的集中造成旅游服务质量降低、景点遭受不同程度的破坏、旅游基础设施不足、旅游安全问题发生等。另外,这种休闲时间的稳定性使得旅游者在某个时间选择相同的目的地和路线的机会较多,使得某些旅游地成为热点。

此外,由于旅游资源在时间分布上呈现出一定的变化性,游客在选择旅游目的地,特别是以山水等景观为主的游览地时,要考虑季节对观赏对象、游览质量和心理满足感的影响。几乎每一个地方都有最佳旅游季节,这也会导致旅游活动呈现季节性特征。

3. 旅游经营的季节性

旅游经营的季节性是指旅游业的经营在一年的时间里接待的旅游人数有周期性的变化,出现明显的淡、旺季差异,这种差异也反映在每月和每周当中。

在旅游业经营中,人们把一年中旅游者来访人数(或某地人口中外出旅游人数)明显较多的时期称为旺季,明显较少的时期称为淡季,其余时期称为平季。

旅游旺季人满为患,旅游基础设施和接待设施承受着超负荷压力,交通运输全面紧张,不堪重负,安全隐患剧增,出行舒适度大大降低。但在淡季,很多旅游企业停止营业,游客又可能遇到没有吃、住的地方的尴尬。因而相对于在旅游淡季可能无法完成旅游活动来说,旺季不太舒适的旅游还是比较有吸引力的。

旅游企业经营的季节性使得很多游客在旅游淡季无法旅游,使旅游资源的"价值"无法充分地实现,这无疑加重了旅游消费的季节性。

(二)旅行社产品消费市场的家庭生命周期性

家庭既是旅游者最重要的所属群体和相关群体,对旅游者个体的行为有很大的影响,同时家庭又是重要的旅游者群体。因此,对不同类型家庭的旅游行为的特点进行研究具有重要意义。

美国密执安大学调查研究中心用家庭生命周期来描述家庭发展不同阶段的状况。这种划分清晰地显示出家庭成员的不同构成状况,对传统家庭类型进行了较为完整的归纳,为人们研究此类问题提供了方便,在学术上被广泛采用。

1. 未婚期——年轻单身家庭

未婚期的家庭成员经济上自立、无负担,身体状况处于一生的最佳状态,他们的学习、娱乐、交友、健身、求新、求奇等需求较为突出。而旅游活动恰好有利于满足以上几种需要,故可将此类家庭或者说单身年轻人视为旅游活动的生力军。尤其是旅游业发展至今,一些新型的旅游项目如探险、攀岩、蹦极和自助游等更具有时尚特征,更加适合年轻人的需要。但也应看到,受我国传统观念的影响,年轻人一般不离开父母单独"成家"。他们虽然有自己的经济收入,但对消费行为——包括旅游行为,并没有充分的自由支配权。总体来看,年轻单身家庭,以及由年轻单身者组成的群体是最具旅游潜力的群体。

2. 新婚期——年轻夫妇无子女家庭

在许多发达国家,旅游与年轻人结婚几乎是相伴而行的,许多人把旅游纳入结婚计划之中,称之为"蜜月旅行"。在中国,"蜜月旅行"已被经济较发达地区的许多年轻人视为时尚。年轻无子女夫妇消费欲望强,因而可将这类家庭视作潜力巨大的旅游者群体。

3. 满巢期Ⅰ——年轻夫妇有一6岁以下儿童家庭

满巢期Ⅰ的家庭主要消费行为集中在满足儿童吃、用、玩的需要方面。孩子的年幼使得家庭出行极为不便,不大可能远途旅游,而只在家庭附近的公园、动物园进行休闲娱乐,且频率较高。这期间,举家出游的情况不多,但不排除夫妇一方因商务活动等工作原因而外出旅游的可能性。

4. 满巢期Ⅱ——年轻夫妇有一6岁以上儿童家庭

满巢期Ⅱ的家庭,孩子进入学龄期,教育成了家庭的主题,旅游也成了对孩子进行教育、让孩子扩大视野的一个重要方式。家长会有意识地利用节假日带孩子外出旅游。这时，家庭对旅游目的地的选择非常慎重，多以博物馆、纪念地、历史文化名城等人文景观为选择对象，旅游活动为教育子女服务，旅游方式多是一家三口同时出游。

最近一次的人口普查结果显示，目前中国的户均人数为3.44人，0~14岁的人口占总人口的比重为22.89%，据此可以推知，满巢期Ⅰ和满巢期Ⅱ的家庭所占比例相当大。人们将此种家庭类型称作核心家庭。鉴于此，如何设计符合此类家庭需求的旅游产品，是值得旅行社重视的一个问题。

5. 满巢期Ⅲ——年龄较大夫妇与已自立的孩子组成的家庭

满巢期Ⅲ的家庭，孩子已自立，并且父母也多有固定的收入，往往被看作是消费水平高、购买能力最强的家庭。这种家庭外出旅游的潜力很大。但是否旅游还很难说，因为还有一个观念问题。中国传统上先攒钱后花费、父母应帮孩子"成家立业"的观念大部分人还普遍存在。所以，这种结构的家庭，由于父母考虑到孩子的"成家"问题，储蓄意识非常强烈，即使有钱也不舍得用于旅游。只有当人们的观念彻底改变，潜在的旅游消费需要才能变为现实。

满巢期Ⅲ的家庭具备旅游成员搭配比较灵活的特点，三口集体出游、年轻人单独出游、父母双双出游、父母之一与孩子一起出游等各种方式都很常见。

6. 空巢期——老年夫妇无子女家庭

从消费需求水平和结构来看，空巢期的家庭消费较为单调，多以日常生活必需品和医疗保健品为主要内容，加之我国老年人一向崇尚节俭，故老年人的消费支出较少。对于城市离退休人员而言，普遍存在工资"花不完"的现象。旅游是最适宜"有空闲+有钱"阶层人士的活动，在所有年龄阶段的人中，最符合这一条件的就是城市离退休人员。最新资料显示，我国男性60岁、女性55岁以上的老年人已达1.33亿，并以每年3.2%的速度增长。综合我国居民收入持续增长及人均寿命不断延长两种趋势，老年人无疑是越来越大的旅游市场，极具开发潜力。"夕阳红"之旅在全国遍地开花，搞得红红火火，就是一个典型的例证。这说明只要积极开发适合老年人参加的旅游项目，抓住时机向老年人进行有针对性的宣传促销活动，并提供针对老年人的良好服务，老年人必定会给旅游企业一个满意的回报。

7. 孤独期——单身老人家庭

孤独期的家庭在消费特点上除与空巢期有多方面相似之外，还有两个方面的特点。一是老年人讲究夫妇间老来相伴，一方去世必然会影响另一方的出行积极性。这样看来，孤独期的老人会比空巢期的老人出游的积极性低；另一方面，中国人具有尊老爱幼的传统美德，如果家里只剩下一个老人，晚辈就会加倍予以关照。与父母不在一个城市的子女，会主动邀请父母到自己所在地旅游或生活居住；与父母同在一地的子女也会主动陪伴父母外出旅游。从这个角度看,孤独期老人出游的可能性反而更大。

二、旅行社产品消费市场的空间行为规律分析

旅游是人类社会发展到一定历史阶段的产物,它包含两个方面的含义:一是旅,旅行必须走出家门,离开自己的居住地,到另外一个地方做短暂的停留,即整个旅游过程是在旅游者的空间移动过程中完成的;二是游,并非所有的旅都包含游的过程,二者有一定的重叠性,但也有较大差异。旅可以因为任何的原因而成行,但游不同,游具有较强的休闲性、游憩性、享受性。游是建立在一定的经济基础之上的、具有较强的享受性的外出旅行活动。旅是游的手段,游是旅的目的,二者结合起来共同构成了旅游活动。

旅游者的旅行距离越远,行程周转越多,对旅游目的地越不熟悉,对旅行社的依赖性就越强。因此,研究旅游者的空间行为规律对旅行社产品设计具有十分重要的意义。

(一)地理环境的差异对旅游行为的影响

地理环境的差异是人们进行观光旅游的主要动机。两地地理环境的差异越大,旅游动机的激发力就越强。

地理环境的差异主要表现在自然地理环境和人文地理环境两个方面。

1. 自然地理环境的差异性

自然地理环境是由生物圈、水圈、大气圈、地壳圈共同构成的圈层,在这一圈层里,各种各样的自然地理要素构成具有较大差异的自然地理环境。在地球水平地带性作用下,不同的地理纬度,具有不同的气候、地表、植被、岩石、土壤,具有不同的地貌景观。又由于地球内外引力作用,使得地球表面形成高低悬殊的地表,有高山、峡谷、高原、山地、丘陵、海洋等。自然地理要素的多样性造就了复杂多样的自然景观,有风景名山、急流险滩、高峰绝壁、高原湖泊等。各类自然旅游景观相辅相成、互为依托,使组合而成的旅游景区更具有吸引力。

2. 人文地理环境的差异性

人类的出现是地球发展演化的最新阶段。在人类出现以前,地球发展演化是自然的;而人类诞生以后,人的意志可以参与地球的发展演变。人类的衣食住行就在地球表面以各种各样的人文事象显现,并因此形成了丰富多彩的人文地理环境。各种人文地理现象在地球表面的组合与排列,形成了人文景观。人文旅游景观是人类在生产、生活的过程中,积极主动地改造利用自然而形成的景观,包括建筑、城市、村寨、园林、陵墓、遗址等可触的、可视的物质旅游景观,也包含文学艺术作品、民风民俗、民间传说、戏曲、社会风情、少数民族文化等抽象的非物质人文旅游景

观。同自然旅游景观一样，人文旅游景观可供人们游览、观赏、猎奇，更可以作为考古、教学和科学研究的对象。如，历史上我国各族人民为抵御外族侵略而兴建的防守工程——万里长城，反映我国与西域各国进行经济文化交流历史的丝绸之路，反映古代我国东部地区的经济发展和南粮北运的历史事实的古运河等，成为现代旅游者了解历史和民族文化的一个窗口。

因此，生活在不同地区的人非常向往到与自己居住地差异性比较大的地方旅游，这种自然地理环境和人文地理环境的差异性为发展旅游业奠定了基础。

（二）距离对旅游行为的影响

客源所在地与旅游目的地距离的远近对旅游者心理有两方面的影响，即阻止性和激励性。

1. 阻止性

旅游是需要付出代价的消费行为，距离越远，要付出的金钱、时间、体力、生活舒适度甚至是情感等代价就越大。根据距离阻止作用的原理，即距离衰减理论，可以在一定范围内解释离客源地越近的旅游区，旅游者越多，反之，旅游者就越少。

距离可分为客观距离和感知距离。客观距离是指地表两点间的实际长度，以里程来衡量。感知距离是指克服距离所消耗的时间、金钱和精力给人的感觉，实际是一种心理感应距离。例如：有人意欲到山地进行旅游，有两个可供选择之地，二者旅游资源价值相差不多。A 地的情况为：距离出发地 50 千米，但路不太好走，较颠簸，多为土路，停车后大约走三四里山路，才可到达景区大门，大约花费 2 小时。B 地的情况为：距离出发地 100 千米，可走高速公路或国道，快速便捷，车可直达景区大门，路途大约用 1~1.5 小时。这个例子可能极端了些，但很能说明问题。比较如下（见表 3-1）：

表 3-1 不同客观距离与感知距离地旅游决策行为

目的地	客观距离（里程）	感知距离（时间、精力、金钱）	感知心理	最后抉择
A	近（50 千米）	远（土路、走山路、时间长）	疲劳、累、体力必须要好	即使少花钱也不愿意选择
B	远（100 千米）	近（高速或国道、时间短）	舒适、便捷	即使多花钱也倾向于选择

因此，虽然客观距离是感知距离的基础，但感知距离还受到交通便利程度的影响，如两地的客观距离不变，航线的开辟和铁路的贯通可以大大缩短人们对两地的感知距离。交通便利的旅游景区比较容易到达，即使有时多花费些金钱旅游者也容易接受；而景区路况较差时，即使其旅游资源品位较高，也往往受交通条件的限

制而造成旅游者数量不足。比如湖南省张家界和长沙岳麓山风景区,二者均为国家级旅游风景名胜区,但由于张家界的可进入性差,其旅游接待人数不如岳麓山风景区。

2. 激励性

当人们感知到距离遥远时,既可能阻止旅游行为的产生,也可能激励旅游行为的产生。距离遥远激励人们旅游行为的产生,在以观光为目的的旅游中尤为明显,这是消费者对稀缺资源的偏好。使用这一原理可以解释人们的某些旅游行为,如在经济条件许可的情况下,江西省旅游者选择黄山比选择庐山度假的可能性更大。虽然旅游者在这两个旅游目的地都可以参加基本相同的活动,获得同样的乐趣,但是对江西省游客来说,黄山比庐山距离远,而且还出了省界,黄山就因为距离远产生美感,而有了更大的吸引力。距离客源地较远,可能是旅游目的地发展旅游的不利因素。但如果交通改善、宣传得当,反而能产生很好的激励效果。

(三) 旅游目的地与客源地的相互作用对旅游行为的影响

旅游地理环境的差异性构成旅游活动的基础,而旅游活动产生与否和进行的程度受到旅游目的地与旅游客源地相互作用的深刻影响,这种相互作用体现在二者在空间范围内的互补性、替代性和可达性。

1. 互补性

互补性是指旅游目的地与旅游客源地之间正好能够建立起相应的需求关系。旅游目的地提供具有特色的旅游资源、旅游设施和服务,而这些恰好满足旅游客源地的需求,此时就可建立起互补性关系,吸引旅游者从客源地向目的地的空间移动。

旅游目的地与旅游客源地的互补性造成了旅游者的大量移动,二者的差异越大,其互补性越强,旅游吸引力就越大,旅游行为就越可能发生。但是旅游活动的互补性只是影响因素之一,旅游行为的选择还受到其他很多因素的影响。

2. 替代性

假设 A 地为客源地,B 地为目的地,B 地旅游特色正好为 A 地所缺,A 地的旅游者不断流向 B 地,则 A 与 B 二者之间形成了互补。如果这时出现一个与 B 地具有类似或同样性质的旅游资源目的地 C,C 地就可以部分地或全部地吸引旅游者从 B 地向 C 地转移,造成了 C 地对 B 地的分流作用,从而改变了旅游者的空间移动方向。因此,C 地对 B 地具有替代作用。C 地替代强度的大小,与 C 地到 A 地的距离有关,还与 C 地交通便利程度、旅游地的营销措施、旅游地的资源品位、旅游地的价格等因素有关。

替代性是一种客观存在,它反映了旅游地的空间竞争关系。凡是产生旅游需求,具有较大利润空间的地方,总要产生多个相同或类似的旅游资源地来瓜分市场,抢占市场份额。旅行社设计产品时可以利用旅游地的替代性开发多样化的产品,当然,旅行社也会面临自己开发的产品被其他旅行社开发的类似产品替代的威胁。

3. 可达性

可达性主要是指旅游目的地的可进入性。很多因素都影响目的地的可达性,进而影响旅游地与客源地之间空间相互作用的有无和大小。可达性是旅游地的空间相互作用能否实现的决定因素。①交通与可达性。交通越发达的地方,人们在旅游过程中所耗费的时间和精力越少,其可进入性越强。因此,快捷方便的交通成为影响旅游目的地可达性的重要条件。②空间距离与可达性。距离越短,人们越易于到达;距离越远,人们到达的概率越低。当距离超过临界值后,人们就放弃到该地旅游,而选择其他类型相近的旅游地。③知名度与可达性。旅游目的地的知名度与旅游目的地的可达性也有很大关系。知名度越高,越能够吸引远距离的游客前来旅游。④文化距离与可达性。文化距离以两地间文化差异的大小来衡量。两地的政治、经济、文化与历史方面的联系越密切,则旅游的可达性越强,旅游者的数量就可能越大。⑤旅游地接待条件与可达性。旅游地具有良好的旅游接待设施,有可以供旅游者停留、消遣的接待条件,也会增强旅游地的可达性。⑥自然或人为的障碍性因素与可达性。旅游地易发生自然灾害,如洪水、滑坡、泥石流、雪崩等,以及旅游地居民态度不友好,政府对旅游者额外收取费用,旅游地的治安环境较差或经常发生恶性事件,旅游地的政府秩序混乱等一切足以阻止或抑制旅游者进入的障碍因素,都会造成旅游地可达性较弱。

三、旅游者空间移动规律分析

在旅游过程中,旅游者是主体,旅游资源是客体,旅游者从客源地向旅游目的地流动,旅游活动的空间流向也呈现出不同的规律和方向。总体来讲,呈现出下列特征。

(一)经济发达国家或地区不仅是重要的旅游客源地,也是重要的旅游目的地

发达的经济提供了较为充分的可支配收入,从而为旅游活动的产生提供了较为坚实的物质基础。经济越发达,可支配收入越多,人们出游的可能性就越大。根据国际经验,人均 GDP 达到 800 美元时就会使国民普遍产生旅游动机,当人均 GDP 达到 4000～10 000 美元时将产生出国旅游动机,当人均 GDP 超过 10 000 美元时人们就会产生洲际旅游的动机。同时,经济的发达也增加了人们的闲暇时间。科学技术水平的提高大大解放了生产力,从而使得人们的工作时间大为减少,人们可以有更多的可支配时间用于旅游。因此,经济发达的国家和地区首先成为主要的旅游客源输出地。

同时经济发达国家或地区也普遍成为旅游业的主要接待地。首先,它为旅游者提供较为方便的、近距离的旅游地。其次,经济发达的国家或地区往往具有传统的历史文化或先进的高科技文化,这些都具有较强的旅游吸引力。最后,经济发达国家或地区旅游交通非常完善,旅游接待设施齐全,旅游开发合理,再加上不断有新的旅游景区的开发、新的旅游项目和创意等,具有良好的旅游环境,成为重要的旅游目的地。据世界旅游组织统计,西欧、北美等经济发达国家和地区旅游接待收入和外汇收入占世界总数的80%左右,一直是主要的旅游接待地。

(二)经济不发达国家或地区主要成为旅游目的地

由于旅游活动是一种社会经济现象,因此,旅游活动的发生必须有相应的金钱作为支持,而相对来讲,经济不发达国家和地区在经济上落后于发达国家和地区,公民的可支配收入较少。所以一般情况下,其只能发展成为旅游目的地。由于旅游业有利于赚取外汇,改善收支平衡,促进本国经济发展,扩大就业,增加税收,并能促进本地区的经济结构优化,发展中国家都把旅游业作为自己的支柱产业之一。

(三)大城市和政治经济文化中心也是旅游目的地的重要组成部分

旅游活动的产生总是与大城市息息相关。一方面,大城市具有丰富的旅游资源;另一方面,大城市因其能够提供便捷的交通、较好的旅游接待设施而成为旅游者首要到达的中心节点,尤其是在长距离的旅游活动中,大城市能够提供多重的方便性。

一般来说,一个国家或地区的政治经济文化中心能够体现整个国家或民族的生活状况和精神面貌,是这一国家或地区人民生活环境的缩影。另外,政治经济文化中心具有优越的交通、著名的高等学府,有些还具有世界级的历史文化场所,是一种文化的象征,因此具有较为强劲的旅游吸引力。

(四)旅游流向级别和知名度比较高的旅游目的地

级别和知名度较高的风景名胜区比一般的风景名胜区具有更强烈的吸引力,这些地区往往最能体现某一国家或地区的特色,是该国旅游资源的精华部分,较能满足旅游者在自然、文化景观方面猎奇的心理需求。旅游者在选择长距离、跨国或跨洲旅游时更愿意选择这样的旅游地,以获得最大量的旅游信息。例如,外国游客到我国旅游时,首选的城市为北京、上海、天津、西安、杭州、南京等旅游景点多、知名度高的大城市,而选择中等城市或小城市的人相对较少。上述大城市也是大多数国内居民旅游的首选目的地。

(五)近距离旅游多于远距离旅游,远距离旅游有较大潜力

受时间、精力、金钱等多种因素的限制,人们仍倾向于选择较近的旅游地进行

旅游。一方面,近距离的旅游花费较少,时间也较灵活,较容易实现,所以近距离旅游一直是旅游活动的主流;另一方面,距离较近的地方具有相近的文化传统,频繁的经济往来,再加上这些国家与国家之间往来限制的放宽、手续的简化等,都使得就近旅游较为现实。例如日本、韩国、蒙古、东南亚各国、俄罗斯的远东地区由于邻近我国,都成为我国重要的客源地。在国内,到周边省份旅游的概率也远大于到遥远省份旅游的概率。

距离既有阻止性,也具有激励性。随着经济的腾飞和生产力的提高,可支配收入和闲暇时间的增多,交通、通信等产业的迅速发展,人们出行可选择的方式越来越多,出行同样的距离所花费的时间却逐渐缩短,使得距离较远、具有强烈文化差异的地方的魅力逐渐增加。此外,网络的发展也使越来越多的旅游者了解到较为遥远地区人们的情况,从而能够克服距离所带来的信息不对称现象,通过网络了解旅游目的地的资源和价格等,获取自身所需要的信息。远程旅游近年来有逐渐增加的趋势,其发展前景尤为广阔。

 **关键词汇**

旅行社产品　营销环境　消费市场　形成条件　市场特点　时间和空间行为规律

 思考与练习

一、填空题

1. 政府、政党、社会团体在国际关系和国家社会经济生活方面的政策、活动是指的旅行社产品设计的_____环境。

2. 美国密执安大学调查研究中心用家庭生命周期来描述家庭发展不同阶段的状况,这些阶段分别是_____、_____、_____、_____、_____、_____、_____。

3. 人的时间可以划分为6个部分,分别是:进行满足人的生理需要活动的时间、_____、用于家务或杂事等的时间、用于社会交往的时间、用于如购物、加班、处理不可预知的突发事件等的时间和_____。

二、单项选择题

1. 旅游者不再满足于初级的游山玩水,对享受性和游乐性的要求大大增强,这点体现了(　　)。
A. 旅游需求由简单向复杂发展　　B. 旅游消费需求的多样化
C. 旅游需求的季节性　　D. 旅游消费需求的可开发性

2. 旅行社要提升品牌形象,就要想旅游者之所想,急旅游者之所急,不断提高自身的知名度和(　　),以赢得旅游消费者的认同。
A. 诚恳度　　　　　　　　　　B. 专业度
C. 诚实度　　　　　　　　　　D. 美誉度

3. (　　)是开展市场营销活动的基础。
A. 社会文化环境　　　　　　　B. 自然地理环境
C. 政治法律环境　　　　　　　D. 经济环境

三、多项选择题

1. 客源所在地与旅游目的地距离的远近对旅游者心理有两方面的影响,即(　　)。
A. 促进性　　　　　　　　　　B. 强化性
C. 激励性　　　　　　　　　　D. 阻止性　　　　E. 模糊性

2. 旅行社产品消费市场的季节性表现在(　　)。
A. 旅游经营的季节性　　　　　B. 旅游收入的季节性
C. 旅游资源的季节性　　　　　D. 旅游活动的季节性
E. 旅游人数的季节性

3. 影响旅游者选择旅行社产品的因素有(　　)和旅行社的品牌形象等。
A. 旅行社的规范性　　　　　　B. 旅行社产品的价格
C. 旅行社的服务质量　　　　　D. 旅行社产品的多样化和个性化程度
E. 旅行社的诚信度

四、判断题

1. 老年游客是占所有游客的50%以上的群体。　　　　　　　　　(　　)
2. 旅游资源由于受自然界因素的作用,所以在时间上呈现出一定的变化,并形成一定的规律性。　　　　　　　　　　　　　　　　　　　　　(　　)
3. 自然地理环境是由生物圈、水圈、地壳圈共同构成的圈层。　　(　　)

五、简答题

1. 试叙述旅行社内部经营环境的特点。
2. 旅行社产品消费市场形成的条件有哪些?
3. 试叙述旅行社产品消费市场的特点。
4. 哪些因素会影响旅游者对旅行社的选择?
5. 试叙述距离对旅游者旅游行为的影响。

六、案例分析

杭州至无锡的旅游列车途经江苏、浙江和上海3地,沿线有众多旅游景点,也拥有国内最大的客源市场。曾有人在这趟列车上做了一次题为"2012年的旅游计划"的调查,被调查者大多数为中青年,平均年龄在35岁左右,每人年收入从2万元到5万元不等,平均年收入在3万元左右,可以作为当今社会主要旅游消费层的代表。

在这次调查中,一位经常跟随父母外出的青年说:"今年我想到哈尔滨冻一冻,到海南去热一热。"另一位在机关工作的女士则表示要充分利用假日出去走走,散散心。调查统计表明:2011年,有30%的人出省市旅游超过4次,只有10%的人没有参加过出省市的旅游。

在旅游景点的选择上,大多数人表现出了对新闻媒体的依赖性。在对"你是通过何种途径了解旅游信息"问题的回答中,有一半以上的人同时选择了报刊和网络这两种途径,有20%的人选择了听朋友的介绍,只有10%的人选择了到旅行社去索取宣传资料。

在旅游行程安排上,大多数被调查者的回答是,在费用一定的条件下,更愿意多跑几个地理位置比较集中,或者是沿线和环线较多的旅游景点,如泰山与曲阜、青岛、威海和烟台,而在长江沿线,不少旅游者将南京、天柱山、庐山连成了一线。当然,也有部分人回答只想去一个休闲景点好好地待上一段时间,如云南丽江、大理或西双版纳等。

请结合案例分析旅游消费者的行为特征。

模块四　不同类型的旅行社产品设计

模块导读

随着新旅游法的实施,国际经济形势严峻,我们新一届政府以反腐倡廉、持续发展经济为施政重点,旅行社如何在重重重压下寻找市场商机?旅行社企业唯一的出路就是对其产品必须主动求变、创新突破,这也是旅行社实现可持续发展的良好途径。

旅行社产品是随时代特征、市场需求的变化而不断改变的,我国旅行社现有的旅游产品有很多千篇一律,很容易被他人复制、超越、淘汰。随着旅游者的旅游经验日益丰富,他们对旅游产品和服务更加挑剔,传统的标准化产品和服务已让旅游者感到厌倦,他们开始追求能彰显个性的旅游产品,非从众心理日趋增强。旅行社只有学会适应这种市场环境,不断对旅行社产品推陈出新,才能让旅行社保持持久的竞争力。

因而旅行社产品设计人员在设计旅行社产品过程中要转变观念。市场需求的变化是旅游产品创新的原动力,要在充分了解游客需求的基础上,对游客需求进行筛选、优化,然后有针对性地开发游客喜欢的旅游产品。

旅行社产品按照旅游活动的内容和性质,一般分为观光游旅游产品、休闲游旅游产品和专项旅游产品(特种旅游产品)。

本模块针对目前旅行社产品设计的发展趋势,着重介绍观光游产品、休闲游产品和专项旅游产品中的商务游产品、老年游产品、自驾游产品、婚庆游产品、体育游产品、徒步游产品、事件游产品等的主要特点和设计思路。

项目一　拓广市场"观光游"

一、观光游产品概述

(一)观光游产品概念

观光游旅游产品是旅游产品中出现最早的一类。作为传统旅游产品的代表,观光游产品既是现行旅行社生产的主要产品之一,也是旅行社的立社之本。在市场经济环境中,观光游旅游产品既面临着旅游者的选择,又经受着周边区域和同类产品的竞争的考验,这就需要创新才能立于不败之地。

创新观光游产品的源泉和基础就是要了解这种旅游方式的内涵,它是旅行社以旅游目的地的自然旅游资源和人文旅游资源为依托,以旅行社安排的各项接待设施为媒介,组织旅游者前往参观游览自然风光、文物古迹及考察民情风俗的一种旅游产品类型。

观光游旅游产品最大的优势在于它的种类繁多,现如今市场上流行的农业观光、工业观光、军事观光、生态观光、科技观光、医疗观光等都属于观光游涉及的范围,正是这些广泛性和多样性给观光产品创新提供了有利条件。

观光游中的旅游资源一般是不变的,旅行社面临着激烈的市场竞争,需要让其"资源不变产品变",充分挖掘出原有旅游资源的内涵,创造新卖点,才能在旅游市场上永葆生命力、魅力和竞争力。

(二)观光游产品的主要特点

1. 旅游者逗留的时间短

由于观光游旅游产品大多数要求参观的旅游点较多,加之旅游消费者在某旅游目的地的时间既定,因此旅游者在每一旅游点停留的时间较短,大多数旅游者只能对景点形成一个基本自然属性(外在形象)的感性认识或一般了解,难以产生深层次的认识。

2. 旅游者重游率低

观光游旅游产品主要是针对旅游目的地的自然景观和人文景观设计的,对旅游消费者来说,第一次来某旅游目的地进行观光游是出于"求新、求奇、求知"的消费心理,当其到达此旅游目的地观光时,这种消费心理逐渐得到满足而淡化,使其再次来观光游的冲动和积极性渐减。同时,绝大多数旅行社在设计产品时,将旅游目的地的所有标志性参观游览点全部安排,使旅游消费者没有了进行二次消费的潜在欲望。因此,对于观光旅游产品,旅游者一旦消费过,其进行二次消费的可能性就会明显降低。

3. 旅游者的构成大众化

由于观光旅游参与简单、适应性广,因而男女老幼、各种职业和各种身份的人皆宜,具有大众化的特点。

4. 产品的季节性强

一般来说,观光游旅游产品主要依赖自然旅游资源吸引游客,因而旅游接待量的季节性波动比较大,如北戴河为"夏都",青岛为"避暑疗养胜地"是夏天游玩的旅游胜地,夏季游客增多,其他时间去的人自然就会减少。像北戴河、青岛、大连等海滨旅游胜地因为其特殊的海滨旅游资源,具有明显的季节性。

5. 产品主动参与性弱

观光游旅游产品市场的成熟性,使得众多的观光型产品成为市场惯例产品,即对于某一观光产品,绝大多数旅行社在设计、开发过程中都形成了一种定式,也就是通常所说的"常规行程"。在常规行程中,所有的旅游产品消费者只能按部就班地根据旅行社既定的观光游安排进行被动式消费,基本上难以主动地参与旅游行程的安排。

6. 旅游需求追求"刺激"

从心理学的深度剖析观光旅游需求,观光旅游者追求的是"刺激",即通过"求新、求异"获得刺激,从而获得与日常生活全然不同的体验,"刺激"越大,体验越深刻,旅游效果越好。

二、观光游产品的设计思路

(一)寻找新颖主题

常见的观光类旅游产品可以分为自然主题观光旅游产品、历史主题观光旅游产品、民俗主题观光旅游产品、城市主题类观光旅游产品、乡村主题观光旅游产品等五类。设计这五类产品,既要考虑资源特色和消费市场的不同,设计出集展示性、表演性、参与性于一身的观光旅游精品;又要注重延伸,设计那些丰富多样的观光商品与观光旅游活动,使观光旅游产品在表现形式上具有新颖性。

(二)整合新型项目

随着旅游开发进程的加快,很多旅游地都推出了新的旅游项目,不少地方还出现了新的目的地。这为传统观光旅游产品创新提供了新的机遇。设计人员可以以传统观光胜地为主,组合新型旅游项目,适当延伸至新的目的地,往往可以取得意想不到的效果。如某旅行社推出的"新庐山之旅",就在原来庐山常规两条观光线路的基础上,增加了天沐温泉等后来者居上的温泉古镇区,吸引了不少游客。

(三)加大顾客参与性

在激烈竞争的旅游产品市场中,旅行社要积极主动地把握市场先机,这不是依靠自身力量就可以实现的,关键是要借助旅游消费者的社会力量。为此,旅行社提高产品的社会吸引力和社会认可度就显得异常重要。而产品的社会吸引力和社会认可度主要来自旅行社对旅游消费者的主动参与性的尊重,要在旅游产品开发中贯彻"游客至上,游客为本"的服务观,积极拓展能够吸引游客主动参与的项目。

(四)创造附加价值

传统观光旅游产品创新的另一种方式是突破观光的局限,为游客提供爱和归属、受尊重、自我实现等方面的附加值。如海南某旅行社曾经设计"多背一公斤"

观光线路,号召游客只需在出游时多背上一公斤的文具或书籍等,就可在旅行的过程中顺便将这些文具或书籍送给贫困地区的孩子以献爱心,让参与这次旅游的游客,拥有了一种使命感和自豪感。

三、产品设计实例分析与探讨

(一)实际案例

庐山以其秀美的自然风光、深厚的文化积淀,先后被评为世界文化景观、世界地质公园、联合国优秀生态旅游景区等。因此,到庐山来旅游的人络绎不绝。庐山游也成为江西境内众多旅行社的主打产品。但是,纵观江西境内的旅行社,大多数关于庐山旅游的产品都是庐山一日游、庐山二日游,而且各旅行社的行程安排大都一样。庐山最大的亮点应该是它的包容性,"自然、人文、宗教、政治"都有许多可以让人留恋的胜处,这是其他旅游景点无法比拟的,在世界上也是独一份。正是认识到这一独特之处,一家旅行社新近开发了关于庐山观光游的一些旅游产品。这些产品刚一面市,就受到众多旅游消费者的关注。

[例4—1]

多主题庐山一日观光游

1."亲自然采草莓"庐山一日观光游

早7:00乘旅游车赴石门涧景区,游石门涧铁索桥、桃园、古石刻、杜宣亭、情人园、会仙园、王西林书画馆、开惠泉、讲经台、三希苑、咒裂石、试剑石、石门大佛、龙虎情天然壁画、匡庐绝壁、青龙潭、石门涧大瀑布、石猴观瀑等景观。中餐后赴草莓园,亲自动手采摘草莓。返回,结束愉快旅行。

2."观别墅探其幽"庐山一日观光游

行程一天,乘车游览东谷的美庐别墅、中八路359号别墅、柏树路124号别墅、河东路176号别墅、河西路442号别墅、中四路310号别墅。庐山别墅是镶嵌在青山绿水之间的一颗颗璀璨的明珠,不仅在于它与周围自然环境和庐山的奇秀风光完全融为一体,而且几百幢糅合了20世纪初欧美和东方各种流派建筑理念的别墅,没有一幢是相同的。名人、事件与别墅相连,建筑、历史与文化相映,此条线路的精华之笔是可居、可游、可赏。

3."观瀑布泡温泉"庐山一日观光游

早7:00乘车赴秀峰,游秀峰;赴天沐温泉用中餐。下午在天沐温泉度假村日式园林露天区温泉区:鄱阳池、渊明泉、石板温泉、瀑布温泉、花草泉、人参泉泡温泉。返回,结束愉快旅程。

4."觅桃花源品茶"庐山一日观光游

早7:00左右从南昌赴桃花源游桃花源景区:仿古城、赏桃花竹亭、农田美景、茶圣陆羽亲自评定的天下第一泉——谷帘泉。下午返回,结束愉快旅行。

5."寻宗教沾文风"庐山一日观光游

庐山秀峰、白鹿洞书院、东林寺一日游。早7:00乘车赴中国四大书院之一的白鹿洞书院,感受白鹿洞书院的文化气息;往有"庐山之美在山南,山南之美数秀峰"之誉的秀峰,观"飞流直下三千尺"的开先瀑布;游净土宗祖庭庐山东林寺。返回,结束愉快旅行。

6."忆往昔峥嵘岁月"庐山一日观光游

早上游览美庐、庐山会址、芦林一号;中餐后游庐山别墅群,整个行程安排有蒋介石和宋美龄住过的"美庐"、毛泽东主持三次重要会议的"会址"、毛泽东住过的"芦林一号"、彭德怀住过的176号别墅、邓小平住过的286号别墅、朱德住过的359号别墅、周恩来和邓颖超住过的446和442号别墅。返回,结束愉快旅行。

(二)案例分析

以上所列举的关于庐山游的旅游产品,改变了对产品的传统包装方式,力求在激烈的市场竞争中脱颖而出。这些产品的设计者正是认识到庐山最大的亮点是它的包容性,"自然、人文、宗教、政治"都有许多可以让人留恋的胜处,因而采用了一些比较大胆的创新做法,突破了庐山游产品设计的惯例,使得产品与众不同,受到旅游消费者的青睐。

首先,上述旅游产品丰富了常规庐山游的内涵。在大多数去过庐山游览的消费者的概念中,庐山就是那些旅游景点可以供游客参观。参观过的景点对游客不再会有太大的吸引力。但是,这些新产品所涉及的景点是属于庐山整个风景区的子景区,而且这些景区,常规行程都没有涉及。因此,当这些景区被开发成新型庐山游产品时,必然会引起人们前往参观游览的兴趣。

其次,概览上述所有旅游产品,不难发现,所有的产品都只不过是庐山的"冰山一角",要想彻底认识庐山真面目,旅游消费者必须多次参观游览庐山,从不同角度来认识庐山,来完善对庐山的认识。这些产品的设计者,在进行产品推介的时候,正是抓住了旅游者的心理,刺激其进行二次消费,以此来增加旅行社产品的卖点。

最后,在这些新产品中,设计者还关注到要调动游客的主动参与性。在庐山石门涧采草莓一日游的产品中,为游客提供亲自动手采摘草莓的机会,让游客不仅欣赏了美丽的自然风光,还深深感受到了旅游的乐趣。

(三)案例探讨

(1)旅行社产品设计应该考虑到哪些细节因素?

（2）在你所接触的旅行社中，有哪些你认为会吸引旅游消费者消费的旅游产品？说出来，与大家共同分享并探讨一下吧！

（3）假如你去旅行社购买观光游型旅游产品，你会对产品提出怎样的要求？

项目二　新颖市场"休闲游"

一、休闲游产品概述

（一）休闲游产品概念

休闲度假游产品是旅游业发展到一定阶段后出现的旅游产品形式，相对于观光游产品来说，它属于更高层次的产品，更强调康体休闲、放松身心。随着国民经济的快速发展，人均可支配收入不断增加，休闲的时间也越来越多，人们的旅游观念也发生了重大改变，越来越多的人已经厌倦了走马观花式的观光旅游，转而开始爱上休闲、放松和娱乐为主的休闲度假旅游。

休闲度假旅游产品是指旅行社为了满足人们暂时规避紧张、压抑的工作环境以及改变枯燥单一的生活方式，组织旅游者前往那些空间空旷、环境优美、静谧的度假地（区）或休闲场所短期居住，并进行娱乐、休闲、健身、疗养等消遣性活动的一种产品类型。

近年来，全国各省市高度重视休闲度假旅游发展，旅行社推出的休闲度假旅游产品日益丰富，形成了海南三亚、浙江杭州等知名度较高的休闲度假旅游品牌。购买这类品牌旅游产品的消费者主要是期望通过旅行社的组织，安排其在假期期间前往具有丰富的旅游资源的海滨度假地或者是山清水秀的环境优美地来放松自我、愉悦自我，使其暂时能够从喧嚣的城市环境和紧张的生活、工作节奏中解脱出来。

依托我国丰富的休闲度假资源，各地形成了丰富多彩的休闲度假产品体系。从空间分布看，这些休闲度假区最初以滨海休闲度假带为主，逐步向环城市度假带、乡村休闲拓展；休闲度假核心资源类型也涵盖滨海、滨湖（江河）、温泉、森林、滑雪等；休闲活动方式从最初的体育、康体疗养向生态、文化体验等发展。我国休闲度假产品体系呈现全面繁荣的局面。

休闲度假旅游产品的创新，需要考虑市场的关注度和效益。随着生活节奏的加快和工作压力的增大，人们对休闲度假的需求也不断增加，再加上国家法定节假日调整以后，人们更愿意选择此类旅游产品，所以要有新颖独特的产品吸引客源市场。

(二)休闲游产品的主要特点

1. 旅游者复游率高

复游就是我们通常说的回头客,较一般旅游产品,度假休闲旅游产品复游率更高。因为度假目的地给游客带来熟悉感、亲切感,所以游客对其认同的度假地具有持久的兴趣和稳定的忠诚度,只要具备了出游时间,在经济条件允许下,都会进行再次消费。

2. 旅游者在旅游目的地的停留时间更长

休闲度假者往往在一个地方停留较长的时间,而且消费的目的性非常明确。度假休闲旅游产品是人们为了缓解来自各方面的压力,借助假期去休闲度假地(区)进行消遣活动所选择的产品。该类型产品的消费者不像观光游型产品消费者那样进行大范围的空间移动,而是通常会在某一休闲度假地(区)停留较长时间。与观光游型旅游产品相比,该产品的消费时间相对较长,因为观光旅游者的基本心态是到处多看,看得越多越过瘾,越觉有所值,休闲度假游产品旅游目的地停留时间一般为一周以上。

3. 旅游指向集中

旅游指向集中是指度假休闲客人的度假需求非常集中。例如度假需求的时间非常集中,一到周末双休日或全国休假日,出游意愿就会增强;度假目的地选择也比较集中,寒冬寻暖往南方,海南等地成为热门度假地。

4. 产品消费者以散客形式为主

观光型产品通常是以组团旅游为消费方式,而度假休闲型产品则主要是以散客旅游形式消费。随着工作压力的增加,日常生活中的家庭成员很少能够深入沟通,因此,在假期期间,人们都会珍惜和家人相处的机会,举家出游,到环境静谧的度假区欢度假期,寻找家庭的温馨。以家庭为单位的散客消费形式已成为大多数散客的选择。

5. 旅游者消费水平相对较高

度假休闲旅游产品对度假地(区)的要求比较严格。一般度假区必须具备4个基本条件:环境质量好、区位条件优越、良好的住宿设施和健身娱乐设施、服务水平高。这样的综合条件使得度假区的投资规模加大,成本相对较高。同时,旅行社在开发该类型的产品时,都会选择那些度假条件优越、设施设备齐全的度假区。产品消费者停留时间长,对配套设施的需求和依赖感就会增强。种种因素都使得度假休闲旅游产品的消费水平比一般旅游产品高。

6. 产品涵盖内容较为单一

购买度假休闲型旅游产品的消费者其主要目的是为了休息、放松、度假,而对旅行社安排的景点多少并不太敏感,甚至有时不要求旅行社在行程中安排过多的景点项目,只要为数不多、能够代表旅游目的地旅游品位的精华景区(点),其更加在意度假地的服务与配套设施。从此角度来看,旅行社在设计此类型的产品时所提供的服务内容相对单一。

7. 产品设计内容中西有别

中西方休闲旅游产品的内容设计是有区别的,西方提倡的休闲3S是指阳光、海水、沙滩;中国提倡的休闲3S是山、水、森林——喜欢选择有山有水有森林的安静地方修养身心,投入大自然。根据中国式消费行为心理,产品设计人员可将各地民间文化与自然山水相融合,提炼策划更适合游客休闲度假的休闲度假产品。

二、度假休闲游产品的设计思路

(一)重品质

度假休闲重在品质。外出度假休闲本身就是为了寻求与长住地不同的生活体验,随着生活水平的提高,人们不再仅仅满足于低级粗糙的发现式体验,而会更加注重享受式的体验,因此越来越追求休闲产品的安全性与品质。

(二)重特色

旅游目的地是度假休闲旅游产品设计首先要考虑的问题。一个能够吸引旅游消费者的旅游目的地可以使得产品在面市之后迅速得以销售,并且在销售过程中能够不断检验产品设计的完整性,从而促使该产品日益完善,提高其在同类产品中的竞争力。在旅游目的地的选择上,要选择自然环境优美静谧,区位条件优越,交通便利,可进入性强,具备良好的住宿设施和健身娱乐设施,且接待服务水平高的地区作为开发对象。

(三)重活动

活动项目在度假休闲旅游产品中的比重并不大,但是它直接关系着旅游产品的丰富性以及对消费者的吸引力。在度假休闲旅游产品中只需安排旅游目的地的部分标志性景点,不宜安排过多的旅游参观景点,要将此产品与传统的观光游产品明确区分,不要将其导向观光型产品,要注重产品的度假性和休闲性;为了丰富产品,在产品设计中要根据旅游休闲目的地的有利条件开展一些具有地方特色的活动,调动消费者的主动参与性,加强消费者对产品的深层次体验。

(四)准确定位

休闲旅游对象的选择,应根据市场的需求,针对当前低收入阶层、小康阶层、富裕阶层、国外游客等不同消费对象,准确定位,增强针对性,减少盲目性,以避免产生诸多意想不到的困难。

(五)灵活多变

度假休闲旅游产品的度假属性,要求旅行社应该以消费者为中心。旅行社在进行产品设计时,应该因地制宜,根据消费者的假期时间合理地进行规划,努力使产品在整体上丰满,且要使消费者劳逸结合,劳逸适度。针对消费时间的长短,适当安排观光景点。

度假休闲旅游产品的消费形式以散客为主的特点,决定了旅行社在设计产品时,要以散客旅游的操作流程来指导。根据实际情况,可以开展自驾游,即旅行社为产品消费者提供代订度假地宾馆、度假地餐饮、度假地休闲娱乐场所等旅游单项服务;亦可开展房车游,即旅行社为那些假期长,要求进行长途度假的消费者,代租房车作为旅游交通工具,让游客以边行边游为方式,最终到达某一度假地度假而设计的专项产品。

(六)高标准

度假休闲旅游产品的休闲属性,决定了产品是以使消费者得到休闲、放松为目的。旅行社要满足消费者的高端消费心理,应重视产品服务与接待标准。首先,设计人员在进行产品设计时,要和旅行社的采购人员沟通,充分了解、掌握旅游度假休闲目的地的接待设施的条件状况与休闲活动的配套设施的配置,在熟悉这些基本信息的情况下再开展设计。其次,设计人员应该尽力满足消费者所提出的要求,当消费者的需求没有得到及时满足时会影响其对产品的认可度与满意度,对于确实不能满足的情况要做出细致、耐心的说明和解释。再次,产品的设计方案要留有余地,保证产品在特别时期做出及时细微的调整而不会影响整个产品的消费。最后,产品的设计过程中,设计人员务必要始终将人性化服务思想渗入其中,在产品中多增加一些人性化的细节服务,如:为产品消费者免费代订往返机票、车票,免费提供客房送餐服务,免费提供洗衣、送衣服务等。

三、产品设计实例分析与探讨

(一)实际案例

下面是山东某旅行社以"到蓬莱,过神'闲'日子"为主打口号,面向以北京为核心的京津冀市场游客推出5条精品旅游线,打造海滨休闲度假目的地——蓬莱。

[例4—2]

蓬莱神"闲"度假游

1. 滨海寻仙神"闲"度假游

行程中安排游览国家5A级景区——蓬莱阁景区,欣赏苍茫豪放的山海风光,到海水浴场,享受清凉的海风,乘坐帆船,感受大海的魅力。在蓬莱特色餐馆品尝海鲜宴,参观4A级景区——海洋极地世界,观赏精彩的海洋动物表演,体会别样的海洋风情!

2. 浪漫仙境神"闲"度假游

行程中安排赴蓬莱最美乡村马家沟,抵达后体验农家休闲,品尝乡村特色美食,可以在村中自由活动,与村民聊天,再前往君顶酒庄,采摘葡萄,自酿美酒,在苏格兰酒堡,尽享温馨浪漫!

3. 醉享蓬莱神"闲"度假游

行程中安排游客游苏格兰酒堡,欣赏丘山风光,感受英伦风情,品味贵族生活;漫步和圣马场,与马儿亲密接触;游览君顶酒庄,享受品酒乐趣;鉴赏巴洛克风格的文成城堡;金山罗斯兰酒堡体验露天温泉,品尝马家沟农家美食;参观国宾酒庄,尽享美酒海鲜。

4. 康体养生神"闲"度假游

行程中安排游客登蓬莱仙阁,赏古港水城,品美味海鲜,在海水浴场挥洒自由与快乐。感受三仙山园林之壮美,再参观君顶酒庄,体验葡萄酒养生文化。晚上安排入住美丽乡村木兰沟,品尝农家宴。次日到崮山和易农场,体验高山冥想、足疗排毒等养生项目。

5. 豪华商务神"闲"度假游

行程中安排游客乘坐帆船,扬帆出海,欣赏海上美景。登蓬莱仙阁,欣赏山海风光,可选择在海滨垂钓、撒网、拔蟹笼,用餐可安排在国宾酒庄品尝蓬莱八仙宴。探访君顶酒窖,体验高尔夫竞技运动,还可前往和圣马场一睹世界名马,欣赏盛装舞步表演。

(二) 案例分析

蓬莱5种不同风格的休闲度假旅游产品,可供游客自行选择。其设计内容与理念紧扣度假休闲旅游产品的基本特征。

(1) 集神仙文化、精武文化、海洋文化、葡萄酒文化于一身,以倡导一种新生活方式的形式,让游客来蓬莱身处仙境,感受心灵回归,让游客到蓬莱过神"闲"日子,休闲度假旅游产品有了自己新颖之处,迎合了游客需求。

(2) 产品消费时间长。在设计过程中,将常规的蓬莱一日游的行程通过项目的拓展,延伸为5天至1周的行程,区别于传统的观光型旅游产品。在整个行程中,有意地将多项运动休闲项目错开进行,使消费者在休闲活动中度过假期,切实做到劳逸适度。

(3) 安排了众多的休闲活动,且活动对旅游消费具有极强的吸引力,能够吸引产品消费者的主动参与,增强其对产品内容丰富的认同感。

(4) 安排了具有地方特色的帆船运动,由专业驾驶员全程护航,游客可亲手扬帆掌舵,体验乘风破浪出海的乐趣。这些与众不同的策划以及非常规行程的惊喜体验,将极大刺激消费者的求新、求奇心理,激发出游动机。

(5)产品内容丰富。到蓬莱除了体验中西共融的文化,还可以选择山海共享的休闲、城乡和美的和谐、快活慢享的逍遥和动静结合的欢愉,完全尊重了旅游消费者的消费意愿,能够为消费者所接受。

(三)案例探讨

(1)你会选择这样的旅游产品吗？为什么？

(2)如果该产品还需要改进,你会从哪些方面着手？

项目三　潜力市场"商务游"

一、商务游产品概述

(一)商务游产品概念

随着我国经济的良好发展和各种具有国际影响力的会议和展洽活动的举办,商务旅游的基础设施逐步完善,商务旅游服务系统日益齐备,我国的商务旅游市场已从传统的一般商务旅游、政务旅游、学术旅游和特殊旅游扩大到现代的会展旅游、奖励旅游等领域。

商务旅游自20世纪80年代以来取得快速发展,我国会展旅游出现于20世纪90年代中期,是借助举办国际会议、研讨会、论坛等会务活动以及各种展览会而开展的旅游形式,也是旅游业形成的新型产业类型。

会展旅游消费主要包括交通、住宿、餐饮、购物、娱乐、旅游方面的消费,而旅行社正是将酒店、餐饮、交通部门等旅游企业串联起来的链条,在对参展人员、与会者及观展者提供旅游接待服务方面具有先天优势,同时长期与境内、外各旅游客源地和目的地的合作,也使旅行社在客源预测及对外招徕会展旅游者方面享有优势。因此目前越来越多的大型旅游集团以其行业优势和网络优势进入会展旅游市场,会展旅游市场其潜力巨大。

奖励旅游是会展旅游的一种旅游形式,即通过旅游的形式来实现企业管理的目标。奖励旅游产品包含精心设计的旅游活动项目,通过这些项目激励员工来实现特定的企业目标,其包含的内容广泛,诸如企业会议、公司展览、员工培训、主题晚会、颁奖典礼等活动。我国会展旅游业的起步比较晚,但发展较快。2013年10月1日起实行的《中华人民共和国旅游法》,对会议、奖励旅游产生了相当大的影响,会奖活动增加,会奖服务质量得到更多保障。

尽管与传统观光旅游和休闲度假旅游相比,商务旅游在旅游市场中所占份额还相对较小,但是其创造的市场利润却不容低估,商务旅游已经成为高速发展且潜力巨大的旅游市场。

(二)商务游产品的主要特点

1. 消费能力强,对价格不敏感

商务旅游者在交通费用和住宿、餐饮等方面的费用大部分非个人支出,因而拥有更多的自费消费能力,这种较强的消费能力也使得商务旅游者较少关注所消费的产品的价格,而更注重在旅游过程中的舒适性、安全性和便利性。

2. 自主选择性低,受季节影响小

对于商务旅游者来说,旅游和旅行更意味着工作,他的目的地、交通工具以及从离开到返回居住地的时间并不是由个人所决定的,而更多的是公司意愿的体现。所有这些都意味着商务旅游者在出行过程中和在目的地期间都需要较多的"管家式服务",以减少其非工作本身所带来的麻烦。

3. 旅游服务的综合性

商务旅游的商务特性以及产品消费群体的庞杂性,要求提供产品的旅行社不仅代买机票、预订酒店,更重要的是为商务游客提供一揽子全套旅游管理项目的解决方案,甚至是国际直拨电话及传真、复印、Internet 接口等设施设备的配套服务。

4. 产品联动范围广

商务旅游产品比传统的休闲型旅游产品涉及的范围更加广泛,包括了正常的旅游产品的六大要素,还包括了个性化服务所联系到的一些行业部门。特别是商务旅游产品系列中的会议会展以及大型的商业活动等具有极强的联动效应。

除上述特点之外,该类型产品还具有一些别的旅游产品所不具备的个性特征。如:商务旅游产品的重复性强,商务旅游产品的预定计划早,商务旅游产品的持续消费时间长久,商务旅游产品消费稳定等。

二、商务游产品的设计思路

对于新兴商务旅游产品,旅行社的经营导向必须有所改变,不管是差旅管理,还是会展旅游或奖励旅游,旅行社的目标都是企业或组织,旅行社提供有效服务的前提是旅行社必须和目标客户建立起长期的、稳定的合作关系,旅行社不能再坚持生产导向,而必须坚持市场导向,提供针对性的产品。

(一)产品设计应当尊重需求

旅行社在开发商务旅游市场时应综合考虑两个方面的需要:一是购买商务旅游产品的企业管理者的需求,一个是商务游客的需求。总的来说就是旅行社要站在企业管理者的角度为商务游客提供满意的服务,因而在设计产品时要尽可能地融入企业理念与管理目标,维护供求双方共同利益,这样换来的才是双方的长期

合作。

(二) 产品设计应把握好层次性

1. 商务旅游产品主要类型的层次

现代商务旅游有别于传统的商务游,产品设计者应该注意到会展旅游、奖励旅游与商务旅游往往三者交叉在一起。近几年的旅游市场变化,会展旅游已逐步成为现代商务旅游的核心部分,旅游过程中会展旅游市场凭借强大灵活的展示、交易及信息沟通的功能,逐渐取代传统的奖励旅游市场和商务旅游市场。

2. 商务旅游产品客源群体的层次

我们往往认为购买商务旅游产品的消费者对价格敏感性不强,因为大多数商务旅游都非个人行为,商务旅游产品消费者既可以是职业经理人又可以是企业的白领,所以对产品的需求也表现不同,不要一概认为商务旅游产品就是高端产品。

3. 商务旅游市场的层次

我国商务旅游市场与国际商务旅游市场的发展还有一定差距,需要区别对待。旅游产品设计者在产品开发手段和设计上要有所区别,除此之外大型企业与小型企业所选择的产品也是有差别的,所以产品设计应考虑到旅游市场的层次不一。

(三) 产品设计应当遵循质高价优原则

商务旅游产品是一种关联性很强的旅游服务综合体,旅行社在进行产品设计包装前,势必要对各生产要素进行采购,在采购过程中,要积极拓展采购渠道,并针对某一要素进行不同采购渠道的价格与服务对比,做到性价比最优组合。同时,基于商务旅游产品的总体效益比传统旅游产品效益好,商务旅游产品必然会吸引众多的旅行社加入到竞争行列,因而,旅行社在进行产品设计时要始终贯彻质高价优的产品设计理念,以期获得最大的市场竞争力。

(四) 产品设计要有灵活性

商务游客在公务期间,往往有较充裕的机动时间,在既不费力又无风险的情况下,很容易加入到当地的旅游活动中。针对这种情况的游客,应该相应地采取灵活的商务旅游方式,例如选择能为游客提供各类旅游信息的酒店。

三、产品设计实例分析与探讨

(一) 实际案例

2012年,江西某旅行社接到一个商务招商会议江西承办方组委会的业务通知。从通知内容获悉,该招商会议将于2012年10月在南昌某酒店召开,招商会议时间为3天,会议日程除了商务洽谈之外,还将组织所有与会成员到南昌周边的一些企业进行考察。组委会希望该旅行社为这次考察做出一个接待方案。旅行社随即委派专人根据组委会的要求设计出了该会议团队的考察旅游产品。该产品设计完成之后得到组委会的高度评价,并交由该旅行社运行操作。

以下就是该会议团队的考察接待安排。

[例4—3]

南昌李渡企业考察二日游

第1天:南昌早8:30乘豪华旅游巴士赴滕王阁参观游览;10:00前往南昌进贤参观李渡烟花集团(目前全国乃至亚洲最大的礼花弹生产企业,承接过国庆50周年、APEC会议、2008年北京奥运会、2010年上海世博会等重大活动的燃放任务);中餐安排在军山湖吃特色螃蟹宴,后前往进贤县军山湖鱼蟹开发公司参观游览,学习交流"军山湖"品牌创业;16:00乘车前往进贤金峰茶业有限公司,参观游览江西省红壤低丘面积最大的茶园,品"金峰金针""金峰毛尖"茶,欣赏茶艺表演和江西独具特色的采茶戏。18:00返回宾馆用晚餐,晚餐赠品李渡酒,畅谈进贤食品加工业的经验。

第2天:早8:30乘车赴南昌"八一"起义纪念馆(游览时间约为1.5小时),身临其境地回味"打响武装反抗国民党反动派的第一枪"的激动时刻;拜谒"八大山人"纪念馆(游览时间约为1.5小时),了解"八大山人"朱耷传奇一生;中餐后乘旅游巴士返回,结束愉快而又难忘之旅。

接待标准:

(1)住宿:四星级标准豪华双人间。

(2)用餐:自助餐。

(3)门票:景点第一大门票。

(4)用车:全程豪华空调旅游巴士。

(5)导服:全程优秀导游服务(特派江西省优秀文明导游员)。

(6)友情赠送项目:

a.旅行社责任险(最高标准8万元/人)。

b.旅游纪念装备1套/人。

c.进贤土特产1份/人。

(7)特别接待安排:

a.旅游期间正餐将安排一次特色餐,如:军山湖螃蟹、野味、餐后水果拼盘。

b.宾馆立欢迎牌、挂欢迎条幅。

(8)免费增值服务:

a.代订南昌至全国各地机票、车票。

b.宾馆内免费上网、免费长途电话。

（二）案例分析

本旅游产品之所以受到大会组委会的高度评价，主要是该产品在设计过程中，充分考虑到了会议团队的消费特点，能够从个性化角度、高标准接待思路、人性化关怀视野出发。具体体现在以下方面：

1. 讲究产品线路包装

旅游产品给产品消费者的直观了解就是旅游线路或旅游日程安排。旅游消费者通常所看到的旅游线路就是简单地将旅游景点罗列一通，告知消费者旅游景点名称而已。本产品却摈弃以往的常规做法，用符合商务特征的知名企业作为旅游景点连贯起来，同时明确标注了整个游览安排的大致时间，让游客对景点的参观时间事先掌握，使得游客在参观时可以量力而行。

2. 注重产品接待标准

旅游产品的接待质量很大程度上受制于接待标准。高接待标准容易造就高接待质量。商务（会议）团队的参加者都有着较高的社会地位，对于接待标准特别关注。本旅游产品考虑到该会议团队的与会人员都是专家与商人，为此特别安排了四星级酒店住宿；考虑到与会人员的饮食习惯，特安排自助餐形式，以满足不同代表的用餐要求；考虑到游客的文化层次，在安排旅游时注重文化品位，游览南昌最具代表性的文化历史名胜及参观其典型成功企业，并全程安排省级优秀导游员提供导游讲解服务；考虑到游客消费心理——受到接待方的尊重与重视，特别安排在宾馆门口立欢迎牌和悬挂欢迎横幅，以此满足游客受尊重的心理需要。通过上述措施，切实提高接待质量。

3. 重视产品额外服务

额外服务是旅行社在激烈的市场竞争中常用的经营手段之一，它可以使旅行社在不过度增加成本的前提下为旅游消费者提供人性化的服务，并由此博得消费者的青睐与好评，占据更多的市场份额。本旅游产品中，旅行社的设计思路中明确贯穿了该思想，如为旅游者友情赠送保险和进贤土特产品，安排地方特色餐等。同时，考虑到与会代表的办公与通信需求，酒店特别安排免费上网与长途电话。此外，旅行社方基于与会人员的返程票务需求，还推出代订南昌至全国各地机票、车票服务。

（三）案例探讨

（1）假如你是该旅行社从业人员，受到组委会邀请去洽谈该会议团队旅游接待业务，你会怎样为该会议团队设计旅游产品？

（2）假如你是当时的参会人员，你参加了该公司组织接待的南昌考察，你会怎样评价该旅游产品？

项目四 朝阳市场"老年游"

一、老年游产品概述

(一)老年游产品概念

随着社会经济、科学技术、医疗卫生事业的不断发展,人均寿命不断延长,我国老年人口比率逐年增长。据《中国统计年鉴》(2013)统计,截至2012年底,全国55岁及以上人口达2.33亿,占总人口的20.68%。从2013年开始我国老龄化进入快速发展阶段,老年人口将年均增加800万人至900万人。预计到2020年,我国老年人口将达到2.48亿,老龄化水平将达到17%。

传统的观念往往认为老年人是社会的边缘人,但却忽略了中国进入老龄化社会之后,庞大的老年人群体为形成一个巨大的老年消费市场奠定了基础。拥有数亿人数的老年人消费市场是未来中国必然的商机与趋势。认识到老年市场为旅游市场提供源源不断的客源,旅行社才能创造出新的市场契机。

"老年"的界限并没有全球一致的标准,一般以退休年龄为标准。在我国旅游行业一般采用56岁来界定老年市场,这在很大程度上参照了中国企事业单位的退休年龄标准。因此,老年旅游产品就是泛指所有为满足老年游客生理、心理等要求,而专门为老年人开发设计的旅游线路与活动安排,业内也习惯于把老年市场称为银发旅游市场。目前,我国有100多家旅行社设立了专门的"老年部",也出现了类似江西赣州夕阳红旅行社这样的专门从事老年旅游业务的旅游公司。以各种老年特色为主题开展的休闲游、疗养游、纪念游、健身游、养生游等旅游项目和旅游线路受到广大老年消费者和其子女的欢迎。

在竞争激烈的旅游市场中,我国的银发旅游市场属于冷点客源市场,开发银发旅游市场是一个非常好的选择,也是旅行社关爱老年人、构建和谐社会的重要内容。银发旅游市场最具有开发潜力的目标市场有3个:文化水平较高的离退休人员;经济能力相对较好的退休职工和市郊乡村的银发一族;经济能力较强的银发一族。这些银发一族都有一定的经济基础、闲暇时间和外出旅游的愿望。近年来,"中老年单身派对游""金婚、银婚纪念游"都是比较热门的老年特色旅游项目。

(二)老年游产品的主要特点

1. 消费强调经济实惠

我国老年人大多数有勤俭节约的习惯,即使在外出游玩时也注重物有所值,强调舒适、安全,不太追求单纯的奢侈和豪华,哪怕是子女支付旅游费用也不希望花费很多,这也符合老年人的消费心理——"实用",我国老年人中具备很强支付能力的人并不多,所以多数老年人对旅游产品价格要求经济实惠。有调查表明,在我国近70%的老年人有旅游愿望,但希望经济实惠。

2. 出游方式喜欢结伴

老年人从心理、生理上来说都是谨小慎微,拥挤的交通、景区治安问题等都可能引起老年人的担忧,他们也畏惧孤独,所以更加倾向于参加集体活动。同时,老年人由于行动迟缓和身体健康状况欠佳,往往夫妇结伴或与邻居、老朋友随团而行,这样既可以避免在旅途中的孤寂,又可以相互关照。旅行社必须关注的是,老年旅游产品的组团性质是同质性,即该团的构成者必须都是老年人,纯老年人旅游团更适合老年人的心理特征,这样老年游客彼此之间更容易拥有共同话题,而且游览速度和进度更好协调一致,能够避免老年游客和年轻游客同团所带来的众多不便情况。

3. 更加关注身体健康和生命质量

老年人特别是城市老年人大都具有丰富的社会阅历、较高的文化修养,且有相对稳定的职业甚至较高的社会地位和较为稳定可观的经济收入,因而富有见解,注重实际,珍惜自己的健康和追求生命质量,致使其在旅游产品的选择上更加关注能够增进身体健康水平、提高生活质量的产品。如远离城市的雾霾、亲近大自然吸氧,寻求新型多样的休闲娱乐(如垂钓、野营、度假、日光浴等)。这些都折射出老年旅游产品应最大限度地满足老年人对身体健康、生活质量的旅游需求。

4. 更加注重情感及文化因素

老年人普遍对历史和传统文化有着浓厚兴趣,且大多数人具有深切的怀旧思乡情结,喜欢追根溯源、寻亲访友。旅行社在为老年旅游消费者设计产品时应该着重追求旅游线路内容的文化性,努力发掘旅游产品的历史文化底蕴,满足游客对文化因素的渴求。与此同时,老年游客期望旅行社提供的旅游产品能够引起其对曾经美好的经历的遐思和对过去生活无穷的回味。从这个角度来看,旅行社的产品对老年朋友的吸引力体现在对老年游客个人情感等精神需求的尊重。

5. 出游频率呈两极分化

老年人受身体状况和经济条件等因素的影响,出游频率呈现两极分化:身体和经济条件好的,出游频率则高;反之,出游频率则低。老年人不喜欢打"疲劳战",因而出游天数安排不宜过长,一周为宜。

6. 消费更具灵活性

老年旅游产品的消费者对于旅游行程的安排要求更加灵活,他们在游程安排上要求相对宽松,需要自行支配的时间相对较多;而且,由于老年人闲暇时间多,他们可以根据自己的实际情况并结合旅游市场行情机动灵活地安排出行时间——选择在旅游淡季出行,避免旅游高峰期旅行生活上的诸多不便,这样他们可以在完全从容的状态下享受旅游带来的众多乐趣与体验,追求最大限度的消费便利性和舒适性。

此外,老年旅游产品还呈现出服务成本高、产品利润低、旅游保险费用高、旅游操作难度大、旅游产品经营风险系数高等行业特点。

二、老年游产品的设计思路

为更好地适应老年旅游市场对旅行社产品的需求,旅行社方必须多方面地分析老年人的需求特征和旅行习惯,结合其旅游动机及其特定的心理、生理特点进行老年人旅游产品设计与开发。应当充分遵循下列思路:

(一)合理定价

大多数老年消费者成熟理智,对价格较为敏感,旅游产品价格的高低直接影响着他们的消费决策,物美价廉、经济实惠是大多数老年人消费的基本准则。老年人出游花费属于中等水平,考虑到自己的身体状况,老年人既不会对自己太苛刻,也绝不会追求奢侈。因此,旅行社在进行产品定价时要充分考虑这些因素,在保证老年旅游产品质量的前提下,切实执行经济实惠原则。质优价廉、薄利多销是旅行社进入老年旅游消费市场的最佳策略之一。当然,针对一部分消费水平高、对旅游产品要求较高的老年游客,也可以推出价格较高的豪华线路产品。

(二)强调特色

一般老年人出游的目的以观光为主。我国旅游资源丰富,旅游既能开阔老年人视野,也能使老年人在旅游中健身强体。老年人还具有浓厚的怀旧心理,故地重游是其另一主要消费动机。因而旅行社可根据此类消费需要,积极设计开发"经典往事游"产品,如"金婚纪念游""老战士观光战地重游"等,唤起老年人对过去生活的回忆。健康也是老年人所关心的问题,利用农家乐、温泉养身旅游产品等,可以让老年人乐在其中。

(三)重视特殊需求

老年旅游市场是旅行社行业未来竞争的主战场之一,谁在产品设计方面倾入更多的人性化思想,谁将获得老年消费群体的青睐,这就意味着谁将最终拥有此市场的战略先机。产品的人性化设计是旅行社在老年旅游市场上竞争成败最为关键的因素。旅行社应根据个人的特点,提供特色服务。

第一,在"食"服务方面,旅游活动行程安排上应尽量符合餐饮规律,最大限度地按老年人肠胃特点选择食品,尽量安排香、脆、软和含糖少、营养高、易消化、易咀嚼的食物,饮食安排以清淡为宜,少油腻和辛辣、生冷食物;在旅行中多提醒老年游客注意节制饮食和注意卫生,进食不要过快或太饱,少饮或不饮酒。

第二,在"宿"服务方面,应尽量选择舒适安静、环境优美的住宿地,保证老年游客必需的充足睡眠。住宿房型宜选 2~4 人间,安排其与陪同人或旅伴共处,以便于相互照顾。考虑到老年人身体平衡能力差,要做好地板、楼梯、卫生间等的防滑、防磕碰的预防及提醒工作。同时,为避免老年游客身体不适等突发事件的发生,住宿地附近最好有医院等医疗机构。

第三,在"行"服务方面,应注重交通工具的安全性和舒适性,以陆路为主,必要时以专车、专列、专机等方式,来满足老年游客对交通工具的需求。在旅游交通设计中,老年人短途旅行可乘坐豪华旅游巴士或火车硬座,长途旅行最好乘火车卧铺或飞机,也可分段前往。

第四,在"游"服务方面,应着重考虑两方面:一方面,基于老年人身体机能和身体状况,旅行社在安排线路时,尽量将老年旅游者游览参观的节奏放慢,把时间安排得充裕些;在景点的选择上,选择老年人喜欢的、不需要太多体力的景点;老年旅游团出行时间应尽量避开旅游高峰期;另一方面,在导游安排上,导游不仅要具备丰富的专业知识、讲解技巧和过硬的表达能力,还要具备高度的责任感和良好的职业道德,更要了解一定的老年心理、老年保健等方面的知识。应根据老年旅游的要求,安排相应风格的导游,可以考虑年龄偏大、阅历丰富的中老年导游为主,这类导游和老年游客有共同话题,更容易沟通,缩短导游员与老年旅游者的心理距离,使旅游在轻松愉快的气氛中顺利进行。在旅游服务中,由于老年人重感情和亲情,导游应该倾入更多的情感因素,营造一种亲情融融的气氛。

第五,在"购"服务方面,应该有针对性地安排购买一些具有纪念意义的旅游产品。旅行社在线路设计中,要充分尊重老年游客的消费意愿,不能安排强制购物项目,让旅游者有充裕的时间游玩。如果游客要求购物,则应安排前往当地大型超市或游客愿意去的购物点,真正为游客提供一个环境优美、货真价实的"健康"的购物环境,让其切身感受旅游商品的价格公道合理、质优价廉、质价相符,使其明明白白消费、开开心心消费,提高游客对旅行社产品的满意程度。

第六,在"娱"服务方面,应根据老年旅游者的文化程度、兴趣爱好、个人品味酌情安排组织一些有个性的娱乐活动。但是娱乐活动的时间不宜过长,活动内容不宜太惊险或太沉闷,活动场地不宜太闹太杂。

总之,在我国老年人的旅游人数逐年增多,旅游消费需求走高的整体市场环境下,旅行社应加强开发富于"老年特色"的旅游产品。

三、产品设计实例分析与探讨

(一)实际案例

郑州某旅行社为招徕老年游客设计了一款去广西长寿之乡巴马养生的老年团队旅游产品。

[例4—4]

广西巴马老年养生度假休闲行程

第1天：郑州乘 K1627 次（11：12）火车空调硬卧赴美丽的绿城南宁。宿火车上。

第2天：下午13：35到达南宁，接团后南宁乘车往北海（220Km，约3个小时）。宿北海。

第3天：早餐后，游览北海市的北部湾广场、南珠魂城雕（约30分钟）；参观游览北海最老的商业街"百年老街"（40分钟），中餐后游览国家4A级景区"北海银滩"，银滩以"滩长平，沙细白，水温净，浪柔软，无鲨鱼"而著称，海边绿树成荫，空气中负氧离子数比一般城市高60～100倍，是老年人的天然免费氧吧。宿南宁。

第4天：早餐后乘车赴硕龙（3.5个小时），沿途经绿岛行云，中餐后，游览位于中越边境的世界第四大跨国瀑布"德天瀑布"，之后乘车往巴马，住酒店。

第5天：乘车途经神秘"命河"（观景台观景20分钟），前往世界最美的溶洞"长寿水晶宫"，观水晶宫内的钟乳石，鹅管钟乳石、石笋、石柱、石带、石旗和各类石幔、石瀑布、石盾等数十种，琳琅满目多彩多姿。后前往长寿村，走访百岁老人，探访长寿奥秘，感受养生氛围，和寿星畅谈长寿秘诀。晚上自由漫步寿乡文化广场，感受巴马人对生活的热情，让你融入简单而淳朴的快乐氛围。宿巴马。

第6天：早餐后乘车沿途游览美丽的长寿河"盘阳河"，前往延寿隧道"巴马—百鸟岩"（行车时间30分钟），乘船游览9.5亿年前形成的长寿生态地质自然景观（1个小时行程），中餐后乘车前往南宁，晚上乘坐 K1628（19：55）火车硬卧回郑州。

第7天：返回温馨的家，结束愉快旅行。

友情提示：

（1）证件带好。一是住宿要登记，二是很多的景点70岁以上是免票的，也有不少景点60岁以上是半票的，所以身份证必须带好。

（2）早晚天气温差较大，请老年游客准备好衣物防止着凉，携带雨具，以防天气变化。

（3）建议身体健康且有自理能力的客人参加此线路，中老年人尤其是患病者参加旅游，须如实向旅行社提供健康信息，并根据自己的健康状况量力而行。如游客感觉身体不适，请马上告知导游，团队会配备一名专业医师随老年游客出游，旅游过程中，注意饮食卫生，以防吃坏身体，带来不便。

（4）为缓解老年游客的旅途劳累，旅游用车安排了设施豪华、车内空间宽大的旅游巴士，并给每位老年游客发放旅游装备——航空气枕。

(二)案例分析

1. 产品设计考虑到老年人的需求特点，以实惠为主，老年人往往喜欢慢节奏、少刺激、有内涵的旅游项目，火车这种慢节奏的交通工具，更适合老年游客的需求，团队中同行的人大都年纪相仿，车上有说有笑，游景点时也步伐一致，这种友好型的旅行方式更环保、更绿色。

2. 产品设计针对老年游客这一特殊群体，提供人性化服务，老年游不仅仅是单纯的休闲观光游，长寿养生卖点是吸引老年游市场的一大因素，到长寿地巴马也许可以收获一些养生之道。整条线路山水相依、洞水相连，自然环境优美，作为养生之地比较理想。从老年人心理需求来看，健康养生、寻求心灵宁静的特色产品，广受老年人的喜爱。

3. 产品的设计与经营过程中，明确了人性化服务的思想，服务在旅游行业中的重要性不言而喻。针对老年游客这一特殊群体，能否提供人性化服务，多为老年游客着想，对开拓和占领市场具有特殊的战略意义。该社考虑到旅途相对较长，为缓解老年游客的旅途劳累，给每位老年游客发放旅游装备航空气枕，让老年游客在接受优质服务后产生了满足感，并因而形成了营销学中著名的"口碑效应"，即游客以自己的亲身经历向四周的亲朋好友辐射这种满足感，为企业带来一个规模庞大的潜在消费市场。

(三)案例探讨

结合你身边的旅行社的产品设计和经营情况，简要讨论该社在老年旅游产品开发过程中存在的问题。假如你即将加盟该社，主管老年旅游市场的拓展，你将如何规划老年旅游产品的开发？试举例分析。

项目五　开拓市场"自驾游"

一、自驾游产品概述

(一)自驾游产品概念

随着人们生活水平的提高，家庭汽车保有量不断增加，汽车租赁业逐渐繁荣，在假期实行高速免收小型客车通行费的政策刺激下，自驾游数量逐年增加，外出旅游的旅游者根据自己的喜好，选择轿车和越野车为代步工具，自行选择旅游目的地和线路，安排旅游行程和线路，成为一种流行的趋势，旅行社行业认识到自驾游有着广阔的市场前景和发展空间，积极开拓自由行市场，向自驾游客人提供详尽、迅捷的信息服务。随着自驾车旅游市场的成长壮大，越来越多的自驾车旅游者从原先的潜在客源成为了旅行社的现实客源。

（二）自驾游产品的主要特点

1. 自主性

自驾游旅游者根据自己的爱好和需求选择自己喜好的方式，随意安排自己的线路、旅游目的地的停留时间，在选择目的地、参与程序和体验自由等方面有很大的自主性。

2. 短期性

区域性的自驾游更多是短期性的，因为我国执行双休日和传统节假日休息制度限制了自驾游的时间，旅游者选择2~3天出游更为普遍，长达2~3周的自驾车旅游如暑期家庭旅游活动也在逐步流行起来。

3. 多样性

自驾游旅游者消费习惯呈现出多样性，随旅游者收入、教育程度、年龄、地域性、旅游目的等因素的不同，提供的服务范围需要也不同。

4. 小团体性

小团体自驾旅游者除单独外出以外，以亲朋好友或家庭形式出游居多，小团体性表现极强。从心理学的角度来分析，旅游者的个人行为受所属群体的影响大，注重对出游家庭结构的了解，开发出能满足团体中的个体需求，又有特色的自驾车旅游路线，引导自驾车旅游的消费，从中获取新的盈利增长点。

5. 信息渠道多样化

自驾游旅游者获取信息途径是多渠道的，电视报刊和网络是目前获取自驾游信息最主要的途径，旅行社需要通过各种媒介向旅游者发布有效信息，建立完善的旅游信息咨询中心，这样便于为自驾游旅游者决策提供依据。

二、自驾游产品的设计思路

为更好地适应自驾游市场对旅行社产品的需求，旅行社产品设计人员必须多方面地分析自驾游旅游者的需求特征和旅行习惯，结合其旅游动机及其特定的心理、生理特点，进行旅游产品设计与开发。应当充分遵循下列思路：

（一）旅行社的经营观念需要转型

旅游者在自驾游中追求的是自主、自由，因而旅行社要从自驾游的灵活性、随意性、个性化等特点去创新，完善自己传统的业务，例如成立自己的自驾车旅游俱乐部，利用与酒店、景区等的合作关系为游客提供优惠服务。

（二）旅行社的产品设计要有特色

旅行社要在自驾游市场竞争中盈利，获取新的增长点，当务之急就是要开发有特色的自驾游路线，引导自驾游的消费，在旅游者消费的同时，提供全面及时的咨询服务，例如与汽车维修站、医疗服务、保险和救援组织合作提供意外事故的解决方案,与气象部门、交通部门、旅游目的地和酒店联合发布最新的自驾游动态,等等,这些都是从自驾游旅游者的需求角度出发设计的。

(三)旅行社的服务范围要拓宽

自驾游除了传统的服务内容外,还需考虑到旅游过程中座驾的保养维修问题,例如旅游者在旅行路上的汽车加油、事故救援、远途驾驶等咨询和保障服务。能否顺利实现旅游产品的价值,就需要旅行社设计人员努力拓展服务空间,增加新的针对汽车旅行、汽车消费乃至汽车文化的服务内容,投旅游者所好,从而引导自驾车旅游者的旅游活动。

(四)旅行社的服务项目要完善

自驾游产品的采购优势,在于为自驾车旅游者提供更为便捷和实惠的酒店、门票订购服务。提前把游客的行程安排好,住宿和门票都给游客最优惠的价格,甚至包括为其提供配备 GPS 卫星导航系统和对讲机等装备的导航车,带修车技工和医生。提供这些便捷服务项目,势必让旅行社在新的竞争中找到商机。

(五)自驾游的安全要保障

自驾游旅游者出游最先考虑的就是"高高兴兴出游、平平安安回家",安全是他们不得不考虑的因素,旅行社可以推出专门负责自驾车游客安全问题的自驾车出游保险服务,这些保险为投保人自驾车旅游解决后顾之忧,例如赔偿损坏丢失的行李,提供车辆救助费用,承担个人责任风险等,这些都能开拓市场的空间。

(六)网上的增值服务要开展

旅行社应建立自己的自驾车旅游电子商务网站或者板块,在传统的酒店预订、票据订购方面充分发挥旅行社集中采购的优势,为自驾车旅游者提供更为便捷和实惠的服务。提供相关的自驾车旅游信息,如路线推荐、交通概况、气象预报,加强其纽带作用,提供旅途汽车维修、加油、GPS 导航服务等项目。最终实现网上营销的特点:高效、低成本、无障碍销售,真正实现旅游信息提供的现代化。

三、产品设计实例分析与探讨

(一)实际案例

下面是广西桂林某旅行社设计的关于桂林四日自驾游的旅游产品。

[例4—5]

桂林自驾四日游

第1天:广州出发至桂林自驾游,抵达桂林后入住酒店,晚上自由漫步桂林城区夜景环城水系榕杉湖景区,观赏世界罕见的水中日月双塔,音乐林荫道、水晶桥、古南门等。

第2天：早上乘船游览桂林十大名山，免去登山之疲劳，尽享市内之精华，感受桂林城徽象鼻山、神奇传说的伏波山、江山汇景处叠彩山、斗鸡山、穿山、塔山、七星山等；参观刘三姐景观园，亲自体验广西壮、侗、苗、瑶的民俗风情；下午开车前往阳朔，沿途游览陶渊明笔下的"世外桃源"，晚上自由漫步古风和现代气息融合的西街。

第3天：早上至"遇龙河漂流"，聆听阿妹唱山歌，尽情享受在绿叶青山中越野的乐趣，后游览电影《刘三姐》中刘三姐和阿牛哥订终身的地方"大榕树、月亮山"；下午出发赴银子岩景区，一路可欣赏阳朔十里画廊，远离城市之喧嚣，欣赏世界溶洞奇观。

第4天：赴车前往兴坪码头，乘船游览漓江精华风光，20元人民币背景"黄布倒影"奇观，结束愉快旅程，驱车返回广州。

友情提示：
（1）自驾游住宿可根据需求预订，价格另议。
（2）除含漓江游船上的简单中式中餐外，全程其他用餐自理。
（3）含旅行社责任险。
（4）交通为客人自驾车。
（5）自驾车旅游线路独立安排导游，不安排购物点，完全由客人自行控制时间。
（6）自驾游在驾车出行前，一定要提前掌握路况信息。特别是在起雾的季节，更应提前询问路况，掌握准确信息，避免遇到高速公路封闭，道路行驶困难等情况，给自己增添不必要的麻烦。

（二）案例分析

1. 产品设计内容合理。旅行社在安排自驾游行程时，充分考虑了游客对自由的向往，行程张弛有度。宾馆的预订、行程的安排、景点的设计、时间的控制、等方面的设计让自驾游客人省心省力。因为自驾游的目的还是集中在"游"上，只不过它通过自驾的方式，因此"游"的部分还是很重要的。

2. 用餐自理彰显自由度。由客人根据自己的需求私人定制用餐，正是考虑到自驾游旅游者消费习惯呈现出多样性，彰显自由度的旅行安排会让游客对旅游产生新的体验。

3. 注重景区可进入性。自驾游旅游者通常自行驾车，这就对旅游线路设计的景区景点可进入性要求提出了一定的要求，可进入性包含景区的区位、交通因素、硬件设施及其人文环境，这也是自驾游旅游者满意度的基本要求。该产品所选择的景点都是开发历史悠久、可进入性非常高的知名景点，各方面的服务设施可以满足自驾车游客的出入停靠要求。

4. 丰富产品营销手段，例如采用彩信、短信、电子邮件等方式，介绍旅行社自驾游项目，还可考虑采用体验式营销，适当邀请自驾游旅游者参与新产品的设计，听取游客的建议，有针对性地修改，使产品更加完善。

（三）案例探讨

自驾游这种散客化旅游方式已成为长假旅游市场的热点。若你是某家旅行社市场策划部经理，谈谈你将如何启动助跑本社的自驾游市场？试举例分析。

项目六　创意市场"婚庆游"

一、婚庆游产品概述

（一）婚庆游产品概念

随着消费观念的改变和旅游参与意识的增强，婚庆旅游成为一个新兴的文化旅游产业。统计数据显示，我国每年新婚登记达1200万对，每年的婚庆产业产值超过12000亿元。其中，婚庆旅游市场的发展，又拉动了酒店、餐饮、婚纱、摄影等多达43个行业的发展，成为一座"甜蜜的金矿"。

婚庆旅游从狭义上讲就是单纯的以结婚旅游为主的产品，是一种文化旅游，其内涵是通过一系列有意义的旅游活动，在人们的心中留下永久而美好的回忆。从广义上讲，则包含交友旅游、蜜月旅游、婚礼旅游、婚姻纪念旅游等休闲、度假活动。

婚庆旅游主要有两种方式：一种是举行完结婚仪式之后再进行旅游，一种则是直接以旅游代替结婚或周年婚宴。不管是以哪种方式进行的，最终都将促进旅游消费的增长。

婚庆旅游产品具有普通旅游产品的一切特征，所不同的是结婚对游客个人是极其重要的一段经历并且具有唯一性，正是这种唯一性使游客对这一旅游产品的要求极高，并舍得消费，因而婚庆旅游市场前景广阔。

（二）婚庆游产品的主要特点

1. 浪漫性

作为婚庆旅游者，一定憧憬着浪漫温馨的旅行，希望在围绕婚庆旅行的策划、行程设计、住宿娱乐等各方面，多一些个性与惊喜。

2. 时间长

我国实行的节假日制度及其婚假制度的执行，使得婚庆游旅游产品与一般的观光休闲旅游相比，婚庆游的停留时间会更长一点，通常为3~7天，甚至长达十天半个月，以便充分享受浪漫旅程和二人世界。

3. 内容丰富

在旅游产品的设计过程中，可以设计一些共进情侣套餐、享受浪漫婚礼、购情侣信物、享受VIP服务等。针对不同年龄阶段的参加者设计不同的项目以供选择。年轻人喜欢刺激、挑战、另辟蹊径，可以设计诸如野外训练、攀岩、驾驶小船或汽艇、登山、潜水、享受海滩阳光等；老年人由于自身体力因素，不宜做剧烈运动，宜设计一些诸如品茗、夕阳漫步、垂钓、老电影、老歌欣赏、交谊舞，等等。

4. 纪念性

婚庆游旅游产品对结婚情侣来说至关重要，旅行社要在传统民族婚庆用品的样式的基础上，与旅游商品开发商联合开发出有特色、个性化的婚庆旅游纪念品，弥补专业婚庆旅游商品的空白。其中，最为关键的就是依据婚庆旅游者的不同需要，将分散的产品和服务通过旅游这一活动串起来，形成不同的组合以供选择。

5. 二次消费概率大

对旅游消费者来说，婚礼的举行具有十分重要的纪念意义，二人成家之后，每到周年纪念日，都可能有再次前往婚礼举行地的旅游冲动，二次消费的概率很大。

此外，婚庆游旅游产品还呈现出消费水平高、豪华和私人空间的特点。

二、婚庆游产品的设计思路

（一）关注消费群体

婚庆游旅游产品设计，必须细分其中的具体消费人群类型。不同市场中，不同消费人群的心理预期、消费水平、目的地选择标准及具体旅游产品需求各方面都会有一定的差别。这些差别构成了不同消费人群的需求框架。针对消费者的年龄层次，为相应人群量身设计细化产品。

（二）关注消费心理

婚庆游旅游产品实质是一种文化旅游，其重要性与唯一性使得游客要求极高，因而在产品设计中，注意旅游者的需求个性化、服务细致化，应增加体验性项目和逗留型景点，根据消费者心理重新组合吃住行游购娱，娱为主、游为辅、购为趣的设计思路。

（三）关注特色产品

旅行社要根据自身的优势开发不同的特色产品，打造不同的品牌，例如2012年三亚一些旅行社为婚庆游旅游者设计了沙滩婚礼、泳池婚礼、游艇婚礼、小岛婚礼、雨林婚礼等8套独具特色的旅行婚礼产品，形式新颖，市场反映热烈。

婚庆游还有两个新的亮点市场不可忽视，集体婚礼和纪念婚礼。随着人们生活水平的提高，纪念婚礼也越来越被人重视了，近几年不少儿女都希望帮操劳了一生的父母重温往日恋情，回顾一同走过的道路。

三、产品设计实例分析与探讨

（一）实际案例

海南是中国情侣最常选择的、最大众的蜜月度假地，海南某旅行社设计了一款情侣蜜月游产品。

[例4—6]

海南蜜月五日游

第1天：浪漫花环接机，初览南国风情，约定地点集合乘坐飞机到达三亚，由旅行社安排专人专车接至酒店休息。晚宿三亚湾五星标准蜜月大床房。

第2天：天下第一湾+非诚勿扰Ⅱ+海棠湾希尔顿酒店

早餐后前往"不是夏威夷，胜似夏威夷"的天下第一湾——亚龙湾海底世界，时间由客人的兴趣爱好自定。之后前往冯小刚执导，葛优、舒淇主演的《非诚勿扰Ⅱ》爱情大片拍摄地、海天仙境、热带天堂——亚龙湾热带天堂森林公园风景区，尽情欣赏海南独特的热带雨林景观，感受雨林深处的静谧和神奇，体会空中天道的震撼和新奇。晚宿海棠湾逸林希尔顿酒店蜜月大床房。

第3天：爱的见证。大海婚纱全天摄影，由专业化妆师、摄影师拍摄婚纱照或者尽享海棠湾的大海、沙滩、热带美景。提篓抓蟹，惬意闲适。晚宿海棠湾逸林希尔顿酒店蜜月大床房。

第4天：中国的马尔代夫——蜈支洲岛

游览充满热带风情、刺激而悠闲的世外小岛——蜈支洲岛。可选择潜水、半潜观光、海底观光潜水艇、海上摩托车、沙滩摩托车等自费项目，晚餐也可一试海南不可或缺的海鲜大餐。晚宿三亚湾五星标准蜜月大床房。

第5天：天涯海角

早餐后，前往国家5A级景点——天涯海角，观赏海景与热带雨林景观融为一体的自然景观，感受贬谪文化的沧桑，见证世纪爱情的殿堂，感悟人生的荣辱得失……时间根据送机时间安排。

（二）案例分析

本产品是一个标准的度假休闲型婚庆旅游产品。其设计内容与理念紧扣婚庆和度假休闲旅游产品的基本特征。

（1）产品有卖点：无论旅游者是新婚、银婚、金婚还是白金婚，只有爱过，才是一辈子最真的回忆！本线路设计充满热带风情的蜜月旅行。

(2)产品有亮点:两晚五星级酒店大床房,两晚海棠湾逸林希尔顿酒店蜜月大床房,唱响"山海天"的美丽爱情故事,独享私密空间。

(3)旅游者独家尊享:全程一对一贴心服务、全程小轿车、二人世界的私家海域、双人情侣自行车、浪漫花环接机、新婚蜜月房布置、蜜婚纱照。婚礼是旅游者人生的重要经历,如此独家尊享的服务能够满足旅游者被重视、被尊崇的心理。

(4)产品中的豪华赠送:香醇红酒一瓶、299元水晶之恋饰品、精美海南特产、靓丽情侣岛服、万达情侣电影票,尽可能的个性定制服务。这些赠送的服务更加突出了婚庆主题,使产品更具婚庆特色,也增强了旅行社的市场竞争力。

(三)案例探讨

假如你是某家旅行社的老总,正策划如何拓展婚庆游旅游市场的业务,你将如何把婚庆游旅游产品设计得有声有色?试举例分析。

项目七 健身市场"体育游"

一、体育游产品概述

(一)体育游产品概念

体育旅游在我国并不是新概念。早在1986年,中国国际体育旅游公司就挂牌成立,2001年,国家旅游局推出了"中国体育健身游"主题年活动,进入21世纪,随着旅游业和体育业的快速发展以及与国际接轨,体育旅游业得到我国政府更大的支持和国民更多的关注,进入了蓬勃发展阶段。

"体育旅游"的定义目前在国内学术界有多种。从狭义上讲,体育旅游是指参加体育活动或观看体育赛事为主要目的,前往异地旅游的行为。从广义上讲,体育旅游包括了各种带有体育项目的旅游活动,比如旅游者在旅游中所从事的身体娱乐、身体锻炼、体育竞赛、体育康复、体育文化交流以及体育设施场馆参观等各项活动。

体育旅游作为旅游产业和体育产业交叉渗透产生的一个新领域,在旅游市场中是很吸引人的,因为产品是在旅游中注入体育与健康的成分,人们在旅游中既可以观看风景又可以进行亲身参与体育锻炼,此举既可以丰富旅游产品的类型,又能弥补传统旅游中的不足。

旅行社推出的体育旅游产品包含的内容很丰富:运动休闲体验、康体度假、赛事观赏、体育节庆和民族民间民俗体育观摩等,近几年推出精品的旅游线路也比比皆是:如"冰雪运动体验之旅""名山大川登山徒步探险之旅""山野户外运动体验之旅""中国功夫研习之旅""传统体育养身之旅""大型赛事观战之旅"等。

(二)体育游产品的主要特点

1. 内容丰富,有一定的文化性

我国是一个国土辽阔、历史悠久、民族众多的国家,体育运动的类型多样,东北可以开展雪上运动,东、南部江滨海地区可以开展水上运动,新疆等地可开展沙漠探险运动,而为数众多的名山可开展攀岩运动。

运动的文化底蕴深厚,几乎每个地区都有独特的体育民俗活动,如内蒙古那达慕大会、湖北清江闯滩节、土家族摆手舞、龙舟赛等,这些民间体育活动蕴涵着浓厚的民俗文化,具有独特的魅力。

2. 观赏性与健身性

体育旅游中的大型体育赛事、体育文化活动、民族体育表演,使体育旅游者享受到体育运动独特魅力的同时,通过回归自然,陶冶身心,达到健身休闲的目的。

体育旅游让长期居住和工作在城市里的人们,参与到体育旅游活动,摆脱快节奏的工作节奏,达到既健身又悦心的双重功效。

3. 专业性与高品质性

一些技术性较强的体育旅游项目,如帆船、帆板、沙滩排球等,要求组织者和参与者具有较高的专业素质。旅游者通过参加体育旅游活动,可以感受其蕴含的高品质的体育文化内涵,丰富自身的旅游经历。

4. 惊险性与刺激性

体育旅游与普通旅游最大的区别就在于体育旅游活动一般都带有体验成功、探测未知、尝试惊险刺激等情感体验。如悬崖蹦极、黄河漂流、定向越野等都具有一定程度的惊险刺激感。

5. 教育性

在旅游过程中,旅游者会感受到当地的体育文化内涵、民族传统体育能满足游客的探索和求知欲,从而达到扩大视野、陶冶情操的目的;观看高水平的体育比赛,可以获得精神享受,放松身心。因而旅游者在旅游活动中能够达到寓教于游,完善自我。

6. 互动性

现代社会高度的劳动分工和高速的城市化进程,使人们之间的交往大大减缩,人际交往的形式也越来越简洁化、浓缩化。因此,人们迫切地需要利用休闲时间进行沟通和交往,体育旅游就成为人们实现这一目标的载体和手段。通过参加体育旅游,例如打高尔夫球、登山旅游、骑自行车旅游,可以与家人、亲友交流思想和感情,增进彼此间的了解。通过与同伴共同参与体育旅游,可以让人们体会到团队的分工与协作,促进人与人之间的接触与交往。

7. 季节性

体育旅游根据各体育运动项目的不同,季节性比较强。如滑雪运动应选择在冬季,水上运动应在夏季,而登山运动则选择在春秋季节为宜。如果时间选择不当,旅游效果就不会理想,甚至导致旅游失败。例如,如果冬季到海滨旅游,就无法长时间海浴,夏季里到滑雪场去旅游,所看到的只能是青山绿水,根本就无雪可滑。

另外,体育旅游的时间性选择还有另一层含义,就是在重大国内外比赛或运动会期间最为高潮。在旅游市场开发过程中,绝不能错过这一良机。时间一旦错过,市场会随之消失。

二、体育游产品的设计思路

(一) 对旅游线路的熟悉和把握

体育旅游的线路设计依托着自然资源、人文资源、民俗资源,设计人员务必熟悉这些资源特色,如滑雪、体育博物馆、龙舟竞赛等。一方面以体育资源为依托开发旅游产品,以体育活动带动旅游活动的开展;另一方面,利用体育赛事、节庆活动等吸引更多的参与者与观赏者。

(二) 对体育旅游项目技术的掌握

对于体育旅游产品设计人员而言,只有对体育旅游项目技术了如指掌,才能设计出高质量的线路和项目,保障体育旅游者的安全,例如体育旅游设施是否具备、旅游资源是否可进入等应该考虑到。

(三) 对体育旅游组织技巧的运用

体育旅游安全系数相对于其他旅游产品来说要低,自然条件和人为因素可控性差,所以要求设计人员对体育旅游组织要严谨,确保旅游消费者的安全。

(四) 产品的设计要突出个性化特色

我国是一个多民族的国家,各少数民族在历史发展过程中创造了富有民族特色和地方特色的民间体育竞技项目,如摔跤、划龙舟、踩高跷、骑跑驴、舞狮子、中华武术等,这些独具特色的体育项目给旅游者提供了广阔的选择空间,特别像太极拳,已经成为中外游客津津乐道的体育旅游项目。以传统文化搭台,体育旅游唱戏,将这种传统的民间体育竞技项目整合到中国深厚的传统民族文化旅游资源中,必将对异地文化的旅游者和国外游客产生巨大的吸引力。

三、产品设计实例分析与探讨

(一) 实际案例

北京奥运会结束之后,安庆市某旅行社抓住全民健身契机,推出了一款赴潜山户外拓展训练基地的三日游体育旅游产品。

[例4—7]

潜山拓展训练三日游

第1天：安庆接团，在安庆市区用餐后赴巨石山，游览巨石山和拓展训练基地。赴潜山县，宿潜山县城。

第2天：早餐后，车赴天龙关，参观天龙关景区，体验攀岩乐趣，游览《新天仙配》拍摄基地。宿潜山县城。

第3天：早赴天险河漂流，全程六公里，途中品农家菜，观十八景，欣赏黄梅戏。潜山送团。

（二）案例分析

1. 抓住"后奥运时代"契机，组合安庆境内的户外拓展健身相关景点，体验全国最大的户外拓展基地、安徽省第一家户外攀岩基地，品原汁原味农家菜，享受乡村生态漂流，将旅游观光与体育健身养性合二为一。

2. 改变当前的观光旅游，开发体验式体育旅游不失为旅行社探索新市场的一种有效途径，为旅游者在旅行活动中提供健身、娱乐、休闲、交际等各种服务，符合市场发展需求，有一定的吸引力，做到了"人无我有、人有我优"。

（三）案例探讨

结合你所在的城市体育旅游产品的经营情况，谈谈体育旅游策划和设计方面怎么做最好？试举例分析。

项目八 偶发机缘"事件游"

一、事件游产品概述

（一）事件游产品概念

"事件"一词由英文单词 event 翻译而来，事件旅游产品是近年来新出现的一个产品类型。有史以来，人类就用丰富多彩的方法来创造生活中的重要事件：从中国的春节和西方的圣诞节，从希腊的酒神狂饮到拉美大陆的狂欢，从盛大的巴黎时装展示会到非洲旷野摇滚歌会，从上海的F1超级车赛到博鳌的亚洲政治经济领袖峰会，从"神舟六号"载人飞船的发射到香港回归十周年庆典，更不用说万众瞩目的奥运会，其间产生了众多集会、典礼、仪式、庆祝、推广和交流活动。

这些事件有一个共同特点，那就是为数众多的人希望亲自参与或者了解、欣赏、见证这些事件，因而，事件是产生人流、物流、资金流、信息流的源头所在。旅行社通过设计合适的产品,组织公众参加活动、了解事件,从而在事件中觅得商机。

所谓事件游产品,是指旅行社以各种节日、庆典、大型会议或特殊事件为核心吸引力而设计的特殊旅游产品。

(二) 适合开发成旅游产品的事件类型

1. 体育赛事

体育本身是充满魅力的竞技活动,重大体育赛事云集众多国际体育明星,竞赛的观赏性、刺激性更是吸引了无数体育迷们为之呐喊、为之着魔。奥运会、世界杯足球赛、NBA、国际马拉松赛、F1超级汽车拉力赛、环法自行车大赛、超级拳王争霸赛等都是全球瞩目的体育盛会。

体育体现了生命之美,它将暴力与技巧、速度与优美、力量与精神同时展示到了极限。体育代表着一种理想化的奋斗模式。在同一个目标面前,每一个人都有着同等的机会和竞争的权利,是真正的实力、素质和品格的较量。体育带给人们视觉和精神的双重美好感受,因而具有强大的吸引力。

2. 娱乐事件

娱乐事件是最为大众喜闻乐见的形式。包括音乐会、化装舞会、电影、喜剧表演、魔术表演、特技展示,以及其他能给人们带来轻松与愉悦的事件。

娱乐事件以丰富多彩的形式,诙谐风趣的内容,新颖别致的主题,天马行空的想象,以及对世界或褒或贬的艺术再造,提高了人们的境界,抚慰了人们的心灵,带给人们欢乐与轻松。这些娱乐事件再塑的情感世界,与人们休戚与共,与生活息息相通,自然具有长久不衰的吸引价值。

3. 庆典

每当"庆典"这个词映入眼帘,人们脑海里会立即出现礼花飞舞的夜空、旌旗招展的会场和万众欢腾的仪式。通常,盛大的庆祝典礼和隆重的庆祝活动,具有一定的正式仪式,有重要人物出席,并举行一系列欢庆活动,如游行、焰火晚会、文艺演出、成果展览等,同时会进行相应的环境整治,渲染庆典气氛。大型庆典以其特殊的纪念意义、盛大的集会和欢庆活动对人们产生吸引作用。

除了大型庆典,民间还常常组织一些小型的庆祝活动,如某公司成立周年庆典、某班级同学毕业20周年聚会等。这些小型庆祝活动通常会在正式的仪式之后,委托旅行社安排一些旅游活动。

4. 节庆

随着人们物质和文化生活水平提高,节日在人们生活中扮演着越来越重要的角色,如中国传统的春节、端午节、中秋节、重阳节,西方的圣诞节、情人节、感恩节、父亲节、母亲节,少数民族的那达慕大会、三月三歌圩、泼水节、火把节,各宗教的特殊节日,如佛教中的佛诞节、成道节,道教所奉神仙的生日,伊斯兰教的开斋节、宰牲节等。在节日到来之际，各地举行一系列活动欢庆佳节，如苏州寒山寺除夕听钟、端午节的龙舟竞渡、宗教场所举行宗教仪式等，从而形成了对旅游者产生巨大吸引力的旅游项目。

此外，各地为开发旅游产品，推广旅游目的地的形象，定期举办各种旅游节庆，如山东潍坊风筝节、四川自贡恐龙灯会、河北吴桥杂技节、江西龙虎山道教活动周等，都已形成了一定的品牌，成为旅游者的节日。

5. 重大、特殊事件

某些对国计民生产生重大影响的事件，如三峡大坝合龙、青藏铁路全线通车、"嫦娥三号"登月探测器发射等，其对社会政治、经济发展的重要意义和历史价值使人们产生强大的吸引力，人们希望能够亲临现场，见证这珍贵的历史时刻的到来。

另外，一些自然现象，如彗星回归、日食、月食、流星雨、藏羚羊生殖季节迁徙、中华鲟的洄游、东非野生动物大迁徙等，以及火山爆发、地震及海啸遗迹、前文中提到的南极冰山漂流到新西兰等偶然事件，吸引了无数自然爱好者、摄影爱好者、科学探索者前往最佳地点观测、研究。

（三）事件游产品的主要特点

1. 内容广泛

事件旅游产品的范围非常广泛，如体育赛事、娱乐活动、庆典、节庆、重大特殊事件等，凡是能够对旅游者产生吸引作用的事件都可以开发成旅游产品。事件本身是由人创造出来的，因此，旅行社还可以根据消费者的需求制造事件，从而达到吸引、招徕游客的目的。正因为事件的内容很广泛，所以事件很可能湮没在众多平常现象当中，旅行社需要充分了解市场需求，把握时代脉搏，并且要具有一定的文化阐释能力，在平常现象中发现事件，挖掘事件，制造事件，设计事件旅游产品。

2. 主题鲜明

每个事件都有特殊而鲜明的主题，吸引特定的人群。喜欢看奥运会比赛的人不一定喜欢看拳王争霸赛，对时装周感兴趣的人不一定非要去看非洲摇滚演唱会，刘欢的歌迷不一定会花钱为刘德华捧场，天文现象爱好者不一定对冰山漂移感到好奇。当然有些事件的受众较为广泛，比如体育赛事、娱乐事件、大型庆典等，而有些事件只对小部分当事者才具有吸引力，如班级同学聚会等。主题鲜明一方面是事件旅游产品的优势，对某些受众产生十分强烈的吸引；另一方面也是其劣势所在，对某些不喜欢这个主题的受众来说，这个产品毫无价值。

3. 时间短暂

事件旅游产品围绕某一中心事件而展开，事件的发生有时间性，有的是一次性完成，如三峡大坝合龙、载人飞船发射、香港回归十周年庆典等，有的是定期或不定期地在某个时间段内进行，如各种节庆活动、世博会、花博会等，或者是突然发生的,如冰山漂流、火山爆发等。随着事件完成,旅游产品的生命周期也宣告结束。

4.过程复杂

事件发生的时间较为短暂。事件发生时,旅行社要及时组织大量人流前往发生地,在当地的住宿、餐饮、交通系统面临巨大压力的情况下,要让旅游者吃好、住好、游好,是非常困难的。事件一旦结束,旅行社又要尽快疏散人流,确保旅游者能够迅速、安全离开。这是一个十分复杂的系统工程,对旅行社的组织接待能力是严峻的考验。旅行社如果组织不当,轻者可能引发旅游者的不满和投诉,严重的可能危及旅游者的人身安全。

二、事件游产品的设计思路

(一)制造概念,勇于创新

"新闻总会发生,视角各有不同",这句新闻节目的广告语应用在事件旅游产品设计中十分贴切。在现实社会中,每天、每个角落都可能发生形形色色的事件,要在纷繁复杂的事件中寻觅商机,旅行社产品设计人员必须具备制造概念的能力,要用敏锐的头脑、独特的视角和快速的反应,从事件中提取对消费者有吸引力的因素,创造性地设计产品。普通的现象如果策划得当,可以变成具有轰动效应的事件。比如,城市动物园对城市居民来说,几乎不能成为旅游目的地,人们即使要去,也不会通过旅行社组织,自己就可以乘坐公交车前往。但当旅行社策划出一个"关爱动物、为珍稀动物献爱心"的公益活动,并且提供捐助渠道及相应的交通、餐饮服务,这个活动就可以设计成为一个事件旅游产品。因此,在事件旅游产品中,独特的概念和创意是产品设计的灵魂。

(二)注重包装,密集推广

由于事件发生具有时间性,旅行社要在极短的时间内抓住机会,设计并销售产品,因而产品的包装非常重要。产品的名称和主题必须使用煽情、具有冲击力的语言,快速点燃游客心中的激情和渴望,迅速加入到旅游团队中。同时要采用密集推广方式,尽可能在较短时间内让众多潜在游客知晓产品内容,产生旅游动机和旅游行动。

(三)一个主题,多个卖点

每个事件都有鲜明的主题,这既是事件旅游产品的优势,同时也是事件旅游产品的劣势。正因为事件的独特性,使之产生巨大的吸引力,但如果整个旅游活动只有一个主题,过于强调其独特性,又会使产品显得单调,内容不够丰富。求新、求异、求变是人们进行旅游活动的主要目的之一,人们希望在旅游活动中进行多方面的尝试,获得多种体验。即使有了一个很好的创意,如果不能够充分满足旅游者其他方面的心理需求,仍然不能算是一个成功的旅游产品。因此,在设计事件旅游产品时,设计人员要围绕事件主题,附带安排一些其他具有亮点的旅游景区或活动项目,形成一个主题,多个卖点,从而使产品内容丰富多彩,使游客感到旅游价值获得了提升,物超所值。

(四)周密组织,确保安全

事件旅游产品具有很强的时间性,而且事件本身有发生、发展、高潮、尾声等几个阶段,旅游者通常希望能在最高潮的时候亲临事件现场,因此旅行社在开发事件旅游产品时必须考虑时间安排。由于事件发生地可能在很短时间内聚集大量人群,旅行社在组织旅游活动时的首要问题就是要确保旅游者的安全,防止发生游客走失、财物被盗、食物中毒、交通意外等不安全事故;其次,大量人群在短时间内涌入,对事件发生地的接待设施也是一个巨大的考验,旅行社必须未雨绸缪,事先确定宾馆客房数量、餐饮地点,预订往返交通票据,准备好旅游车等,以便游客能够及时到达,迅速离开。另外,旅行社还要处理好内部人员调配,确保事件发生、旅游者出游高峰时有足够的、富有经验的导游接待服务人员,一旦事件结束又能够使这些富余人员得到妥善安置,从而使整个工作团队保持昂扬的工作状态,为游客提供满意的服务。

三、产品设计实例分析与探讨

(一)实际案例

[例4—8]

"神舟五号"载人航天飞船发射现场观摩之旅

2003年10月15日,"神舟五号"载人航天飞船成功发射。这是中华民族历史上具有非凡意义的一天,也是全世界关注中国的一天。几乎所有人出乎意料地发现,天津市黄土地旅行社组织了50人的旅游团出现在酒泉卫星发射基地现场,并荣幸地目睹了"神舟五号"发射的全过程。这50人是一个"特别荣誉观摩团",团员由天津新闻媒体报道过的社会新闻人物组成,这其中包括天津市120急救中心接线员吴涛、屡建奇功的天津红桥分局南头窑派出所优秀民警王书臣等。此外,天津一些新闻媒体记者也随同该团进入发射现场进行采访报道。除了现场观摩我国历史上载人飞船第一次发射的机会,团员们还参观游览了世界文化遗产——敦煌莫高窟、沙漠奇观——月牙泉、长城西部起点——嘉峪关长城等著名文化景观,并体验了西部独特而神秘的民族风情。

(二)案例分析

1. 产品策划创意的背景和意义

中华民族是最早产生飞天梦想的伟大民族,嫦娥奔月的神话故事家喻户晓,敦煌壁画上的飞天艺术形象美妙绝伦。中国明朝的士大夫万户,在人类历史上第一个用火箭进行升空飞行试验,为人类探索太空献出了宝贵生命。但到了近、现代,中国的航空航天科技却落后了,中国的宇航员何时能够飞入太空,中国龙何时才能腾飞九天?

"神舟五号"的发射成功,标志着中国人的太空时代开始,这是一个国家的光荣与梦想。黄土地旅行社产品策划人敏锐地预测到,在今后数年时间里,国人对航空航天事业的关注度会大大提高,人们会怀着极其好奇的心理,想到航天城里去参观,目睹"神舟五号"甚至"神舟六号"等,洞悉飞船升空的秘密,了解更多的航空航天知识,满足内心深处蕴藏已久的对太空的渴望。在西方,早已经有人花费巨资乘坐飞船到太空遨游。在中国,在不久的将来,这些也都会成为现实。对旅游行业,这里面将会孕育无限商机。

这正是该旅行社产品设计的思想基础。但是中国"神舟五号"载人航天飞船首次发射系国家重大的科技和军事行动,无论是发射地的安全警戒还是新闻发布等诸多方面都在国家专控的特别保护状态下。按照人们的习惯性思维,只能从媒体中去感受和了解这一历史时刻,普通游客绝对不可能也没有资格到现场去目睹飞船发射升空那一瞬间的壮观景象,成为这一历史时刻的见证人。一个旅行社如何能够把握住我国历史上载人飞船第一次发射的机会,让普通游客能到现场亲历"神舟五号"发射这一重大历史时刻?

2. 产品实施的分析及操作

(1)反复调研,多方磋商,确定产品的合法性。"神舟五号"发射现场不同于常规的旅游目的地,是军事禁区,怎么能在合法的前提下实施项目,是该产品设计第一个也是最关键和难度最大的问题。旅行社经过反复分析和多方面的调研论证,决定通过当地政府的旅游主管部门与地方驻军疏通关系,并以此作为安全责任担保。几经周折,酒泉市旅游局与卫星发射基地进行了多轮谈判和磋商,并向有关部门阐明,国人能够亲历"神舟五号"的发射是一件意义非凡的事情。我国航空航天事业经过20年飞速发展,在如此短暂的时间里完成了这一壮举,这是我们伟大祖国的荣耀,是每一个中国人的骄傲,标志着中国人民在攀登世界科技高峰的征程上又迈出了具有重大历史意义的一步,如果能让普通国民前往酒泉卫星发射中心去亲身体验这种感受,会极大地激发每一个中国人的爱国情怀。功夫不负有心人,终于,旅行社得到了答复,特许他们组织50人,在一些附加条件的前提下,到现场近距离观看"神舟五号"升空实况。

(2)一个主题,多个卖点,精心设计旅游行程。"相约'神舟五号'发射现场"作为一个旅游产品设计来讲,如果仅仅是观看"神舟五号"升空实况,行程和内容就显得单一和单薄,还应该有其他附加价值的旅游目的地才能吸引目标客户更大的出游兴趣。在具体行程设计中,旅行社把世界文化遗产——敦煌莫高窟、沙漠奇观——月牙泉、长城西部起点——嘉峪关长城等著名文化景观以及西部独特而神秘的民族风情一并融入进去,使整个行程变得丰富、饱满、有感召力,形成了一个主题、多个卖点的产品结构。

旅行社产品设计人员还打造出一个新的概念——古老的飞天梦想在这里实现。酒泉是古代飞天的故乡,闻名于世的飞天仙女从敦煌莫高窟飞出,古代的人们用丰富的想象、优美的壁画表达着他们心中的飞天梦想。而在距离敦煌莫高窟仅几百千米的地方矗立着亚洲最大的卫星发射中心——东风航天城,向人们诠释着中国现代高科技的辉煌成就,中国人自古以来的飞天梦就将在这里真正实现!这种历史和地域的巧合,为这次活动增加了一丝神秘的色彩,使得行程内容显得非同一般,游客们将在短暂的时间和有限的空间里,感受到历史的沧桑和现代科技的神奇,也将产品的设计主旨用千年历史的时空穿梭贯穿为一体。

(3) 准确定位,整合资源,多方借势实现共赢。如何将策划出来的产品转化为商品,即是否能够招徕游客也是检验这个产品成败的关键。经过反复的分析,旅行社将目标客户定位在需要体现特殊价值观的人群。

"中国'神舟五号'载人航天飞船首次发射"这个前所未有的重大事件旅游产品由于其"第一次"的特殊意义,决定了它是一项极高端的旅游产品,它对客户的要求也很高。首先,要有"闲",在10月8日刚刚结束的"十一黄金周"之后仍要有出行的时间,这是绝大多数人都无法解决的问题;其次是要有"钱",就是要有购买能力的人,因为西部旅游还处在开发的初期,各项成本没有形成批量市场化,价格居高不下,这次出行平均每名游客需要近3000元的团费;最后就是要有对航天事业强烈的爱好和兴趣。市场是由消费主体、消费意愿和购买能力三个要素构成的。所以这项活动的目标人群必须定位在有钱、有闲、有体现价值意愿的人群。而且,这项活动必须成功不能失败,一定要做到万无一失。那么,这50名游客从哪里招徕呢?这项活动的地点是一个被高等级戒备的禁区,活动本身还牵涉到一些军事上较为敏感的问题,通过旅行社惯用的市场销售方法,对公众公开售票显然是不符合国家安全规定的,并且也不能达到万无一失的要求。

在深入研究了这个事件旅游产品的特性之后,旅行社将目标人群定位在由天津新闻媒体报道过的社会新闻人物上。这些人,无论从自身约束力上,还是从其本人、社会、新闻媒体需要的再度提升价值和荣誉感上都是"特别荣誉观摩团"的最佳人选。这样,参团人员可以列为公假,解决了刚过"黄金周"后的出行时间问题。通过精心策划,一个"特别荣誉观摩团"终于诞生了,这其中包括天津市120急救中心接线员吴涛、屡建奇功的天津红桥分局南头窑派出所优秀民警王书臣等,让这些在平凡岗位上做出过不平凡事迹的普通人,代表天津市民亲临"神舟五号"载人航天飞船发射现场,为祖国加油!此外,针对发射现场不接待地方新闻媒体的规定,天津一些新闻媒体记者也随同该团进入发射现场进行采访报道。由于这些参加人员特殊的身份,整个活动引起了各界尤其是媒体的广泛关注,不同的媒体从各个角度对活动进行了大量的报道。

在产品价格策略上,由于这个产品在市场上本身具备了唯一性,在价格策略上也就形成了壁垒,不表现出同质化的竞争概念,所以价格制定的唯一原则就是保障全程最佳的服务质量。另外,像这样重大的历史性事件,对于任何一个企业而言,也同样是千载难逢的展示自己企业形象的机会。于是,旅行社再次整合社会资源。天津一家建设开发公司全额赞助了这次活动,也由此在天津市场上树立了良好的企业公众形象,提高了美誉度。

产品的成功,不仅让旅行社树立了良好的市场口碑,获得了利益,而且所有参与这个旅游活动的各个方面——旅游者、酒泉卫星发射中心、酒泉市旅游局、天津赞助企业、天津媒体都从中获益。

(三)案例探讨

(1)你认为这个案例的成功之处在哪里?

(2)旅行社在组织这样的旅游活动过程中还应注意哪些问题?

关键词汇

观光游产品　休闲游产品　商务游产品　老年游产品　自驾游产品　婚庆游产品　体育游产品　事件游产品

思考与练习

一、填空题

1.商务旅游市场的一个突出特点是:_____采购、_____消费。

2.婚庆旅游产品的_____使游客对这一旅游产品的要求极高,因而婚庆旅游市场前景广阔。

3.我国的商务旅游市场已从传统的一般商务旅游、政务旅游、学术旅游和特殊旅游扩大到现代的_____、_____等领域。

二、单项选择题

1.下列属于自驾游产品特点的是(　　)

A.在选择目的地、参与程序和体验自由等方面有很小的自主性

B.区域性的自驾游更多是长期性的

C.自驾游旅游者消费习惯呈现出单一性

D. 自驾游旅游者获取信息渠道多样化

2. 下列属于老年旅游产品特点的是（　　）

A. 消费不需要经济实惠

B. 出游方式喜欢独行

C. 更加注重情感及文化因素

D. 出游频率高

三、多项选择题

1. 观光游旅游产品的主要特点是（　　）

A. 旅游者逗留的时间短　　B. 旅游者重游率低　　C. 旅游者的构成大众化

D. 产品的季节性强　　E. 产品主动参与性弱

2. 下列说法正确的有（　　）

A. 休闲游产品往往旅游者复游率低

B. 婚庆游产品时间设计越短越好

C. 体育旅游安全系数相对于其他旅游产品来说要低，自然条件和人为因素可控性差

D. 自驾游旅游者获取信息渠道多样化

E. 休闲度假旅游产品的创新，需要考虑市场的关注度和效益

四、判断题

1. 对于体育旅游产品设计人员而言，只有对体育旅游项目技术了如指掌，才能设计出高质量的线路和项目。（　　）

2. 购买度假休闲旅游产品的旅游者消费水平相对较低。（　　）

3. 事件游产品生命周期短暂，过程简单。（　　）

五、简答题

1. 规划度假休闲旅游产品应该注意什么？

2. 如何开发商务旅游产品？

3. 自驾游产品的主要特点？

4. 体育游产品的主要特点？

六、案例分析

电影《非诚勿扰Ⅰ》使得北海道及西溪湿地的旅游收益暴增，紧接着的《非诚勿扰Ⅱ》更是不甘示弱，影片刚刚上映，就已经助推北京和三亚的旅游登上了被关注的风口浪尖。

各家旅行社充分认识到：影片提升旅游地关注度，在设计旅游线路时，把《非诚勿扰Ⅱ》的外景地都考虑了进去，利用《非诚勿扰Ⅱ》里面出现过的亚龙湾人间天堂、鸟巢度假村以及北京长城求婚场景，为两地设计旅游线路，让热门旅游目的地

的北京及三亚的关注度更上一层楼,成为2011年婚庆游的主打牌。

北京观光休闲旅游线路已经很成熟,旅行社仅借助《非诚勿扰Ⅱ》的预告片,设计出多种北京市场的"非"线路供选择,除在影片中出现过的北京慕田峪长城外,北京南锣鼓巷、潭柘寺、紫竹院公园以及"798"艺术区都在其中,成功打造了当时流行的"北京旅游名片"。

在此案例中,旅行社设计的旅游产品从"跟着电影去旅游,让你也做一回银幕主角"的创新出发,给我们的启示是什么?设想一下,如果你是旅行社旅游线路设计负责人,还有哪些创新点去开拓旅游市场?

模块五　旅行社产品采购

模块导读

随着市场经济的发展,旅游者需求日趋主题化、个性化、多样化,旅行社之间竞争日益激烈,旅行社如果还是采用传统的采购模式,很难应对旅游市场竞争的严峻考验。迅速响应旅游者的需求,提升旅行社的采购能力,把相关的旅游产品和旅游服务以最佳的方式组合在一起,对于旅行社来说极其重要,也直接影响到企业经营的成败。

采购是企业的利润来源。旅游服务采购成本直接关系着旅行社的盈利状况,做好采购工作,才能更好地为顾客提供服务,才能更好地做好旅行社的管理工作。

项目一　初识旅行社产品采购

随着市场经济的发展,旅游企业之间竞争日益激烈,旅行社的产品采购已经由单一的商品买卖发展成为一种职能,虽说采购工作不直接向客人提供服务,但其工作的好坏将直接影响到旅行社向客人提供服务的质量。因此,旅行社产品采购是企业成本控制的一个重要环节,做好旅行社采购工作的管理十分重要。

一、旅行社产品采购的实质

对于旅行社来说,要想做好采购管理,首先必须明确旅行社产品采购的实质。旅行社产品不同于一般的工业产品,它是旅行社为满足旅游者在旅游活动过程中的各种需要所提供的有偿服务。旅行社作为旅游经营者,通过旅游中间商向旅游者(或直接向旅游者)出售的综合包价旅游产品,大部分是由其他旅游服务企业或相关部门供应的,也就是说,旅行社通过向其他旅游服务企业或相关部门采购交通、食宿、游览、娱乐等单项服务产品,经过组合加工再进行销售。

正是因为旅行社在其中更多地属于一种中介性质,并不直接经营旅游活动中的交通、食宿、游览、娱乐等服务项目,采购旅游服务也就成为旅行社经营活动的一个重要方面。旅游服务采购是旅行社通过合同或协议形式,以一定价格向其他旅游服务企业及相关部门定购的行为,以保证旅行社向旅游者提供所需的旅游产品。

对于旅行社产品采购的实质,我们还可以从另一个角度去理解:现如今的旅游市场,旅行社向旅游者提供的不只是单项的住宿、餐饮或机车,而是包含了旅游用车、宾馆住宿、酒店用餐、导游服务和购物娱乐等在内的一条龙服务,而我国现有绝大多数旅行社企业资产规模、经营规模和抗风险能力没有达到所谓"强社"、"大社"的标准,一般规模的旅行社根本无法直接投资经营旅游宾馆、旅游酒店、旅游商场、旅游车队、导游、旅游景区景点和旅游娱乐休闲场所等各项服务项目,由此产生了旅行社对各项旅游服务产品的采购行为。旅行社购买的服务项目是构成旅行社产品的必要组成部分。

[例 5—1]

旅行社跨区域采购应对赴台自由行

随着"非广州户籍人士可在穗申请赴台个人游"消息的尘埃落定,不少旅行社预计,此举将直接刺激非广州户籍人群的出游热情,赴台个人游人数将有望带来两三成增长,尤其是在非广州户籍的这些消费群体当中,不乏在广州就业的中产白领,他们拥有一定的经济实力,喜欢自由行。

台湾地区自由行增长速度快,旅行社需要推出大量自由行产品去满足市场,但是光依靠广州本地的运力资源以及台湾地接社接待,不足以应对。为此,借香港航空公司以及台湾酒店进入淡季之机,南湖国旅已经着手直接跨区域采购,一来丰富台湾地区游线路产品,二来直接获得优惠的价格,降低成本。

广州直飞台湾的航班班次疏,目的地少,而香港地区有台北、高雄、台南等多个航班可以选择,每天从早上 7 时到晚上 11 时,有超过 30 个发往台湾各地的航班,机位资源充足,方便旅行社大量采购来降低成本,同时也更方便游客自由搭配行程。酒店方面,旅行社跨区直接在台湾采购酒店资源,目前南湖国旅和国际五星级喜来登酒店、当地的台北新庄翰品酒店、日月潭云品温泉酒店等都有合作。

(资料来源:新快报 2013.10)

二、旅行社产品采购的原则

(一)供给保证原则

旅行社产品是一项综合性产品,它主要由采购自其他企业的旅游服务项目构成。如果采购不能保证供给,就会影响旅行社的经营工作。因而它是旅行社产品采购的首要原则。

旅游供给不可累加性及环境容量的限制,决定了旅游供给在一定的时间和空间条件下,其供给量必然受到旅游供给的制约。例如,在我国的一些公众休假日里,大量的游客集中出游,因为采购失误而发生游客无饭可吃、无店可住、无车可坐、无导可带等情况时而发生,导致旅游接待地的各项旅游接待服务设施常常处于供不应求的紧张状态,在这种压力之下,旅行社在任何一个环节出现纰漏,都将导致客人的投诉,并进而影响旅行社的声誉。

因此,在旅游产品与服务采购过程中,旅行社在制定采购订单时,必须以合同的形式向产品与服务的提供方明确产品的内容和范围,规定其数量和质量,以确保旅行社和游客的利益,从而尽量避免游客投诉的情况发生。

我国旅游业发展起步较晚,各项旅游接待设施尚不够完善,客户群体消费意识亦不够成熟,旅行社如能按质按量保证各种旅游服务和产品的供应,不仅能够在与同行的竞争中获得更多的旅游团队和旅游散客,而且能给旅行社带来更多的经济收益,并为旅行社树立良好的品牌信誉和社会影响力。

(二) 质量保证原则

旅行社在采购各项目旅游服务时,不仅要保证需求量的满足,还要保证其购买的旅游服务具备理想的质量。在旅游产品采购过程中,旅游产品质量对采购的有效性也起到至关重要的作用。质量是旅游产品的生命,更是核心竞争力,高质量的旅游产品能有效地提高旅游者人数。例如同样是游乐场,大家更乐意去迪斯尼,就是这个道理。高质量的旅游产品才受欢迎,因而质量保证也是旅行社产品采购的重要原则。

(三) 成本领先原则

旅行社不能做到低成本的采购,即实现成本领先的原则,就会大大降低旅行社的竞争力。成本领先原则,是指旅行社在产品生产过程中,在保证旅行社产品质量的前提下,尽量压缩不必要的生产开支,提高企业的生产效益。成本领先原则是旅行社产品采购的主要目标。采购部门应该有能力制定更加符合旅行社实际生产需要的、更为经济的采购方案,并拥有更多的可备选择的旅游产品供应商。

旅游产品的价格,构成了旅游者的旅游成本,对旅游者的需求会产生很大的影响。成本领先实质上在产品价格上就占据一定的优势,即在既定条件相同的情况下(如旅游线路景点安排、旅游饭店星级标准、旅游用餐标准、旅游导游服务标准、旅游保险等),哪家旅行社的报价相对较低,客户往往就选择哪家旅行社。基于我国目前客户群体这一消费特点,我们可以看到直接决定旅游报价的关键性因素——采购价格在旅游销售中的重要地位。如果旅行社能够采购到质优价廉的旅游产品和服务,同时采购价格低于竞争对手,那么就可以争取到更多的客户,开拓更大的市场,反之则会丢失大量的客源。

(四)互惠互利原则

互惠互利原则,是指旅行社在旅游产品与服务采购过程中,既考虑企业自身的采购成本,又顾及供应商的经济利益,让买卖双方在均能获得理想的经济利益前提下,真正地做到一个愿买,一个愿卖,也就是双方互惠互利。采购双方互惠互利的共赢理念是必不可少的。对于一些优秀旅游企业来说,建立起供应商评估和激励机制,意在与供应商建立长期的合作关系,奠定双方共赢的基础。

旅行社的产品是组合型产品,它的生产完全依靠其他相关的单项旅游产品与服务。旅行社要优化这些单项产品,必须从单项产品的提供者处获得所有权或使用权。单项旅游产品的提供者也是一个理性的经济人或经济组织,追求利润的最大化也是其生产经营的主要目标。所以旅行社与这些单项产品提供商的关系,不应该是一方受益而另一方受损的"零和博弈",而应该是彼此利益均享的合作关系。此外,旅行社产品的质量在很大程度上取决于单项产品的供应质量,旅行社不能一味地追求降低成本,因为他们的成本降低必然要压低单项产品的供应价格,进而影响单项产品生产者的利益。市场经济规律中的"一分价钱一分货"规律必然使单项产品生产者向旅行社提供质差价廉的产品与服务,从而影响旅行社的产品质量,影响旅行社的经济效益和社会效益。可以说,最终损失最大的还是旅行社。因此,基于企业经济效益和社会效益的长期发展考虑,旅行社必须从战略高度出发,高瞻远瞩,切实加强同相关企业和部门的精诚合作,实现双方共赢的生产目标。

(五)前瞻性原则

前瞻性原则,又称为预见性原则,是指旅行社能够充分评估旅游市场的发展前景,对各种可能出现的风险做好必要的防范准备。能否做到预见,是应对市场危机的一个重要保证。在市场经济条件下,各项产品包括旅游产品的价格都不是一成不变的,它们会随着市场的变化,如供求关系、通货膨胀等的变化而发生波动,这就要求旅行社的采购人员要有一定的预见性或对特定时期内的价格具有一定的敏感度,从而保证成本的相对稳定。另外,旅游者的出游行为都在旅行社报价之后,若由于采购方面的失误导致旅行社在向客户报价之后价格涨幅过大,要么是旅行社失去客源,要么是旅行社自己承担损失,无论如何这都将给旅行社带来一定的困难和消极影响。例如,某公司打算邀请其业务合作伙伴共 20 人于 1 月 25 日前往泰国旅游,经过与多家旅行社接触比较,某旅行社销售人员在与采购人员再三确认后,最终以较低价与该公司签订了一份旅游合同,约定报价为 2460 元/人。但由于采购部门的失误没有预先考虑到旺季涨价因素,在游客出行前两周,由于春节将至,该旅行社接到泰国机票涨价通知,每人需要增加费用 200 元。销售人员前往该公司解释并提出增加团费,但客人以合同为依据予以拒绝,导致旅行社经济受到损失。

三、旅行社采购管理的工作标准

(一) 制订审核采购计划

旅行社采购部根据本社的战略发展规划,向各部门收集以往年度和各服务提供商的合作情况,包括交通部门、酒店宾馆、娱乐场所、旅游景点等,将这些收集来的数据汇总,根据本社当年业务经营计划中的相关内容编制采购计划。

(二) 选择服务合作单位

旅行社采购部根据年度采购计划开展工作,例如根据新的旅游市场路线寻找并联系相应的采购对象,并根据收集来的采购对象信息进行评估,必要的时候还需要前往实地进行考察洽谈,选择尽可能多的合作对象进行比较。

(三) 签订合作协议

采购部人员把收集的相关资料汇总整理后交由旅行社相关领导进行审批,再根据上级领导的意见及合作双方洽谈的结果,与服务合作单位签订协议。

(四) 合作协议备案

采购人员对合作协议及服务合作单位的相关信息,如联系人、联系方式、基本情况等进行整理,汇总成文后发送给外联部、计调部等相关部门后,设计相关业务表单,如《用房订单》《用车订单》等,与相关部门协商后明确使用方法,从而开展业务合作。

项目二 旅行社产品采购过程

旅行社进行采购,首先要弄清消费者究竟需要什么、需要多少、什么时候需要的问题,从而明确应当采购什么、采购多少、什么时候采购以及怎样采购的问题,得到一份确实可靠、科学合理的采购任务清单。旅游包括旅行和游览两个方面的内容,旅行往往仅是手段,游览才是真正目的。为使旅游者实现其消费的基本目的,作为最终旅游产品的提供者,旅行社必须把旅游过程中的各个环节完美地衔接起来。

一、产品采购前的市场调查

所谓"萝卜白菜各有所爱",现今旅游市场的竞争十分激烈,消费者在选择产品或服务时,关注的因素越来越多,选择旅行社的标准也愈来愈严格,旅行社也不能面面俱到,百分之百地做到十全十美,所谓"有的放矢、对症下药",因而高效的市场调查是做好采购的前提条件。

(一)对旅游需求的相关调查

随着我国人民群众物质生活的日益丰富、消费观念的改变,旅游越来越成为人们健康消费的一种理念、一种时尚。旅游者对旅游产品从单一性要求转向多样性要求。例如我国目前已进入老龄化社会,在和谐社会倡导下,体现对老年人"人文关怀"的疗养、休养、夕阳红等产品丰富起来;湿地公园、森林氧吧、休闲山庄等融合健康元素的产品受到热捧;迎合年轻人消费理念的体育型、探险型、刺激性产品受到前卫青年群体的青睐;消费者在旅游单项服务的项目数量剧增;复合型旅游产品有广阔的市场前景。这些旅游需求采购人员务必要了解,运用科学方法不定期地做市场调查,才能搜集整理准确的旅游信息,并反馈给食、住、行、游、购、娱等旅游产品供应商,从而为采购项目提供正确的资料。

(二)对旅游供应商的相关调查

旅行社的供应商是为旅行社生产旅游产品提供必要生产要素的企业,在旅游供应链上位于旅行社的上游,包括饭店、交通部门、景点、娱乐、购物等满足旅游者在旅游过程中所有需求的企业,旅行社对于旅游产品各要素质量的控制远超其本身力所能及的范围,产品中任何一个环节出现差错都会影响整个旅游产品。要使旅游产品质量得以保证,仅靠旅行社一方努力是不够的。旅行社作为组织者,要承担起协调各供应商关系的任务,与供应商密切合作,共同开发旅游产品。以旅行社产品开发为核心的旅游供应商的合作,能够提高旅行社及其供应商的核心竞争能力,对旅游市场中游客的个性化需求快速反应,并提高旅游产品整体服务质量。因而旅行社采购部还需运用科学方法不定期地对旅游供应商进行审核调查,确保供应的服务优质。

二、确定旅行社产品采购项目

(一)旅游餐饮服务的采购

餐饮属于旅游者基本旅游活动之一,是旅游供给必不可少的部分,也是旅游接待工作中极为敏感的一个因素。随着旅游消费观念的不断进步,旅游者对用餐的要求从"有的吃、吃得饱"到"吃得好、吃得营养"逐步升级,大多数游客把在旅游中的用餐过程看成是了解当地饮食风俗和特色的一个享受的过程,这就要求旅行社采购人员对于餐饮质量、服务水平、卫生条件、就餐环境、饭菜的色香味形、服务人员的举止与装束、餐饮的品种等都应该有相对全面的了解,并根据客人的饮食习惯安排相应的菜肴,这样才能保证旅游者对旅行社产品有好的评价。

因此,采购部门应该根据客人的需求,安排卫生条件好、餐饮产品质量高、餐厅服务规范、价格公道的餐厅,以最大限度地满足游客的饮食需求,甚至还要考虑到更细致周到的因素,例如在餐点选择时不宜过多,而且要注意地理位置的合理性,尽可能靠近机场、游览地以避免因用餐往返而浪费时间。

与餐饮企业建立良好的合作关系，是旅行社产品采购的必要条件。根据国家旅游行政管理部门规定的旅游用餐收费标准，旅行社采购部门在与各旅游用餐宾馆或餐厅洽谈旅游团队用餐标准、风味特色等其他相关事宜之后，应与餐厅签订正式的旅游用餐合同。总之，能否按照与旅游者签订的旅游用餐收费标准、客源地的口味及习惯，及时、准确无误地与相关餐饮饭店预订用餐，也是反映旅行社采购部门工作质量的一个重要方面。

旅行社对餐饮产品的采购主要类型包括大众类采购和高标准采购两类，针对不同类型的餐饮提供商采取不同的采购方案，总体原则是提前进行筛选、归类，然后进行选择，最后签订协议。

餐饮服务采购的工作重点包括：全面、准确、有效地调查与选择餐饮服务对象、《合作协议书》的拟订、收集整理签约餐饮单位的相关资料、做好与合作单位的核算等。

(二) 旅游住宿服务的采购

旅游饭店是旅游业三大支柱之一，是旅游产品的重要组成部分，在一定程度上已成为衡量一个国家或地区旅游接待能力的重要标尺。旅行社采购的住宿产品必须符合客人的要求，否则将直接影响接待工作的质量。

衡量住宿服务是否令人满意，应考虑的因素包括价格、卫生条件、服务意识、地理环境等，同样还要考虑到更细致周到的因素，例如住宿饭店便捷的结算方式、住宿饭店的治安及设施等。

客人的消费意识有差异，故而对住宿标准的需求也有不同，采购部门应该掌握各种不同层次的饭店以满足不同客户，应实地考察旅游饭店的各种设施和服务，了解饭店的各种房型及门市价格等，并与饭店签订正式合同；随时与各饭店保持联系，及时了解最新的住宿价格；保持与饭店的长期业务往来，加强合作。通常旅行社会与各地各星级标准的两三家酒店或更多家酒店建立相对长期、稳定的合作，这样，旅行社可以从这些酒店中获得较其他旅行社更多的房价或服务优惠。

例如，针对不同标准的团队及散客实行分类采购；针对随季节变化的房价进行差异采购，实现旅游服务和本社利益的统一。

住宿服务采购的工作重点包括：调查与选择合适的采购对象、《合作协议书》的拟订、收集整理酒店的相关资料、做好与合作单位的核算等。

(三) 旅游交通服务的采购

旅游是一种异地活动，无论是从常住地到旅游目的地，还是在目的地的暂时逗留与旅游活动期间各地之间的往返，交通都承担着旅游者空间位移的任务。交通不仅要解决旅游者往来不同旅游点间的空间距离问题,更重要的是解决其中的时间距离问题。例如采购航空服务,主要考量因素:机票折扣、机位数量、付款方式、航班密度等。因此,安全、舒适、便捷、经济是旅行社采购交通时需要考量的因素。例如采购水路服务,鉴于我国的大陆形态,除去三峡、桂林等内河及少数海路,轮船不是外出旅游的主要交通工具。旅行社向轮船公司采购水路服务,关键是做好票务工作。如遇运力无法满足,或不可抗力因素无法实现计划,造成团队航次、船期、舱位等级变更,应及时果断地采取应急措施。

旅游交通主要包括铁路、公路、水运、航空和特种交通五种运输方式。现如今旅游者往往要求旅游交通要快捷、准时,包括追求"旅"的过程的娱乐性,各种交通方式具有明显的不均衡性。其中铁路运输、航空运输适用于长距离旅行,而以汽车、轮船等为代表的公路运输和水路运输方式则比较适合短距离旅行。在某些特殊区域,旅游还须借助于特种交通运输工具,如缆车、索道等。采购人员必须对每一项内容的具体情况有清晰地了解,时常对相关数据进行统计分析,做到知己知彼,才能使后续采购过程事半功倍。

旅游产品采购共赢的原则,让各种交通运输方式的供应商加强和旅行社合作,他们在提高服务质量的同时,尽可能地降低采购成本来赢取旅行社的订购,如机票的团体折扣票、火车票的团体免票优惠等。

交通服务采购的工作重点包括:与交通部门建立合作关系、了解最新的票务信息及相关规定、与相关部门的有效沟通与配合、顺利开展订购票工作、做好与合作单位的核算等。

(四)旅游游览服务的采购

参观游览是旅游活动最基本最重要的内容,对于本地区或其他地区的著名旅游景区景点,旅行社采购部门要详细了解,如条件允许,应进行实地考察和比较,做好旅游景区景点的采购工作,保证旅游者游览活动的顺利进行。因此,旅行社和旅游景区景点的合作关系也就显得特别重要,也只有在互惠互利、平等自愿的原则下双方才能实现共赢。

例如,针对庐山旅游淡旺季差异明显的特点,旅行社对景区的采购采取如下策略:冬天游客较少,景区资源供过于求,此种情况下主要采取分散采购,这样容易得到更低的价格;旅游旺季到来,主要采取集中采购,即通过对同一景区进行集中化采购来降低采购成本。

游览服务采购的工作重点包括:《游览参观券》的制作与使用、《合作协议书》的拟订、收集整理游览景点的相关资料、做好与合作单位的核算等。

(五)旅游购物服务的采购

旅游购物为非基本旅游需求,为使旅游者购物方便、安全,旅行社采购人员应当慎重选择旅游购物商店。旅游者对旅游商品的需求调查分析显示：在旅游过程中，18.8%的旅游者在旅游过程中每次都会买一些旅游纪念品，35.4%的旅游者大多数会买一些旅游纪念品，从来不买旅游纪念品的旅游者占2.5%。由此可以看出在实际的旅游过程中旅游者的购物行为经常发生。

新《旅游法》实施后，旅行社还能不能安排购物、如何购物成为旅行社关注的焦点。虽然《旅游法》表述得很清楚："旅行社组织、接待旅游者，不得指定具体购物场所，不得安排另行付费旅游项目。但是，经双方协商一致或者旅游者要求，且不影响其他旅游者行程安排的除外。"因而旅行社应从提升服务质量、客户满意度的角度出发，在游客同意的情况下，可以推荐一些货真价实、口碑很好的购物街及大商场。《旅游法》禁止的是购物过程中的强制、胁迫、诱骗等行为，旅行社应该改进的是购物环节及产品设计方面的缺陷。既然旅行社不可避免地要与购物店合作，那么，如何与购物店相处，就成为旅行社需要想清楚的问题。

旅行社的采购部门应对当地的购物场所进行了解和比较，选择一些信誉良好、质量有保证、价格合理、环境优美、消费安全的购物部门，并与之签订规范的合同，明确双方的权利义务及违约责任，保障各自的合法利益。

（六）旅游娱乐服务的采购

旅游娱乐是构成旅游活动的六大基本要素之一。游、娱是旅游者的目的性需求，而食、宿、行、购则是为达到目的所必备的日常生活性质的需求。旅游者的需求是变化的，"求乐"正在变成旅游动机的主流。旅游娱乐活动属精神产品，横跨文学、艺术、娱乐、音乐、体育诸领域，因而旅行社的采购部门要了解游客的需求心理，投其所好地安排娱乐活动。

娱乐服务采购的工作重点包括：落实娱乐节目门票预订事宜、收集整理娱乐节目提供单位的相关资料、《合作协议书》的拟订等。

（七）旅游保险的采购

旅行保险是针对旅行途中可能发生的各种意外，针对一切意外死伤事故所做的保障。考虑到某些旅游项目存在一定的危险性，游客出游的心理都是希望"高高兴兴出发、平平安安回家"，旅行社应该为旅游者提供规定的保险服务，旅行社采购一些旅游保险是对游客和旅行社的保障，若出现意外由保险公司理赔。采购人员须有一定的保险知识：如旅游保险的主要险种、保险期限、旅游保险的办理程序、旅游保险的赔付程序等。

（八）旅游异地接待服务的采购

根据团队接待流程，旅游团队服务包括旅游团队客源地组织服务（提供该服务的旅行社被称为组团旅行社，简称组团社）和旅游团队目的地接待服务（提供该服务的旅行社被称为地方接待旅行社，简称地接社）。旅行社异地接待服务采购是指组团旅行社向旅游目的地旅行社(地接社)采购接待各项旅游服务的业务。

旅行社向旅游者销售的旅游线路,通常有一至多个旅游目的地。采购异地接待服务的目的,是使旅游计划如期如愿实现。应该说,旅游产品的质量在很大程度上取决于各地接待质量,尤其是各旅行社的接待质量。因此,选择高质量的地方接待旅行社,是采购到优质接待服务的关键。在采购时应考虑到:地接社的资质、实力、信誉;地接社的体制、管理;地接社的报价;地接社的作业质量;地接社的接待质量;地接社的结算(垫付)周期;地接社的合作意愿等。组团旅行社在经过考察和一段时间的合作之后,可以与地接社签订旅游合作合同,建立长期的合作关系。

总之,旅行社产品的组合性特点决定了旅行社业务合作的广泛性。旅行社的采购部门必须在确保服务质量、满足旅游供给、降低旅游产品采购成本的前提下,正确处理与各个旅游产品供应商及旅游者之间的各种利益关系,努力与各方建成互惠互利、友好合作的关系。实现共赢是旅行社协作网络稳定健康发展的基础。因此,旅行社采购部门为加强旅行社的经营能力和未来发展的潜力,应加大采购力度,发挥部门最大生产潜力,逐步建立起一个高效率、低成本、质量优、范围广、品种多的旅游服务和产品的采购网络。

三、旅行社产品采购合同管理

旅行社为购买各种旅游服务项目而与旅游企业或相关部门签订的各种购买契约通称为旅游采购服务合同。它以一定价格向其他旅游企业及与旅游相关的其他行业和部门购买相关的服务行为,是一种预约性的批发交易,通过多次成交完成。这种采购特点决定了旅行社同采购单位签订经济合同的重要性,以避免可能发生的各种纠纷,目的在于确保各自经济利益的实现以及履行各自的义务。

(一)采购合同的基本内容

1. 合同标的

合同标的是指合同双方当事人权利、义务指向的事物,即合同的客体。旅游采购合同的标的,就是旅行社购买和旅游产品与服务供应企业出售的旅游产品和服务。如旅游饭店、旅游餐饮、旅游交通运输、导游服务等服务。

2. 数量和质量

由于旅游采购合同属于预购契约,不可能规定确切的购买数量,只能由买卖双方协商确定计划采购量,或者是规定采购和供应幅度。旅游产品和服务质量要求可由双方平等协商后,约定一个最低的限度。

3. 价格和付款方式

合同中应该明确规定拟采购的产品与服务的价格。但鉴于采购价格常因采购量的大小而变动,而合同中又没有确定具体采购量,买卖双方可采用浮动定价办法:明确规定在合同期内价格可否变动及其条件;在国际旅游业中还要规定价格货币单位以及在汇率变动时价格的变动办法;明确规定优惠折扣条件;明确约定结算方式及付款时间等。

4. 合同期限

合同期限是指合同签订后,买卖双方开始和中止买卖行为的时间界定。旅游采购合同一般是一年一签,也可酌情采用淡旺季分别签订合同。

5. 违约责任

违约责任是指当事人不履行或不完全履行合同所约定的义务时应负的法律责任。按照我国《合同法》规定,违约方要承担支付违约金和赔偿金的义务。

(二) 旅行社采购合同的构成

为了明确各自的权利和义务,减少旅游纠纷的发生,旅游服务采购方应与相关合作单位签订旅游合作合同。

1. 旅游交通服务单位

由于旅游交通类型日益增多,交通服务的采购合同可以分为公路客运服务采购合同、航空交通服务采购合同、铁路交通服务采购合同、水运交通服务采购合同以及特殊交通采购合同(如缆车、索道租赁使用合同)。

2. 旅游住宿服务单位

旅行社依据与游客签订的住房标准和要求,向合乎标准与要求的宾馆、饭店采购并签订住宿服务合同。

3. 旅游餐饮服务单位

旅行社根据客源地游客的饮食习惯及习俗,向有关饭店、餐馆采购并签订餐饮服务合同。

4. 旅游景区景点服务单位

旅行社以旅游行程的景点安排为依据,向有关旅游景区景点经营管理单位采购并签订景区景点服务合同。

5. 旅游购物娱乐服务单位

旅行社向由旅游行业主管部门授权、批准设立的行业定点购物与娱乐服务经营单位采购并签订购物、娱乐服务合同。

6. 旅游接待服务单位

目前我国旅游经济正在迅速发展,但是由于规模及经济实力的原因,大多数组团旅行社还不具备在旅游线路沿途经停地点和旅游目的地的所有景点(区)均设立自己的经营服务机构的能力,而需要向旅游线路沿途有关旅游经营单位采购接待服务,特别是出境旅游服务,组团旅行社要保证旅游活动的顺利完成,就必须与旅游目的地国家的有关旅游经营企业达成接待服务协议。因此,旅游接待服务采购根据是否跨越国境,将旅游接待服务采购合同分为国内旅游接待服务采购合同和国外旅游接待服务采购合同,其中国内旅游接待服务合同主要表现为旅游目的地地方接待服务合同。

7. 社会导游服务单位

社会导游服务单位是经当地旅游行政主管部门批准设立的、专门从事社会兼职导游管理的行业中介机构。在我国,旅行社一般根据企业自身的游客接待量,招聘一定数量的隶属本单位的专职导游服务人员,以满足企业对旅游者的接待需求。这给部分企业带来了一定的管理开支和生产成本。不论旅行社是否拥有专职导游,在旅游旺季,当旅行社游客接待量急剧增加导致导游人员不能满足接待需求时,旅行社会按照合同约定向有关社会导游服务管理中心采购导游服务,聘用临时导游服务人员。

纵观我国旅游业的发展现状,目前相关旅游法律不够健全,旅游市场竞争日趋激烈,传统的旅游采购模式(旅行社的采购协作单位不固定,每年都会因业务量、客源地、旅游团队质量等变化而不断更换旅游产品或服务的供应商,致使双方合作的随意性比较大)影响一直存在,且有部分旅游业内相关企业不签订合同来保障各自的合法利益,从而导致买卖双方一旦产生经济纠纷就因缺少证据而难以解决。

项目三　保障旅行社产品采购质量

一、旅行社产品采购的注意事项

(一)建立广泛的采购协作网络

旅行社的采购协作网络是指旅行社通过与有采购业务往来的部门签订正式或非正式的合作协议而形成的"供应商合作网络"。由于旅行社主要是对各种旅游产品和服务进行优化组合,因此为了保证各项必需的旅游产品和服务的供应以及尽量降低成本,旅行社应该和有关的旅游产品和服务的供应企业,如宾馆、餐厅、汽车租赁公司、导游服务公司等建立起广泛的和相对稳定的协作关系。

旅行社要建立和维护广泛的采购协作网络,一要善于运用经济规律,与协作企业建立起互利的协作关系;二要善于开展公关工作,不仅要让企业领导层相互了解、关系融洽,而且要使得相关的销售人员之间相互信任,在合作中建立良好的业务关系。只有这样,在旅游的淡旺两季,旅行社才能在更好地保证产品质量的同时实现销售利润。

在旅游旺季往往会出现供不应求的状况,旅行社采购的重点是保证产品的供应,只有建立更为广泛和牢固的协作网,增强采购紧缺产品的能力,才能帮助旅行社获得更多的旅游产品,从而获得更多的客源,并在竞争中获利;在旅游淡季则会出现供过于求的现象,这一时期旅游市场的供应能力充足,采购部门应优先考虑降低产品的成本,而拥有一个广泛而牢固的协作网,才能够得到更为优惠的价格。

(二) 正确处理"保证供应"和"降低成本"的关系

保证供应和降低成本是旅行社采购工作同等重要的两大任务,但在实际工作中,这两者既是矛盾的又是相互依赖的,在不同时期还有主次之分。根据矛盾的这些特性,在实际情况发生变化时,应根据主次矛盾采取相应的策略和方案。

当处于旅游旺季时段,某种旅游产品会出现供不应求的状况,旅行社事先采购的吃住行游购娱的供应商很容易出现问题,例如旅行社接团安排游客入住时,事先联系好的宾馆竟然已客满,因此,在这一时段产品缺乏是主要的矛盾,采购策略就是保证产品的供应。

当处于旅游淡季时段,某些旅游产品会出现供过于求的状况,产品的足额供应是没有问题的,此时的主要矛盾转化为如何获得最低的价格,那么旅行社的主要任务就是尽可能地降低采购的成本,在保证质量的前提下确保旅行社获取最大的利润。

(三) 正确处理预订和退订的关系

在旅游市场,因自然灾害、天气状况、车船误点、游客自身原因等不可预见因素导致既定的旅游计划改变或取消的状况时有发生,这就迫使旅行社的采购部门要更改或退订已预订的产品。

当前旅行社产品采购还是属于一种预约性的交易,即旅行社一般会以本年度的实际采购量为基数,以往年的实际客流量为依据,在年底根据其对来年的市场预期确定计划采购量,并就此与旅游产品供应商洽谈来年的业务合作事宜。既然是预订,那么在计划采购量和实际采购量之间总是会有一些差距,也就难免会出现旅行社临时退订的情况,而任何的更改或退订对于旅游服务及产品的提供部门都意味着利益的损失,因此旅游产品及服务的提供方对于退订有明确的时间限定。为了更好地维持双方以后的合作,旅行社方应主动遵守对方的"行规",配合对方将损失降至最低。例如,以旅游团预订到达日期前一周时为退订截止期限,如果在此期限之后退订,卖方要向旅行社收取违约金,退订越晚,违约金占售价的比例就越高,最高可达100%。相反,如果实际到客数超过预订数,旅行社就要及时增订,卖方对增订的数量也是有规定的,当然有时也会多收一些费用。

对于旅行社和旅游产品提供方而言,由于利益的关系双方对于退订的时间和其他限制条件的要求是不同的。旅行社当然是觉得退订的期限越晚越好,增订的限额越高越好,违约赔偿的数额越少越好;而旅游产品提供方则正好相反。因而双方为保护各自的利益,必须友好协商,达成一致意见。影响双方达成这种协议的重要因素是旅游市场的供求状况,若供过于求,旅行社方处于相对主动的态势,能够获得优惠的交易条件,反之则不然。此外,双方的协商结果还取决于旅行社的采购信誉度,如果旅行社的采购量在过去几年中一直比较稳定或持续增长,并且取消率较低,那么旅游产品的供应商也愿意提供较为优惠的条件以保证供应。

(四)理好"集中采购"与"分散采购"的关系

集中采购是旅行社以最大的采购量去争取最大的优惠价格的一种采购方法,主要目的是通过扩大采购批量,减少采购批次,从而降低采购价格和采购成本。这种方法主要适用于旅游温、冷点地区和旅游淡季。所谓集中购买力有两个方面的含义:一是把本旅行社各部门和全体销售人员接到的全部订单集中起来,通过一个渠道对外采购;二是把集中起来的订单投向一家或尽可能少的供应商进行采购,用最大的购买力获得最优惠的价格。

分散采购也是旅行社采购活动中经常使用的一种采购策略。所谓分散采购,就是一团一购的采购方式,就是旅行社设法从许多同类型旅游服务供应部门或企业获得所需的旅游服务的一种采购方法。在供不应求的情况下,分散采购可能更容易获得旅游者所需的服务。在供过于求的情况下,分散采购反而又能够得到便宜的价格,因为分散采购一般都是近期预订,旅行社的客源稳定,取消率较低,卖方基于供过于求的市场环境,往往能以低价成交。

在变化多端的市场环境中,旅行社可以灵活地运用集中采购或分散采购,以确保相应的利润。

二、旅行社产品采购的经典案例

(一)实际案例

[例5—2]

中青旅承诺:不可抗力致泰国游未过半可免费重游

2014年春节将近,东南亚方向依然是马年出游的热门。然而,受持续的政局动荡影响,相比往年,今年春节的泰国游热度降低了不少。1月13日,泰国反对派开始封锁泰国首都曼谷,愈加紧张的形势对今年春节的泰国旅游业来说,无疑是雪上加霜。截至目前,还未收到国家旅游局关于禁止前往泰国旅游的通知,航空公司也没有取消相关航班的通知,因此,前往泰国旅游的春节团期仍在正常收客中。

为使赴泰游客享受安全、高品质的旅游体验,中青旅特推出"泰国游安全品质承诺":

第一,凡泰国在途的中青旅观光团队游客,因不可抗力导致整个行程未履行超过50%,中青旅承诺免费重新安排同级别旅游一次;

第二,加强赴泰旅游的安全保障,对参加中青旅泰国观光产品的客人,中青旅免费赠送赔付总保额超过70万的旅游高端意外险;

第三,推出泰国游品质升级预案,因泰国局势影响导致的任何计划酒店变更,均做升级处理(如:三星调四星,四星调五星)。

(资料来源:遨游网 2014.1)

(二)案例分析

此案例中,中青旅特别推出"泰国游安全品质承诺",实质是在泰国局势动荡的特殊环境下,为保障游客的正当权益,提供有一定保障的酒店住宿、保险服务、旅游行程升级预案。旅行社采购部防范风险的举措,正是中青旅的优势,此举是旅行社自主评估赴泰旅游风险作出的决定,正是考虑到泰国局势紧张,对赴泰旅游可能产生负面影响的预测,此举已经把游客可能遭受的损失降到最低点。

(1)一般来说,游客跟随旅行社出行,通常旅行社会为游客购买旅游责任险。不过旅游责任险只为旅行社因疏忽或过失所需承担的经济责任埋单,而游客本人发生的意外事故则不在承保范围内,显然这份保险对于游客保障来说是非常不全面的。而此案例中青旅免费为游客提供旅游高端意外险,确保游客赴泰游中的潜在风险处在保障范围之内。

(2)在住宿标准上常常被游客投诉的原因是宾馆等级缩水,而此案例中青旅因泰国局势影响导致的任何计划酒店变更,均做升级处理,对于游客来说花同样的钱,获得更优质的服务接待,减轻泰国动荡局势的负面影响,让客人获得部分心理补偿。

(3)因不可抗力导致整个行程未履行超过50%,中青旅承诺免费重新安排同级别旅游一次,此项措施更是让游客安心出游排除不愉快的后顾之忧,由旅行社承担经济损失风险,是给游客细致入微的关怀的表现。

(三)案例探讨

假如你所在的旅行社,也有预订2014年春节泰国游的多批旅游团业务,你将如何为游客采购规避风险的旅游服务项目?试举例分析。

 关键词汇

旅行社产品采购　采购原则　采购项目　采购合同管理　采购协作网络

 思考与练习

一、填空题

1.旅行社采购管理的工作标准:_____、选择服务合作单位、_____、合作

协议备案。

2. 前瞻性原则,又称为_____,是指旅行社能够充分评估旅游市场的发展前景,对各种可能出现的风险做好必要的防范准备。

3. 旅行社对餐饮产品采购的主要类型包括_____和_____。

二、单项选择题

1. 旅行社产品采购的首要原则是(　　)。
　A. 供给保证原则　　　　　　B. 质量保证原则
　C. 成本领先原则　　　　　　D. 互惠互利原则

2. 由于旅游供给(　　)及环境容量的限制,决定了旅游供给在一定的时间和空间条件下,其供给量必然受到旅游供给的制约。
　A. 可累加性　　　　　　　　B. 不可累加性
　C. 供不应求　　　　　　　　D. 供过于求

三、多项选择题

1. 下列属于旅行社产品的采购项目的有(　　)。
　A. 旅游餐饮服务的采购　　　B. 旅游住宿服务的采购
　C. 旅游交通服务的采购　　　D. 旅游景区景点服务的采购
　E. 旅游娱乐服务的采购

2. 采购合同的基本内容包括(　　)。
　A. 合同标的　　　　　　　　B. 数量和质量
　C. 价格和付款方式　　　　　D. 合同期限
　E. 违约责任

3. 下列说法正确的有(　　)。
　A. "保证供应"比"降低成本"在旅行社采购工作中更重要
　B. 在供不应求的情况下,分散采购可能更容易获得旅游者所需的服务
　C. 旅行社采购需要建立广泛的采购协作网络
　D. 对于旅行社和旅游产品提供方而言,由于利益的关系对于退订的时间和其他限制条件的要求是不同的
　E. 在变化多端的市场环境中,旅行社可以灵活地运用集中采购或分散采购

四、判断题

1. 汽车、轮船等为代表的公路运输和水路运输方式则比较适合长距离旅行。
(　　)

2. 根据团队接待流程,旅游团队服务包括旅游团队客源地组织服务和旅游团队目的地接待服务。
(　　)

3. 集中采购主要适用于旅游温、冷点地区和旅游淡季。(　　)

五、简答题
1. 采购合同的基本内容有哪些？
2. 旅行社产品采购的注意事项包含哪些？
3. 旅游交通服务的采购工作重点有哪些？

六、案例分析

2012年6月6日，国旅总社与韩国国内规模最大的婚纱服务公司iWedding在京签署战略合作协议，双方表示，今后将在产品开发、顾客服务以及信息交流等方面开展深入合作，国旅总社副总裁于宁宁与iWedding代表理事金太旭共同签署了此次协议。

根据合作协议要求，国旅总社将在今后一年内独家销售济州岛婚纱旅游产品，并将与iWedding共同开发四天三夜的济州旅游线路，行程安排将婚纱摄影与旅游结合，区别于以往单纯的济州岛观光游览，使旅游产品更具特色，更具吸引力。国旅总社表示，将充分发挥其全国网络化规模优势，对这一特色产品进行全面推广。

iWedding代表理事金太旭表示，"济州拥有美丽的自然景色和具有竞争力的观光基础设施，非常适合婚纱和旅游共同进行，通过跟中国最大的旅行社企业集团国旅总社签署独家销售合约，将会更加有利于iWedding全球市场战略。"

济州观光局也表示，国旅总社与iWedding之间的合作协议，将会给济州旅游观光业带来更大的发展，济州岛观光局将会积极地给予最大的支援。

在此案例中，国旅总社与韩国最大婚纱服务公司iWedding联手推出济州岛婚纱旅游线路，给我们的启示是什么？设想一下，如果你是旅行社采购部负责人，还会考虑哪些服务供应商合作开拓婚庆旅游市场？

模块六 旅行社产品营销组合

模块导读

旅行社产品设计不单是设计出产品,还包括塑造产品品牌、确定产品价格、建立销售渠道、开展促销活动等一系列营销过程,制定恰当的旅行社产品营销组合对于旅行社产品能否赢得旅游市场竞争的胜利具有十分重要的意义。本模块阐述了旅行社产品的品牌、价格、销售渠道、促销等的基本概念和方法策略,通过本章学习,掌握旅行社产品市场营销组合的基本内容和方式方法。

项目一 塑造旅行社产品的品牌

一、旅行社产品品牌认知

(一)品牌的概念

品牌俗称牌子,是制造商或者经销商加在商品上的标志。根据美国市场营销协会(AMA)定义委员会定义,品牌是一个名称、名词、符号、象征、设计或其组合,用以识别一个或一群出售者之商品或劳务,使之与其他竞争者相区别。

旅行社产品是旅行社为旅游者提供的有偿旅游服务,其销售先于生产,而且不容易用产品自身的量化特征来表示其品质优劣,因此,旅游者更看重并借助旅行社品牌来进行旅游产品的购买选择与决策。品牌既是某种标志、符号,又是消费者消费某种产品的体验和感受。每个品牌的背后都有一种产品和服务支撑品牌的形象和理念,但同时品牌又必须超越这种产品或服务而相对独立存在。为此,旅行社应着力创建品牌核心价值,让消费者明确、清晰地识别并理解旅行社品牌所代表的消费效用与企业个性,在此基础上形成好感、满意乃至忠诚。

(二)品牌的功能

好的品牌不仅可以为旅行社创造名牌打下基础,而且可以激发消费者的购买

欲望,从而实现购买行为,甚至是重复购买。因此,品牌具有以下功能:

1. 识别功能

通过识别品牌,旅游者可以将不同的旅行社产品很快地区别开来,从而减少做出旅游抉择所花费的时间和精力。

2. 增值功能

如上所述,品牌的终极形态是无形资产,其本身就可以作为商品被买卖。且在旅行社品牌的不断发展与延伸过程中,品牌自身也会不断地升值。

3. 保护功能

一是旅行社通过品牌对产品的保护,产品一旦有了自身的品牌,就会受到该品牌的保护;二是品牌对消费者的保护,如果产品质量有问题,消费者就可以根据品牌溯本求源,追究品牌经营者的责任。

4. 促销功能

促销功能主要包括两种:一是旅游者可以根据旅行社品牌选择产品,认牌消费;二是促使旅行社更加关心品牌的声誉,加强质量管理,使品牌经营走上良性循环的轨道。

(三) 旅行社塑造产品品牌的重要意义

1. 产品品牌是旅行社重要的无形资产

旅行社产品品牌承担着旅行社资本的角色,起着保值增值的作用。旅行社产品品牌是旅行社最重要的资产之一,例如,美国运通公司84%的价值来自于知识产权、社会信誉和商标。旅行社产品的优质品牌可以为其提供特许经营、输出管理铺平道路。旅游代理商更愿意为具有更高知名度、更好声誉的旅游经营商代理产品。

2. 产品品牌是旅行社产品差异化的有力手段

目前,我国旅行社业利润低、市场混乱的一个重要原因就是产品缺乏差异化,各旅行社彼此之间产品雷同、线路重复、内容缺乏新意。产品无差异导致了价格竞争,而价格竞争的结果使旅行社成为一个微利行业。如果一个旅行社能够提供自己独特的服务项目和产品,提高旅行社产品的差异化程度,就能使自己的产品从众多的旅行社产品中脱颖而出,再加上优质的服务,就可以逐步在消费者中树立起自己的产品品牌形象,还可以凭借产品品牌优势制定适当的价格,不必与其他旅行社进行激烈的价格竞争,而是用质量和品牌取胜。旅行社一旦拥有强势产品品牌,旅游者对产品的认知度就大大提高,旅行社因而获得了独特的销售点,赢得市场竞争优势的机会就会大大增加。

3. 产品品牌可以提升旅游者对旅行社产品的忠诚度

旅游是旅游者一生中可以多次进行的活动。旅行社最重要的顾客群往往是回头客,一旦旅行社获得了旅游者对其产品的较高忠诚度,旅行社也就获得了这部分旅游者。我国旅行社业早已步入买方市场,旅游者的选择范围很大,但同时也使旅游者更难做出购买决策。品牌可以减小旅游者的购买风险。旅行社的产品在购买之前无法检验,但经过无数实践经历和旅游消费者用"货币投票"的方式遴选出来的优秀旅行社产品品牌,本质上是一种信用,是对旅游者的承诺。对旅游者来说,购买强势旅行社的品牌产品,就意味着放心和舒心,购买遗憾和风险大大减少。优秀的旅行社产品品牌会产生亲和力,使旅游者一闻其名就可以联想到其提供的优质服务,并对旅行社产生长期的信任。在国外,游客对知名旅行社产品品牌的忠诚度很高,这在商务游客中尤其明显。

4. 产品品牌能够提高旅行社产品的附加值,给旅行社带来较高的利润

"附加值"通常是指附加在劳动对象上的价值。一般产品与品牌产品的主要区别就在于"附加值"上。旅行社品牌产品能够提高旅行社产品的附加值,主要表现在以下两个方面:

首先,旅游者购买著名品牌能够带来心理上和情感上的满足。卓越的品牌可以完美地满足旅游消费者的物质和精神需要。知名旅行社的品牌产品,即使价格稍微高于同类产品,旅游者也乐于购买。

其次,品牌就是市场。随着旅游产品的日益丰富和旅行社业买方市场的形成,旅游市场向高价值品牌集中的速度必将加快。旅行社拥有知名品牌产品,就能增强对市场的号召力,获得较高的市场占有率。

随着我国加入世界贸易组织,我国旅游市场的国际化已经是大势所趋,美国运通等著名的国际旅行社集团凭借其品牌优势纷纷进入我国,占得一席之地,已大获其利。进入20世纪90年代末期,它们拓展中国市场的策略从最初的以管理合约为主转向以转让品牌为主。国外著名旅行社品牌产品进入我国市场,竞争日趋白热化。在这种国际竞争的大背景下,我国旅行社最需要做的就是使自己的品牌成长起来,打造民族旅行社品牌产品已经成为当务之急。无论从我国旅行社业迎接竞争的现实角度,还是从我国旅行社业向国际市场拓展的长远角度来看,建立、健全品牌经营体系都是我国旅行社业的当务之急。

二、旅行社产品品牌塑造的基本流程

旅行社品牌的塑造是一个复杂的过程,主要包括:品牌调研、制订品牌设计计划、品牌设计与定位、品牌推广以及品牌效果评价5个环节。下面我们对这一过程进行简单地介绍。

(一)品牌调研

品牌调研是指品牌打造的工作人员对旅行社的品牌现状进行了解,或者对旅行社计划树立的品牌的相关资料进行收集。已有品牌的现状主要是指旅行社品牌的知名度、美誉度、代表意义等,了解现状的意义在于明确实际品牌所处的状态,另外还须了解员工的品牌意识以及对该品牌的理解程度。旅行社计划树立的品牌主要指旅行社希望建立的声誉、品牌产品或服务的质量、同行业中的地位、目标受众对品牌的关注点、何种因素对目标受众的品牌意识最有影响等。总之,品牌调研是发现品牌系统存在的问题或影响因素,并对其进行全面了解。

(二)制订品牌设计计划

通过品牌调研掌握了大量的情报资料,确定了品牌系统中存在的问题和影响因素之后,下一步工作就是制订品牌设计计划。品牌设计计划有长期战略规划、年度工作计划,也有品牌项目设计工作计划。制订品牌设计计划主要是确定品牌的打造目标、设计打造方案、确立设计内容及评估预算。

(三)品牌定位与设计

品牌定位与设计,就是依据品牌的打造目标为品牌确立适当的位置,并进行具体设计。工作人员依据品牌设计计划开展工作,在综合考虑旅行社现状、竞争对手、社会公众等各种条件后设计品牌。设计品牌的主要内容应包括品牌外形设计、品牌 CI 设计和品牌预期目标设定等。品牌设计一定要遵循科学的原则,采用科学的方法,并结合企业近期、远期目标和企业形象等影响要素进行。

(四)品牌推广

品牌设计完毕之后,就要对品牌加以推广。品牌推广指综合运用广告、公关、媒介、名人、事件、营销人员、品牌质量等多种要素,结合目标市场进行综合推广传播,以树立品牌形象。品牌推广要善于利用广告、公关等宣传手段,也要善于利用名人、事件等推动因素把握品牌质量、品牌服务,树立长远发展战略。

(五)品牌效果评估

品牌效果评估与品牌调研阶段的工作有相同之处,都要利用市场调研收集资料、获取信息,这两个阶段的工作首尾相接。品牌效果评估的主要工作内容是了解品牌打造工作是否按期、保质地完成,是否达到了预期的效果等。评估工作还要确定工作中的问题,以决定是否需要对品牌进行二次塑造以及是否开展二期工程等。

品牌的塑造是战略行为,是一项长期的系统工程,需要长远的规划和坚持。只关注短期效益,往往会损害品牌资产。

三、旅行社产品品牌定位

任何产品的市场都有不同需要的顾客群。没有哪一个旅行社可以生产出满足所有旅游者需要的产品。因此,旅行社在塑造品牌之前要为自己找到一个最佳位置。品牌定位是塑造品牌过程中的关键步骤和难点所在。

（一）品牌定位的概念

品牌定位是指旅行社通过对自己的产品或品牌的整理、挖掘、创造、总结出一定的特色和树立一定的形象，以满足目标顾客的需要和应付竞争。品牌定位是勾画品牌形象和所提供的价值的行为，用以使目标市场的消费者理解和认识本旅行社品牌区别于其他品牌的特征。它的目标是在多个独特利益点中衡量出与目标客户相关度最大和最具价值的差异点。这种差异点应当明确和易于感知，否则很容易与竞争对手的产品混为一谈。

进行品牌定位首先要确定目标市场。随着时代发展，人们的旅游活动也出现个性化、多样化的特点，不同的人群有不同的消费习惯。确定目标市场就能给品牌预设一个典型顾客群，通过调查了解他们的需要、欲求以及经济水平、行为习惯、思维模式等信息，在这些信息基础上进行的定位才能让品牌所宣传的利益与旅游者利益契合起来，从而在旅游者心中占据有利的位置。如国旅假期的"悠游巴士"（You You Bus）是一个针对散客市场推出的产品品牌。散客在游览时最担心的是交通、住宿、门票等问题，"悠游巴士"通过与全国多家旅行社合作建立健全的网络体系，提供订票、酒店预订、接送等服务。旅游者还可乘坐网络内的旅游车游览自己选择的景点。"悠游巴士"既解决了散客的切身问题，又保持了旅行中的自由度，迅速成为散客市场的知名品牌。

其次，旅行社要根据自身状况确定自己的优势。任何有志于品牌建设的旅行社实际上都已具有相当的实力，但同时也肯定有自己的劣势。旅行社需要扬长避短，避免跟风行为，否则品牌不能起到区别产品的作用。广州铁路（集团）公司控股的广东铁青国际旅行社与其他旅行社相比，它的优势在于能够开行各种档次、不同方向的旅游专列，于是他们推出了"南方快车"豪华专列旅游产品。事实证明这样的品牌的确具有较长的生命力。

（二）品牌定位方法

1. 差异化定位

品牌差异化定位是指旅行社对自身产品在特殊功能、文化取向及个性差异上的商业性决策，它是建立一个与众不同的品牌形象的过程和结果。其目的是将产品的核心优势或个性差异转化为品牌，以满足目标消费者的个性需求。成功的品牌都有一个差异化特征，有别于竞争对手的、符合消费者需要的形象，然后以一种始终如一的形式将品牌的差异与消费者的心理需要连接起来，通过这种方式将品牌定位信息准确传达给消费者，在潜在消费者心中占领一个有利的位置。比如，夕阳红旅行社的品牌定位就是专做老年旅游产品，以此与其他做综合业务的旅行社相区别。

2. 攀附定位

攀附定位是指旅行社以名牌旅行社产品为参照物，依附著名旅行社的产品品牌进行市场定位的策略。实践证明,与处于领导地位的品牌产品进行正面竞争往往非常困难,而且以失败告终者居多。攀附定位是一种"借光"定位方法,它借用著名旅行社的市场影响来突出、抬高自己,但不去占据攀附对象的市场地位,避免与其发生正面冲突,而是以近、廉、新的比较优势去争取攀附对象的潜在顾客群。旅行社采用这种定位方法时,要注意自己线路中的景点不可与攀附对象空间距离太近,因为这种定位是吸引离攀附对象很远的潜在顾客。比如把三亚誉为"东方夏威夷",把瑞金誉为"红色故都",把仙女湖誉为"江西的千岛湖"。攀附定位永远做不到市场第一,因此已有一定知名度的产品不要贸然使用这种定位方法;否则会冲淡其原有的特色,动摇原先的市场地位。

3. 逆向定位

逆向定位是指旅行社强调并宣传定位对象是消费者心目中第一位形象的对立面和相反面,同时开辟一个新的易于为旅游者接受的心理形象阶梯。例如,一般的旅行社大肆宣传其产品价格低廉,而某家旅行社却刻意宣传其产品货真价实、优质优价。逆向定位是打破消费者一般思维模式,以相反的内容和形式标新立异地塑造市场形象。例如,旅行社对河南林州市林滤山风景区进行心理逆向定位,推出"暑天山上看冰堆,冬天峡谷观桃花"的奇特景观来征服市场。

逆向定位还可以借助市场上有名气的竞争对手的声誉来引起消费者对自己的关注、同情和支持,以扩大市场占有率。一般商家以商品的优势作为产品定位的方向,而逆向定位却表示自己产品的不足之处,利用消费者的同情心和喜爱诚实的心理,争取消费者的购买。

4. 狭缝市场定位

狭缝市场定位是指旅行社路线设计当中涉及的旅游景区(点)不具有明显的特色优势,而利用被其他旅游景区(点)遗忘的旅游市场角落来塑造自己旅游产品的市场形象。例如,四川德阳市将原有四川娱乐城改造为童话乐园,就是将市场定位在儿童市场,并以独特的童话主题公园的形式推向市场。又如河南辉县有名的电影村郭亮,本来是一个普普通通的太行山村,自从著名导演谢晋在此拍过一次电影后,山村开始走旅游发展道路。它们以洁净的山泉水、清新的空气、干净卫生的住房条件,用比市场低得多的价格(包食宿每天10~20元)去占领附近城市的休闲旅游市场和美术院校校外写生市场。

5. 变换市场定位

变换市场定位是一种不确定定位方法。它主要针对那些已经变化的旅游市场或者易变的市场。市场发生变化,旅行社产品的特色定位就要随之改变。比如,旅行社对深圳的宣传在改革开放的初期是以"改革开放窗口"为特色,吸引全国各地的游客前来参观学习;随着改革开放全面铺开,原有特色影响力迅速衰退,于是推出深圳以人造景观为主的大型游乐主题公园,重新走上快速发展的道路。

对于易变的旅游市场更要采用变换的定位方法,旅行社只有不断改变旅游产品的内容和形式,才能让游客常游常新,以变取胜。我国的主题公园大都存在市场趋淡问题。以深圳锦绣中华景点为例,该景点在1989年9月开业,当年人流如潮,每日接待8000名游客,维持了3年。如今降到每日接待3000名游客。面对这样的问题,旅行社一般会有两种选择:一是改变旅游线路,开辟新景区,或者以新带旧,在同一旅游线路中交替安排新老景区;二是变换老景区的内涵,即采用变换市场定位策略,改变和增加景区活动内容,赋予主题新的含义。

6. 领先定位

领先定位是通过展示旅行社独一无二的属性,在消费者心目中占据领先的位置。在现今激烈的旅游竞争环境中,旅行社的各种广告、品牌多如牛毛,旅游者对大多数信息毫无印象,但对"第一"印象最为深刻。因此,领先定位最能使消费者在短时间内记住该品牌。比如,提到上海携程旅行公司,人们头脑中马上就能联想到国内经营得最好的在线旅游公司,这就是领先定位起到的作用。

7. 重新定位

重新定位是指旅行社改变目标消费者对旅行社产品原有的印象,使目标消费者对其建立新的认识。这种定位旨在使旅行社摆脱困境,重新获得活力。

旅行社在品牌定位时应注重将经营宗旨、理念、价值观、历史、制度等企业文化要素融汇其中,使定位能够准确反映出旅行社的整体形象。品牌定位的准确与否是旅游线路产品成败的关键。而准确的品牌定位来源于对旅游市场的有效细分和目标市场的正确选择。基于特定目标市场旅游者群的品牌定位,可以提供与该旅游者群的独特心理特性和个性化需求高度契合的消费效用或让渡价值,使其在充分满足需要的基础上产生对品牌的良好认知和态度,进而形成品牌忠诚。

成功的品牌无一不是得益于清晰的定位。如国旅总社提出了以"统一品牌创名牌,开发产品出精品"为内容的名牌化战略,在国家工商总局注册了"海底婚礼旅游"品牌;广州旅游公司推出了企业名称与品牌名称融为一体的"广之旅"品牌。

[例6—1]

广之旅产品的品牌定位

在品牌定位方面,广之旅抓住国人崇尚亲情、友善的传统,推出了充满温情的"亲子团"、"孝顺团"、"蜜月团"等旅游系列,提出了"一切为了客人满意"、"五心服务"等服务口号,被市场认为是亲情旅游产品的典范。又如,为了进入政府部门和国企这块大市场,广之旅牢牢抓住中国人"讲政治,讲思想"的特点,结合国内特有的节庆和大事要事,设计出系列有中国特色的旅游产品。例如,在本地市场推出了"抗战功臣延安行""百万老革命喜看广州新容""老将军八一南昌行""红军长征足迹游""红色之旅""香港回归嘉宾团""迎澳门回归学子团"等;在港澳地区推出了"祖国历史文化教育团""黄埔军训团"等;为贴近广州发展变化的脚步,又推出了"万人游省城""广州一日游""九运场馆先睹为快""科普一日游""信息化一日游"等,以及在每年的"国庆""七一"等节日为企业量身定做的系列爱国主义教育产品线路等。广之旅之后又推出了"走进新时代——广深珠第二代旅游产品",让国人重新认识广深珠的魅力,并由此掀起了新的广深珠旅游热潮。广之旅组织万人游番禺,省内游再掀热潮。九运会召开之际,广之旅又获得了广州赛区独家接待旅行社的授权,取得社会效益、经济效益双丰收。

项目二　制定旅行社产品的价格

一、旅行社产品的价格认知

价格是市场营销组合中唯一直接产生效益的重要因素。菲利普·科特勒认为价格就是针对某一种产品或服务而收取的金钱的数量。从更广义的角度来看,价格是指消费者用来交换拥有或使用某种产品或服务的利益的全部价值量。

[例6—2]

新《旅游法》出台河南许昌各旅行社长线游价格上涨

《中华人民共和国旅游法》于2013年10月1日起正式实施,其中有条款规定旅行社不得强制游客购物。河南许昌的各旅行社均对10月份之后的长、短线旅游价格做出了调整。

一般省内的一日游、两日游报价没有太大的变化,和以前基本持平,因为省内的短线旅游一直做的就是纯玩无购物式的线路。但是长线旅游价格大幅度上涨,比如海南双飞5天的精品团,以前报价为2600元左右,10月份报价提高至5000元左右,昆明双飞七天精品团以前报价为1900~2300元,10月份报价提高至4000元左右。而以"购物游"为主的境外旅游项目上涨幅度非常大,如香港游的报价从1000元升至6000元左右,韩国游的报价从1000元左右升至6000元左右,东南亚游的报价从5000元左右升至10000元左右。

那么,这样"猛涨"的价格对消费者的出行带来了怎样的影响呢?一部分追求品质、喜欢深度游的消费者还是可以接受的,但是也有很多消费者对上调后的价格表示吃不消,很多消费者想利用"十一"黄金周进行出境游,但是问过价格之后,表示再考虑一下,2013年10月份出境游的订单量与去年相比下降了很多。

新《旅游法》的相关规定虽然使长线旅游的价格上涨,可能会打消一部分消费者出行的积极性,但也会让很多之前喜欢自费旅游的消费者重新选择跟团旅行。因为选择自费旅游的消费者通常都是讨厌团队旅游中的"强制购物",在取缔"强制购物"之后,跟团旅行省心又省力,所以会再次得到自费游消费者的青睐。因此,旅行社应当重新调整经营策略,为消费者带来更多实惠。

从案例6—2可以看出,旅行社产品的价格是旅行社营销活动中一个十分敏感、十分重要的因素,对价格的管理关系到旅行社产品营销的成败。旅行社产品需求弹性较大,它的价格严重影响到旅游者的购买行为,影响到旅行社的销售量及利润。同时,价格又是一种重要的竞争手段,尽管近年来非价格因素对旅游者选择产品的重要性日益突出,但价格是双方最具理性的行为指标,在一定程度上决定了旅行社的竞争能力。

(一)旅行社产品价格的类别

旅行社产品的价格最主要由成本、利润和税金三部分组成。从不同角度,可对其进行不同的划分。

(1)按旅游者对产品的需求程度,可分为①基本旅游价格,如交通、食宿、景点门票等必选项服务;②非基本旅游价格,如纪念品价格、娱乐服务价格、参加保险等可选项服务。

(2)按旅游者购买方式,可分为单项服务价、全包价和部分包价。

(3)按游览范围,可分为国际旅游价格和国内旅游价格。

(二)旅行社产品价格的影响因素

旅行社产品价格受内、外两方面因素影响。内部因素包括产品成本、旅行社营销目标和旅行社产品生命周期等,外部因素包括市场与需求、竞争以及其他环境因素。

1. 内部因素

(1)产品成本

产品成本是产品开发和销售过程中产生的费用支出。它是旅行社产品价格的最低限度。产品价格必须能够补偿旅行社产品开发、分销和促销的所有支出,并补偿旅行社为产品承担风险所付出的代价。因此,成本是影响景区产品定价决策的一个重要因素。如果定价低于成本,那么旅行社不仅无盈利可言,甚至亏损,旅行社其他的一切营销和发展目标也均无法实现。

产品成本有两大类,即固定成本和变动成本。固定成本是指那些不会随着开发或销售水平的变化而变化的成本。例如,旅行社办公设施的折旧费、房租费、办公费用、上层管理人员报酬等相对固定的开支,一般不随产量和销量的变动而变动。变动成本指原材料费、工资等随产量的变动而变动的成本。例如,不同档次的旅游线路所采购的吃、住、交通等标准不一,费用也随之变动。

(2) 营销目标

旅行社产品定价之前,必须要确定定价的目标。旅行社的目标市场和市场定位有着非常重要的作用。例如,同样是海南五日游,品质团的客源市场定位为高端商务游客,经济团定位是普通游客,品质团的报价可以比经济团高1千元。因此,产品的市场定位对于价格的确定有很大的影响。旅行社产品的营销目标不同便会有不同的定价策略。

(3) 旅行社产品生命周期

旅行社产品在生命周期不同阶段价格也不同。一般来说,投入期,定价应以弥补成本费用而不以盈利为主要依据,有时甚至还可亏本定价;成长期,定价应有利于提高市场占有率和实现预期利润目标;成熟期,定价要增强价格的竞争性,有利于维持已有的市场占有率;衰退期,定价应以尽快收回占压的资金为目标,可以大幅度降低甚至可与平均变动成本相一致,以便尽快回收资金用于他用。

2. 外部因素

(1) 市场与需求

如果成本决定了旅行社产品价格的底线,那么市场与需求则决定了价格上限。旅行社在制定价格时,必须清楚旅游者对产品价格的理解。旅行社产品的最高价格取决于旅游者的需求程度和支付能力,产品定价不能超过目标旅游者的支付能力,并应随需求的变化而调整。除此之外,价格与供求相互影响、相互决定、互为因果。一般而言,具有独特的、稀缺性资源的产品,价格可以定得高一些,正如俗话所讲"物以稀为贵";对于资源相似度高、容易被替代的产品,价格可以定得低些。这不仅是旅行社经营的需要,也有利于促进开发与消费的合理统一,调节开发与消费的矛盾。

旅游需求有很强的季节性,住宿、餐饮、交通等在不同季节供需差异明显。这就要求绝大多数旅行社产品价格必须有明显的季节差异:旅游旺季时,产品价格必然也相应提高,而淡季时应该降低。旅游者的消费观念和对产品价值的理解也对产品定价有较大的影响。旅游者对旅行社产品价值的理解较高,则可制定高价;反之,则应制定低价。

(2) 竞争

竞争者的价格及竞争者针对本企业的定价策略所做出的反应,也是旅行社产品定价时需要考虑的一个外部因素。旅行社产品设计人员不仅要对自身产品的不同价格了如指掌,还必须熟知竞争者的价格、质量和产品特征,做到知己知彼。

市场中,旅行社之间的竞争会使得相互之间的价格产生竞争。旅游中间商和旅游者之间的竞争也会影响旅行社产品的价格。例如,青藏铁路刚刚开通时,前往西藏旅游的人数急剧增多,布达拉宫出现了一票难求的现象,该景区提高了门票的价格,旅行社产品的报价也因此上升。由此可见,当旅行社产品的需求较为紧俏时,一些旅游者会不惜高价去购买。旅游供给者与旅游需求者之间的竞争也会影响旅行社产品的市场价格。旅行社希望以高价出售,而旅游者则希望低价买进,双方为此产生竞争,在这期间,谁的力量较强,价格便会倾向哪一方。

(3)其他环境因素

在确定产品价格时,旅行社还必须考虑外部环境中的其他一些因素。如政府政策、经济繁荣与衰退、通货膨胀等。例如,旅游目的地通货膨胀,必然引起当地物价上涨,单位货币购买力下降,旅行社的产品成本费用也会增加,从而导致产品价格大幅上升。又如,汇率变动也会影响旅行社产品的报价。在采用本国货币对外报价的情况下,如果本国货币贬值、汇率下降,外国货币相应升值,则对外来旅游者有利,因为他们实际支付的旅游价格下降了;反之,外国货币贬值,则意味着实际旅游价格的上升。旅行社在制定价格时要充分考虑政府的政策导向,不要违反国家的法律、法规。

(三)旅行社产品的定价步骤

价格是调节经济利益、传递经济信息、影响经济形象的重要因素。旅行社产品的定价程序主要包括下面产6个步骤(图6-1):

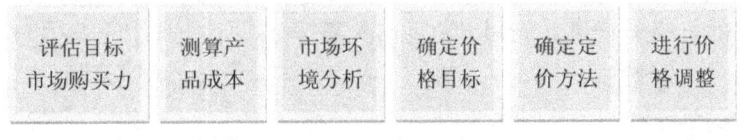

图6-1 旅行社产品定价步骤

二、旅行社产品的定价决策

(一)定价目标

定价目标是为旅行社实现市场目标服务的,它跟旅行社的经营战略密切相关。根据旅行社经营战略的不同,产品定价大体有3种目标方向:一是利润导向,就是追求利润最大化;二是销售导向,就是谋求较大的市场份额;三是竞争导向,就是采用对等定价或持续降价的策略,以应对竞争或者回避竞争。这3种定价方式孰优孰劣,很难一概而论,关键要看旅行社自身的产品特性及其所处市场的营销环境,要注意避免出现价格战等造成价格体系混乱而影响旅行社整体产品品牌形象的局面。完整、统一的定价目标是旅行社产品品牌内涵的重要支撑。

(二) 定价方法

1. 成本导向定价法

(1) 成本加成法:就是在产品单位成本的基础上,再加上一定比例的预期利润来制定销售价格。计算公式:单位产品价格 = 单位产品成本 × (1 + 加成率)

(2) 目标利润定价法:单位产品的价格 = (预期总成本 + 预期总利润)/预期销售量

2. 需求导向定价法

需求导向定价法是旅行社根据市场需求状况和旅游消费者对旅行社产品的感觉差异来确定价格的定价方法。需求导向定价法包括:认知导向定价法,即根据旅游消费者对旅行社提供的产品价值的主观评判来制定价格的一种定价方法;逆向定价法,即指依据旅游消费者能够接受的最终销售价格,考虑旅游中间商的成本及正常利润后,逆向推算出旅游中间商的批发价和生产企业的出产价格;习惯定价法,即按照市场长期以来形成的习惯价格定价。

3. 竞争导向定价法

竞争导向定价法是旅行社通过研究竞争对手的条件、服务状况、价格水平等因素,依据自身的竞争实力,参考成本和供求状况来确定产品价格。竞争导向定价主要包括:随行就市定价法,即将本旅行社某产品价格保持在市场平均价格水平上,利用这样的价格来获得平均报酬;产品差别定价法,即根据自身特点,选取低于或高于竞争者的价格作为本旅行社产品价格;竞争参照法,即参照竞争对手的价格,考虑自己的产品定价。

(三) 定价策略

价格通常是影响交易成败的重要因素,同时又是市场营销组合中最难以确定的因素。旅行社定价的目标是促进销售,获取利润,定价时既要考虑成本的补偿,又要考虑消费者对价格的接受能力。因此,定价策略具有买卖双方双向决策的特征。

当新产品上市时,旅行社可采用的定价策略有:撇脂定价策略,即把产品的价格定得很高,以攫取最大利润;渗透定价策略,是指旅行社把其创新产品的价格定得相对较低,以吸引大量顾客,提高市场占有率;满意定价策略,是一种介于撇脂定价策略和渗透定价策略之间的价格策略,其所定的价格比撇脂价格低,而比渗透价格要高,是一种中间价格。这种定价策略由于能使生产者和顾客都比较满意而得名。有时它又被称为"君子价格"或"温和价格"。

产品销售一段时间之后,旅行社也可以对价格进行调整,采用心理定价、折扣定价、差别定价、关系定价、组合定价等策略。比如"打包销售"的价格组合策略,由于游客对远距离的旅游景区和旅游城市缺乏认知,对于大型旅游景区和某些旅游城市,旅行社将部分景区通过某种形式进行组合。比如以"旅游精品线路"或"某市一日游"的形式,面向旅游市场集体推出,同时相应推出价格和服务方面的一系列优惠政策。又如浮动差价策略,一是区别不同时间实行差价。可以根据旅游淡、旺季实行浮动价格,如对散客旅游淡、旺季实行浮动价;节假日、周末价格高于平时价格等。二是区别不同的空间实行差价。即根据旅游目的地的不同制定不同的价格,如旅游热、温、冷点实行不同的定价。三是小包价团。指游客预付部分费用,由旅行社提供 4 项基本服务和选择性旅游项目。4 项基本服务指接送、订房、早餐和交通票,选择性游览项目分"一日游"、"半日游"等。选择性项目单列,不计入综合包价中,游客可以根据需要自行处理。四是额外服务附加价。有时游客会要求旅行社提供其所需的"特种服务"(如额外的照顾),此时,旅行社应根据游客的特殊要求量体设计,并可根据额外服务的种类及数量核算成本适当加价。此外,旅行社还可以采用低价策略。即有意地将少数旅游产品降价,以招徕游客。这种定价方式称作招徕定价,又称特价产品定价,商品的价格定得低于旅游市场价,能够引起消费者的注意。例如,曾经在"五一"期间报价为 2888 元的海南游,5月 8 日以后的报价为 1100~1200 元;海南蜜月四星酒店团,报价在 2750 元左右,仍然比"五一"期间便宜千元左右。不少旅行社与航空公司和景区、景点达成协议,大规模、广范围地降价,给广大的出游者以最优惠的价格,从而让游客满意。采用低价策略时,必须注意以下几点:(1)降价的旅游产品应是旅游者常去的景点或者线路,最好是适合于大部分旅游者,否则没有吸引力。(2)实行招徕定价的旅游线路,经营的类型要多,以便使游客有较多的选择机会。(3)降价的旅游产品数量要适当,否则会造成旅行社亏损。

总之,价格是市场营销组合中最灵活的因素,它可以对市场作出灵敏的反映,同时价格策略又是一门艺术,定得好可以出奇制胜,定得不好在市场上全面颓败。

项目三　建立旅行社产品的销售渠道

一、旅行社销售渠道认知

(一) 旅行社销售渠道的组成

旅行社作为旅游产业的中间商,是连接旅游服务供应商与需求者的纽带。旅行社并不生产任何的实体旅游产品,而是通过购买旅游服务供应商的产品,通过加工组合,设计出自己的产品,再销售给旅游者。没有可靠的服务供应渠道,旅行社的产品就如同无米之炊,价格和质量也不会存在竞争优势,从而不可能在市场中站稳脚跟,更不用说赢利。

旅行社销售渠道,是指旅行社将其产品提供给最终消费者的整个流通途径,也叫销售分配系统。一般而言,根据旅游产品在流通过程中是否经过中间商转卖来划分,可将旅游产品的销售渠道划分为直接销售渠道和间接销售渠道。

1. 直接销售渠道

直接销售渠道又称零层渠道,是指旅行社通过自己的门店、分支机构或网站直接向旅游者出售其旅游产品,两者之间不存在任何中间环节,即达成旅游产品的流通与消费。

直接销售渠道是一种产销结合的销售方式,其优点主要表现在简便、及时、灵活、附加值高和利润较高等方面;不足之处是覆盖面窄,只适合在本地或其他主要客源地使用,影响力相对较小。

我国国内旅游客源市场一般集中在经济发达地区,当地的国内旅行社大都采取直接销售渠道,就地招徕客源;而旅游资源相对丰富但经济欠发达的地区,旅行社需要通过间接渠道获得旅游接待的机会。

2. 间接销售渠道

间接销售渠道,是指旅行社通过中间环节间接销售其旅游产品的途径。间接销售渠道的成员有:旅游零售商或代理商、旅游批发商或经营商等。间接销售渠道在实际运用中主要包括两种形式:通过旅游零售商或代理商向游客销售产品和通过旅游批发商或经营商向游客销售产品。我国的国际旅行社通过国外的旅游批发商或旅游零售商销售其旅游产品,采用的就是间接销售渠道。间接销售渠道的优势表现为针对性强、覆盖面广和销售量大等,不足之处是销售成本高。

(二)间接销售渠道成员的特点

间接销售渠道成员也可以统称为旅游中间商,是指介于旅游产品生产者与旅游消费者之间,专门从事销售旅游产品的组织或个人。它可以形象地理解为是旅游产品从旅行社到消费者的分销链条上的连接环。旅游中间商包括旅游零售商、旅游批发商或经营商等。

1. 旅游零售商

旅游零售商,又称零售旅行代理商,是指从事旅游产品零售业务,直接面向广大旅游者销售旅游产品和提供旅游咨询等旅游服务的组织或个人。旅游零售商是世界旅行社产品销售的主要环节,它可以独立经营,也可以是某一批发商的下属机构,受其指导和控制。旅游零售商的主要特征是:作为旅游者的决策顾问,提供有关旅游产品的信息,向其出售所需的旅游产品;受各旅游产品供应商的委托,按照合同的约定条款出售旅游产品。旅游零售代理商起到交易中间人的作用,并不承担任何风险,接受旅游产品供应商的酬劳方式主要是按照合同,从旅游产品销售总额中提取一定比例的佣金。

旅游零售商的主要职能有:在其所在地区代理旅游批发商和提供行、宿、游等旅游服务的旅游经营商,向其顾客销售旅游产品,接受预订后将旅游者介绍给批发商并索取佣金。

2. 旅游批发商或经营商

旅游批发商或经营商,是指专门从事各种旅游产品的组合,然后通过零售商网络或航空公司向公众进行推销的旅行社或在线旅游公司。旅游批发商或经营商在旅游消费主体提出要求之前,准备好旅游活动和度假地,组织好旅游交流,统计好各类客房,安排好各种活动及提供整套服务,并事先确定价格以及出发和返回日期,即事先做好完备的旅游产品,由其下属销售处或作为零售代理商的旅行社将旅游产品出售给团体或个体消费者。

旅游批发商或经营商的主要职能有:向目的地及中转地的外联社购买并组合包价旅游产品,然后通过旅游零售商销售出去。因此,国外旅游批发商经营我国包价旅游产品的主要办法是:由我国组团旅行社通过外联谈判将旅游线路卖给外国旅游批发商,由其印发产品宣传册分发给各地的旅游零售商,委托零售商向旅游消费者出售,然后将各地零售商招徕的旅游者汇集起来组成旅游团,送到目的地进行旅游。

在大多数情况下,这些旅游批发商也向团体旅游者销售包价旅游产品。如果旅游批发商本身没有零售机构,则除了委托独立的旅游零售商销售这些包价产品外,自己也担任零售商的角色。

(三) 旅行社产品销售渠道选择的影响因素

旅行社在进行销售渠道决策时,需要全面、综合分析影响渠道的各方面因素,包括旅行社产品、旅游消费者、旅游市场、旅行社自身条件以及经营范围等。

1. 旅行社产品

旅行社产品的类型、档次等都会影响营销渠道方案的设计。旅行社都必须对自身产品的特色有深入地了解,从而决定建立何种分销渠道,以扩大营销活动范围,争取更多客源。

2. 旅游消费者

旅游消费者的人数、购买量、购买频率及地理分布等会对营销渠道的设计产生不同程度的影响。对于观光类旅游产品,市场需求大且消费者分布广泛,宜使用长渠道、宽渠道,以扩大营销空间;消费者人数多且集中,则宜使用短渠道,以减少销售环节,节约营销费用。若消费者是少量多次购买,交易工作量大,不宜利用中间商开展营销活动,以节约因频繁预订而造成的麻烦。

3. 旅游市场

复杂多变的旅游市场,是旅行社在选择产品销售渠道时首先应该分析的。旅游市场的容量、目标市场的地理分布、购买频率的高低、竞争者的销售渠道分布等,都直接影响销售渠道的选择。如果目标市场的规模很大、地理分布很广,则应该选择较宽、较长的销售渠道;反之,应该选择短渠道或者窄渠道。如果购买频率很高,一次购买量少,造成交易次数增加,就有必要选择多个中间商以降低交易成本;反之,可以少选择中间商。如果旅游者喜欢通过电脑或者电话进行预订,那么就应该通过全球预订系统或者建立自己的预订系统。如果旅游者喜欢包价旅游,则要选择旅游批发商。

4. 旅行社自身条件和经营范围

规模大、经营范围广的旅行社需要选择长而宽的销售渠道,反之,选择短而窄的销售渠道。旅行社的财力直接影响对销售渠道的选择和控制,实力雄厚的旅行社尤其是连锁集团,可以建立自己的预订中心直接销售,实力较弱的旅行社可以依靠旅游中间商介绍客源。旅行社销售人员的素质也会影响销售渠道的选择,销售人员素质高,专业能力强,可以直接进行销售;反之,则需更多依靠间接销售渠道。

二、选择旅行社产品销售渠道

(一)确定产品销售渠道的目标

首先,销售渠道目标应能满足旅游者的需求,即给旅游者提供那些所需的服务和便利,如能够提供旅游产品的种类、处理和完成预订服务的时间及成功率标准、产品的价格范围、中间商的服务质量、旅游者获得相关信息的数量及方便程度等。只有满足旅游者要求的销售渠道才能真正帮助旅行社销售产品。

其次,销售渠道的目标应该反映旅行社的整体目标,包括销售目标和市场占有率目标。这也是衡量销售渠道经济效益的重要指标。由于客源市场的变化难以准确预测,旅行社必须认真分析销售渠道的成本以及赢利可能性,在此基础上设计合适的销售渠道,并根据销售渠道所具备的市场开拓能力确定要达到的市场占有率。

(二)评估和选择销售渠道成员

为了达到产品销售目标,旅行社需要对旅游中间商进行评估,从中选出合适的销售渠道成员。对旅游中间商的评估标准有:中间商的历史、资质状况、经营范围、目标市场、市场形象、营销能力、业务人员的素质以及销售潜力等。在评估的基础上选择一定数量的旅游中间商作为销售渠道成员,选择的策略主要有3种:广泛性、选择性和独家销售渠道策略。

1. 广泛性销售渠道策略

广泛性销售渠道策略是指旅行社在确定销售渠道时,对旅游中间商不作具体选择,理论上所有符合条件的旅游中间商都可以销售本旅行社产品。这种策略方便了旅游者购买,扩大了产品的销售量,容易形成品牌效应,但是由于选择了众多的旅游中间商,失去了对旅游中间商的控制,不能保证旅游中间商的服务质量,加大了管理难度。这种策略适合旅行社急于在某一区域提高知名度或扩大销售量时采用。

2. 选择性销售渠道策略

选择性销售渠道策略是指旅行社只选择那些有支付能力、销售经验丰富、服务质量好的旅游中间商作为销售渠道成员。这种策略使旅行社和旅游中间商建立良好的合作关系,对旅游中间商的控制能力较强,有利于保持旅游产品的形象和信誉,因此适用于价格较高、信誉较好的旅游产品。

3. 独家销售渠道策略

独家销售渠道策略是指旅行社在特定的市场区域内仅选择一家营销能力较强的旅游中间商推销自己的产品。这种销售渠道策略加强了旅行社对旅游中间商在价格、服务、信誉等方面的控制,使旅游中间商的利益和风险与旅行社联系在一起,旅游中间商能够及时准确地反馈市场信息,提高了旅游产品的市场竞争力。其弊端是不利于旅游者的选择和购买。

(三) 明确销售渠道成员的权利和义务

为了与销售渠道成员进行长期合作,提高销售渠道的销售能力,旅行社有必要签订合同明确与销售渠道成员之间合作的权利和义务。

1. 买卖条件

明确对旅游中间商的价格折扣、佣金标准、结算方式、付款条件与期限,旅游产品的质量、数量、时间保证,以及旅行社为保证产品的顺利销售而提供给旅游中间商各种促销资料等。

2. 旅游中间商的地区权力

对各渠道成员的市场区域进行划分,明确各个中间商在不同地区的销售权力,避免销售渠道成员为争夺同一客源市场而产生的冲突和摩擦。

旅行社在确定了渠道成员的销售水平及中间商的分工后,接下来的工作就是设计具体的营销渠道。

(四) 销售渠道长度选择

销售渠道长度是指旅游产品从旅游生产者到旅游消费者的路径中所经历的中间环节的多少,经历的中间环节越多,销售渠道越长。只有一个中间环节的渠道,称为短渠道。具有两个或两个以上中间环节的渠道,称为长渠道。

1. 短渠道策略

短渠道策略具有以下优点:中间环节少,营销费用低,旅游消费者有可能购买到较低价格的旅游产品;加快了旅行社与消费者之间的信息沟通,可以有效地避免信息的误传、失真;旅行社能够较有效地控制整个渠道的运作。

短渠道策略的缺点是:不利于旅游产品的推广;旅行社对中间商的依赖程度高,一旦旅行社与中间商产生矛盾,销售渠道将被阻塞。

2. 长渠道策略

在销售渠道中有2个以上的中间商,并在同一环节起用多家同类中间商。其优点是:有利于旅游企业建立纵横交错的销售渠道网络系统,并借助于该网络系统大量吸引客源;可以迅速双向传递信息,提高旅行社经营决策的可靠性和应对市场行情变化的灵敏性。其不足之处是:中间环节多,旅游产品直接报价高,降低了市场竞争力。

一般来说,在实际的营销活动中,旅行社会同时采用这2种营销渠道。因为一方面,对近距离市场,旅行社自身营销能力可以达到,则多用短渠道;另一方面,绝大多数旅游产品的目标市场都比较庞杂、分散,具有生产与消费异地的特点,因此仅凭旅行社自身的营销力量很难建立起足够的营销网点,而借助各种类型中间商的力量,可以使营销活动的辐射范围更为广阔。

三、销售渠道的运作与维护

[例6—3]

两省旅行社发生经济纠纷导致曲靖游客扬州被甩

2010年8月7日晚10点左右,扬州念四桥派出所接到外地游客金先生报警,称与自己同行的共33名游客的行李,被接团的旅行社司机开车拉走了,他们始终联系不到司机,希望警方能帮忙找到司机。念四桥警方立即赶到现场,对事情的来龙去脉进行了调查。

据了解,这33名游客是云南曲靖一家单位职工,单位组织到上海世博园及江苏等地旅游,当时是和云南昆明康辉旅行社签的合同,到南京后由南京康辉旅行社负责旅游接待服务。他们于8月1日下午乘飞机从昆明出发,当晚到达南京,随行的是昆明康辉旅行社的全陪毕某。2日开始,游客分别到南京、黄山、上海、无锡旅游,7日晚上6点左右到达瘦西湖门口。

"我们每人的旅游费用是5180元,其中2个孩子的费用是3100元,一共是16万多,我们的钱都交给昆明康辉旅行社了。"金先生说,"听南京的导游说,我们这个团被昆明康辉转给了一个中介,中介又将我们转给了南京康辉旅行社。中介原本要付7万元给南京的康辉旅行社,但只付给了3万元就没再给钱,所以南京的旅行社把我们给甩了!"

在扬州念四桥警方多方协调下,司机才将游客行李送回,归还行李后,南京旅行社的导游和司机一起离开了,游客的食宿等却无人问津。最后,在游客的强烈要求下,昆明康辉旅行社向游客道歉,并安排了游客的余下行程、返程及补偿事宜。

在案例6—3中,南京康辉旅行社和曲靖游客之间有2个间接渠道,即中介和昆明康辉旅行社,由于与中介的合作发生了经济纠纷,导致甩团事件发生。这对两地的旅行社都产生了巨大的负面影响。因此,旅行社对销售渠道的运作和维护非常重要。

(一) 合作管理

旅游中间商和旅行社都是相互独立的经营实体。旅游中间商为了自己的经营目标,会同时经销多家旅行社的产品,这些旅游产品既可以组合成综合旅游产品,又可以是相互竞争的产品,旅游中间商选择什么旅游产品取决于和旅行社的合作程度。

因此,旅行社应关心和重视对旅游中间商的优惠与奖励措施,加强与中间商的合作,一方面,应维护中间商的尊严,尊重中间商的各种利益,加强与中间商的沟通,如有分歧,应本着共同协商原则,以达到双赢的目的;另一方面,给中间商以更多的优惠,增加中间商的收入。旅行社可以根据中间商的销售能力、资质状况给予不同的优惠,同时采用灵活的优惠形式,如减收或免收预订款、邀请中间商参加熟悉产品的旅游活动、联合宣传和促销、赠送小礼品等。

(二) 冲突管理

在销售渠道的管理中,除了加强与中间商的合作之外,旅行社还必须处理好渠道成员之间的冲突。由于旅行社经常选择多个中间商销售产品,旅游中间商会因竞争而发生冲突。冲突一旦发生,会对整个销售渠道产生不利的影响,这些冲突既存在于销售渠道同一层次的成员之间,如为争夺客源同一层次的旅游销售商之间的冲突;还存在于同一渠道的不同层次之间,如旅游批发商与零售商的冲突,旅游零售商与旅游者的冲突。这些冲突是不可避免的,因此必须对冲突进行有效、合理的管理。

旅行社要深入了解每个重要渠道成员的实际需要及满足程度,分析渠道成员之间冲突产生的具体原因,积极地配合中间商解决问题。当渠道成员之间发生冲突时,旅行社不能听之任之,任其发展只能损害各方的利益。

项目四 开展旅行社产品促销活动

一、旅行社产品促销认知

产品促销是旅行社向旅游者传递有关本旅行社产品的各种信息,说服或吸引旅游者购买其产品,以达到扩大销售量的目的。旅行社促销实质上是一种沟通活动,即旅行社发出刺激消费的各种信息,把信息传递到一个或更多的目标对象(即旅游者、潜在需求者等),以影响其态度和行为。旅行社常用的促销手段有广告、人员推销、营业推广、公共关系促销和直接促销。旅行社可根据实际情况及市场、产品等因素选择一种或多种促销手段的组合。

旅行社促销能够起到传递信息、促进沟通的作用,能够缩短产品进入期,激发潜在旅游者的购买热情。旅行社通过促销,创造、引起旅游者的消费需求,刺激旅游消费者的购买行为,并且扩大旅行社知名度、树立旅行社产品形象。同时培养旅游者消费偏好,强化旅行社的竞争优势。总体而言,促销对旅游消费者的影响是潜移默化的,一个成功的旅行社促销会影响旅游消费者购买的每个阶段,发挥层层推进的作用。

二、选择旅行社产品促销方式

旅行社竞争不断加剧,促销方式也越来越多样化。旅行社通常采用以下促销方式:

1. 广告促销

以付费的方式,对有关产品的信息进行创意策划,广为宣传。旅游广告是一种高度大众化的传播工具,辐射面广,反复传达,形式多样。

2. 人员推销

指旅行社派出推销人员或委托推销人员,直接与旅游消费者接触,向目标旅游消费者进行产品介绍、推广,促进销售的沟通活动。

3. 销售促进

指旅行社为刺激旅游消费者购买,由一系列具有短期诱导性的营业方法组成的沟通活动。

4. 公共关系促销

指旅行社通过开展公共关系活动或通过第三方在各种传播媒体上宣传企业形象,促进与内部员工、外部公众良好关系的沟通活动。

5. 直接促销

直接促销是旅行社使用直邮、电话、传真、电子邮箱等非人员接触工具,与旅游者进行沟通或征求特定旅游消费者和潜在旅游消费者的回复。这种促销方式及时、有针对性、覆盖面广,但是如果使用不当容易引起消费者的反感。

5种主要促销方式各有优缺点,采用的促销工具也不同,见表6-1、表6-2所示。

表 6-1 旅行社产品促销方式的优缺点

促销方式	优 点	缺 点
广告	宣传面广,传递信息快,节省人力,形象生动	单项信息传递,效果不能立即体现,投入较高
人员推广	双向沟通,互动性强,有利于与顾客形成长期的关系	人员编制大,传播效率低,沟通面窄,推销人员素质要求高
销售促进	容易吸引注意力,作用快速,刺激性强	效果短期,组织工作量大,成本高,影响面窄
公共关系	真实、可信,容易接受	活动牵涉面广,企业无法可自行控制
直接营销	及时、覆盖面广、有针对性、效果容易衡量	具有强制性和泛滥的嫌疑,使用不当,容易引起消费者的反感

旅行社要充分认识不同促销方式的特点,有目的、有计划地将它们配合起来使用,使它们形成一个整体,发挥最佳的促销效果。常见促销工具应用见表 6-2 所示。

表 6-2 促销组合工具

广告	销售促进	公共关系	人员推销	直接促销
印刷和电台广告	竞赛、游戏	报刊稿件	推销展示陈述	目录
包装广告	价格/数量优惠	演讲	销售会议	邮购
包装中插入物	抽彩票	研讨会	奖励节目	电信促销
电影画面	赠礼品	年度报告	样品	电子购买
简订本和小册子	赠样品	慈善捐款	交易会和展销会	电视购买
招贴和传单	交易会和展销会	捐赠	—	传真邮购
工商名录	展览会	出版物	—	电子信箱
广告复制品	示范表演	人际	—	音控邮购
广告牌	回扣	游说	—	—
陈列广告牌	赠券	确认媒体	—	—
销售点陈列	低息融资	企业杂志	—	—
视听材料	款待	事件	—	—
标记和标识语	折让交易	—	—	—
影碟	商品组合	—	—	—

[例6—4]

威海各旅行社推出"三八"节促销活动

日前,记者从滨城各大旅行社和旅游景区景点获悉,虽然离"三八"妇女节还有一周时间,但各旅行社和景区景点早已将"橄榄枝"伸向女性,如威海周边的温泉、踏青、采摘等形式的一日游项目最受推崇,"三八"游在滨城春季这一旅游淡季中将掀起一个旅游小高峰。

据了解,"三八"节前夕选择短线休闲游大多以企业、社区为单位,旅行社和众多景区为吸引女性游客,也纷纷推出针对女性的特色项目,在价格上也为这些团体推出特别优惠活动。而长线游方面,眼下正是赏花踏青的好时节,到江西婺源赏油菜花等线路已经吸引游客们的预订。

出境游方面,据了解,3月3日至9日团期的日韩线路火热,其中首尔购物游、济州岛等线路非常受女性游客青睐。从旅行社提供的预订人数看,女性游客约占七成。

据业内人士分析,女性游客在选择旅游线路上比男性更注重旅途中的感受和细节的体验,目的地购物地点的商品、特色美食、特产及城市环境等都是吸引女性游客的关键因素。

旅行社在销售线路时附带赠送赠品是常用的促销手段之一,赠品最好是与旅行有关的物品或利益,比如看得见的旅行杯、旅行帽等,看不见的旅游保险等,或者赠"游"景点若干。游客报名出境旅游,有的旅行社还赠送电源转换器、旅游小药盒、手电筒等,使游客感觉很贴心。不过,旅行社一定要把好小礼物的质量关,同时要在小礼物上印上旅行社的形象标志。

旅行社应该采取多种方式对自己的旅游产品进行积极地促销。随着时代发展,网络促销将成为未来旅行社重要的促销方式,因为互联网促销对旅行社来说具有下列优势:(1)适应国际旅游散客潮的需求。随着旅游设施的不断完善和旅游者自主意识的增强,散客旅游日益成为潮流。由于每一个电脑网络终端都联系着潜在的散客市场,旅行社在网上促销,为招徕散客提供了直接的便利。(2)促销投入相对较少。旅行社只需花相对低廉的入网费就可以开展网上促销,大大节省了促销成本。(3)促销信息可及时调整。网上促销的一大优势是对促销信息能及时调整和补充,或定期进行更换,有助于旅游消费者及时了解最新产品信息。(4)为满足旅游者个性化的旅游需求创造条件。网上促销是旅行社与潜在旅游者的双向交流,旅行社可清楚地了解每一位旅游者的旅游要求与偏好,从而有可能为其提供"量身定做"的旅游产品。

关键词汇

旅行社产品营销组合　产品品牌　产品价格　销售渠道　促销

思考与练习

一、填空题

1. 旅行社产品是旅行社为旅游者提供的_____,其_____先于生产,而且不容易用产品自身的量化特征来表示其品质优劣,因此,旅游者更看重并借助_____来进行旅游产品的购买选择与决策。

2. 旅行社品牌的塑造是一个复杂的过程,主要包括:_____、_____、_____、_____、_____ 5个环节。

3. _____是市场营销组合中唯一直接产生效益的重要因素。

二、单项选择题

1. (　　)可以激发消费者对于旅游产品的购买欲望。
   A. 吸引人的产品特色　　　B. 实惠的产品价格
   C. 优秀的产品品牌　　　　D. 良好的产品策划

2. 旅行社产品价格受内、外两方面因素影响,下列属于外部因素的是(　　)。
   A. 产品成本　　　　　　　B. 营销目标
   C. 市场与需求　　　　　　D. 旅行社产品生命周期

3. (　　)是一种产销结合的销售方式,其优点主要表现在简便、及时、灵活、附加值高和利润较高等方面;不足之处是覆盖面窄,只适合在本地或其他主要客源地使用,影响力相对较小。
   A. 直接销售　　　　　　　B. 间接销售
   C. 快速销售　　　　　　　D. 项目类型销售

三、多项选择题

1. 产品品牌的功能有(　　)。
   A. 识别功能　　　　　　　B. 传播功能
   C. 增值功能　　　　　　　D. 保护功能　　　　　　E. 美化功能

2. 品牌定位的方法有(　　)。
   A. 差异化定位　　　　　　B. 重新定位
   C. 逆向定位　　　　　　　D. 狭缝市场定位　　　　E. 跟随定位

3. 旅行社产品销售渠道选择的影响因素有(　　)。
   A. 旅游市场　　　　　　　B. 旅行社品牌
   C. 线路的开发费用　　　　D. 旅行社的自身情况和经营范围

E. 渠道商的价格
4. 旅行社产品的促销方式有（　　）。
A. 广　告　　　　　　　　B. 人员推广
C. 销售促进　　　　　　　D. 公共关系　　　　E. 直接营销

四、判断题

1. 规模大、经营范围广的旅行社需要选择短而窄的销售渠道，反之，选择长而宽的销售渠道。（　　）
2. 旅行社销售渠道，是指旅行社将其产品提供给最终消费者的整个流通途径，也叫销售分配系统。（　　）
3. 成功的品牌大部分是得益于清晰的定位。（　　）

五、简答题

1. 简述旅行社产品品牌的重要意义。
2. 旅行社新产品上市时可采用哪些定价策略？
3. 旅行社采用互联网促销有哪些优势？
4. 简述旅游零售商和旅游批发商各自的职能。

六、案例分析

在粤港两地合作推动经济发展政策下，香港康泰旅行社凭借品牌信誉和积极部署，成为全港首家根据 CEPA 协议可在内地营办出境游服务的香港旅行社，并在深圳开设内地首家旗舰分店。香港康泰旅行社成立于 1966 年，早期员工只有 10 多名，并以经营车票、船票及接待入境旅客为主要业务。1999 年在广州开设全国首家粤港合资旅行社后，将香港式优质服务引入内地，业务范围包括团体及个人出境游、入境游、代订旅游套票、世界各地签证、酒店及机票，为客人带来愉悦的旅游体验。香港康泰旅行社发展至今，特别是在中央惠港政策下，已迅速发展成为超过千名员工的大型企业，并设有 24 间分社遍布香港、九龙、新界、澳门、深圳、广州及新加坡，连续 12 年成为全港参加人数最多的旅行社。据康泰旅行社董事长黄士心介绍，康泰旅行社深圳旗舰店现员工约 50 名，以"港式旅游、优质服务"为市场定位，配合公司在世界各地的旅游网络，将香港康泰的优质服务带给深圳旅客，提供高端的旅行团服务，包括内地居民喜欢的东南亚阳光海滩团、长线深度游、主题特色的邮轮团等，务求将香港康泰的经营理念带到内地，无论酒店、行程、膳食、领队及导游的素质等样样做好。请简要分析香港康泰旅行社品牌塑造的过程及品牌的意义。

模块七 旅行社产品质量管理

模块导读

通过本章的学习,学生能够理解旅行社产品质量和旅行社产品质量管理的概念,掌握旅行社产品质量的内外部评价标准,了解旅行社产品质量管理的内容,了解 ISO 9000 在旅行社产品设计中的应用,掌握旅行社经营中面临的主要风险及规避风险的措施,掌握各种类型的突发事故处理方法。

项目一 旅行社产品质量及其标准

一、旅行社产品质量的概念及特性

(一)旅行社产品质量的概念

目前,人们对质量的定义还没有形成统一的看法。有的学者将质量定义为符合标准,也有的学者将质量定义为满足或超过顾客的期望。爱德森万认为质量有六种内涵,包括:(1)无错误的执行,零缺陷的商品售卖;(2)安全的活动、服务、表演及场景;(3)迅捷的服务和准时的安排;(4)有效率和有效果的服务表现;(5)以正确的方式解决问题;(6)殷勤的、可靠的、值得信赖的行为。

旅行社的产品质量,概括地说,就是旅行社产品满足游客需求程度的总和,包括物质需求和精神需求两个方面。满足游客的物质需求,就旅行社来说,最主要的是设计出能满足不同层次游客需求的线路和节目,食、住、行、游、购、娱等项目供应标准要质价相符。旅行社还要通过热情周到、谦和礼貌、舒适方便和迅速及时的服务,使游客同时得到精神上的满足。

旅行社产品设计是保证其整体产品质量的基础。产品设计质量要保证旅行社所设计的产品,既在实用价值上能满足旅游者的旅游需求,又能与性能价值一致。

(二)旅行社产品质量的特性

迄今为止,学术界对服务产品质量的概念没有统一的界定,这在某种程度上反映了衡量顾客满意度和确定服务质量标准面临的困难。通常地,理论界将服务质量分成客观质量和主观质量:客观质量是对有形因素进行客观评价,主观质量是指对无形因素进行主观评价,无形因素的服务质量在很大程度上取决于员工技能及其服务态度等。

旅行社产品的特殊属性决定了这个行业的特殊性。旅行社产品是典型的服务产品,具有服务产品的共同特性,主要有以下几点特性:无形性、综合性、非专利性、生产和消费的同时性、所有权的不可转移性和非均质性。这些特性导致旅游者在产生购买行为时,所获得的并不是真正意义上的产品,而是一种服务的承诺。当游客的购买行为发生时,他并不能亲眼看到和感受到旅行社产品的品质和内涵,因而无法对产品的属性和质量做出判断。此时,他对该产品的所有感知都是建立在旅行社的描述性的介绍与承诺上。旅游者之所以会从某家旅行社购买代表旅游权利的一纸合同,愿意承担"先买后尝"的风险,其决策的基点就是对于这家旅行社的信任。所以说,企业形象和口碑对于旅游行业来讲具有较其他行业更为重要的意义。"信任"就是旅行社企业最大的竞争优势。旅行社产品的质量真正达到了一定的标准,具有了一定的口碑,旅行社就能拥有良好的美誉度,让人对其产生信任感,从而产生购买行为。

二、旅行社产品质量的基本标准

(一)旅游者评价标准

1. 预期质量与感知质量的比较

预期质量,是指旅游者在接受旅行社提供的实际服务之前,对旅行社产品质量所产生的心理预期。感知质量,是指旅游者在旅游过程中实际体验到的旅行社服务质量。旅游者通过将预期质量与感知质量进行比较,对旅行社产品的质量进行评价。当旅游者的感知质量大于或等于其预期质量时,旅游者就会认为旅行社产品的质量高,对旅行社的服务感到满意;当旅游者对旅行社产品的感知质量低于预期质量时,旅游者就会认为旅行社产品的质量差,并且对旅行社产生不满情绪。

2. 过程质量与结果质量的比较

旅游者评判旅行社产品质量的另一个标准是过程质量与结果质量的差距。旅游者在评价旅行社产品的质量时,不仅要考虑购买该产品过程中旅行社所提供的服务是否令其感到满意,而且要考虑在消费该产品后是否能够达到其预期的结果。尽管过程质量和结果质量对于评价旅行社的产品质量均十分重要,但是多数旅游者更加注重结果质量。只有当游客认为结果质量高于过程质量,或者不低于过程质量时,才会对旅行社产品的质量感到满意。

(二)旅行社内部评价标准

旅行社产品最基本的客观质量标准包括:

(1)旅游线路安排合理,旅游项目丰富多彩,劳逸程度适当,能够满足旅游者在旅游过程中游览和生活的需要。

(2)制定的旅游线路和日程能顺利实施,不耽误或不任意更改游程。

(3)按质按量地提供计划预订的各项服务,如保证饭店档次、餐饮质量、车辆规格、导游水平和文娱节目等。

(4)保证旅游者在旅游过程中的人身及财产安全,保证其合法活动不受干预和个人生活不被骚扰。

(5)服务人员不仅要有良好的文化素养和服务技能,还要有高尚的职业道德、强烈的服务意识和良好的服务态度,能够创造一种宾至如归的旅游氛围。

(三)旅行社产品服务质量评价标准

顾客在评价服务质量时主要依据五个标准,这五个标准分别是服务的有形性因素、可靠性因素、快速反应性因素、保证性因素和移情性因素。

1. 有形性因素

旅行社服务的有形性因素,是指旅行社的有形展示,具体指旅行社和相关部门的硬件设施设备、服务设施的外观、宣传品的摆放和员工的仪表仪容等。如旅游车的档次、旅行社的设备质量、餐馆的卫生、导游员的穿着打扮等。由于旅行社产品的本质是一种无形的服务,而实现服务所借助的有形性因素直接影响到旅游者对旅行社产品质量的感知。因此,旅行社产品中所包含的有形成分必然成为旅游者判断旅行社产品质量的重要因素。

2. 可靠性因素

旅行社服务的可靠性因素,是指旅行社履行服务承诺的能力。它主要指两个方面,一是适时,二是准确无误。由于旅行社的服务产品涉及多个相关部门,有很多的不确定性,因此旅游者在评价旅行社的服务产品质量时,最看重可靠性因素。当旅游者遇到麻烦时,旅行社工作人员能够协助解决相关的问题,旅行社能准确可靠地提供承诺的服务。旅行社提供服务的过程中任何不兑现承诺的行为,都会导致旅游者的不满。

3. 快速反应性因素

旅行社服务的快速反应性因素是指旅行社在有效时间内为旅游者提供快捷有效服务的能力。旅行社是否能够及时地满足旅游者的各种合理要求,表明旅行社是否具备了以服务为导向的经营观念,即是否将旅游者的利益放在首位。当旅游者有需求和困难时,旅行社要尽快帮助顾客解决问题。许多管理学者认为,未来的企业竞争很大程度上是速度竞争,怠慢客人意味着丧失良机。有人曾预言,21世纪不是大公司吞并小公司,而是动作快的公司吞并动作慢的公司。

4. 保证性因素

旅行社服务的保证性因素是指旅行社服务人员给顾客带来信任与信心所必须具备的观念、态度和胜任工作的能力,能让顾客产生信赖感。具体包括对旅游者的礼遇和尊敬、与旅游者有效的沟通、服务人员完成任务的能力和对旅游者关心的态度。保证性因素影响到旅游者对旅行社服务质量的信心和安全感及其对旅行社服务质量的判断。

5. 移情性因素

旅行社服务的移情性因素是指旅行社对旅游者需求的预见能力和提供个性化服务的行为及能力。这要求服务人员具有接近旅游者的能力和敏锐的洞察力,体贴旅游者,能够正确地理解旅游者的需要,设身处地地为旅游者着想。

项目二　旅行社产品质量管理

一、旅行社产品质量管理的内涵

旅行社产品质量管理,是指旅行社为了保证和提高产品质量,综合运用一整套质量管理的体系、思想、手段和方法所进行的系统地管理活动。具体地说,就是旅行社全体员工及有关部门同心协力,把经营管理、服务技术、数理统计等方法和思想教育结合起来,建立起旅游产品生产全过程的质量保证体系,从而用最经济的手段提供旅游者满意的旅游产品。

由于旅行社的产品质量是对旅游者全过程服务工作的综合反映,涉及旅行社内外的各个部门和每一个服务人员,因而旅行社对管理的要求也就必然是全面的、系统的。旅行社的产品质量管理的内容应包括对有形产品质量的管理、对旅游服务质量的管理和对旅游环境质量的管理。

(一)对有形产品质量的管理

旅行社的有形产品质量,一般是指设计安排的质量,主要表现为:一是线路节目是否齐全多样,符合多层次、多方面游客的需求;二是质价是否相符,游客是否感到安全方便。对旅行社来说,产品质量是企业的生命所在。一直以来,多数旅行社把提高产品质量的注意力放在服务质量的提高上,忽视产品设计开发过程的质量管理。其实,产品设计开发过程是产品质量形成过程的第一关口,是形成旅行社产品质量的决定性环节之一。国外有的质量管理专家认为产品的质量问题,有20%~40%是在设计过程中造成的。如果设计开发过程的质量管理没搞好,就会给产品质量留下许多问题。也就是说,开发设计质量不高,将来不管旅行社如何努力都是没有意义的。

旅行社产品设计的质量管理应侧重于:

1. 旅游线路安排要合理

旅行社在产品设计方面应注意避免旅游线路中出现不必要的重复或往返,以避免旅游者因过多的线路重复或往返产生厌烦情绪。

2. 产品内容要符合旅游者的需要

旅行社所设计的旅游线路和节目中的各个项目必须真正符合旅游者的需要,能够使旅游者通过游览和参观得到生理上和心理上的满足。

3. 交通工具要得到切实保障

旅行社在检查其产品设计时,应注意所安排的交通工具是否能够得到切实的保障。一般来说,根据我国多数地区的交通条件,旅游者的城市间交通工具不应安排为过路列车或航次较少的民航航班,以避免在旅游旺季时因火车票或飞机票供应紧张而不能保证旅游者按计划抵离。

4. 游览项目要避免雷同

游览项目雷同是旅行社产品设计的大忌,必须设法避免。旅行社管理者应认真核对旅游线路中的各旅游项目安排,一旦发现雷同项目,应及时加以改正。

(二) 对旅游服务质量的管理

一般来说,当游客在物质需求得到一定的满足以后,很自然地就转向对服务的要求。以提高服务质量来吸引和满足游客,是旅行社经营中的一个基本战略问题。

服务质量主要是指在一定时间内和一定环境下,服务工作使游客满意的程度。它主要由服务态度、服务语言、服务项目、服务技术、服务仪表、服务时间、服务时机等构成。

1. 服务态度

主要是指服务人员对待游客的行为倾向。它是一种心理反应,无法直接测定和度量,但是通过游客的直接感受可以体察出它的优劣。良好的服务态度会对游客产生一种强烈的吸引力,使旅行社生意兴隆。

2. 服务语言

服务语言是服务人员在服务过程中借助一定的词汇和语调向游客提供信息的一种手段。在接待和服务游客时,语言要表达出主动热情、诚挚善意的感情,这一方面体现了对游客的尊重,使游客感到轻松愉快;另一方面也显示了服务人员的文化素养、知识水平和职业道德。旅行社的语言艺术是每个服务人员必须掌握的基本功,是旅行社加强服务质量管理的重要内容。服务语言的基本要求是语音准确;另外还应在语言规范、语气选择上有讲究。

3. 服务项目

是指旅行社所具有的服务功能，由服务人员和旅游服务设施相结合而组成。服务项目的基本要求是：方便游客，要使游客获得省时、省力、方便、愉快、有益的实惠。

4. 服务技术

主要是指服务人员的服务知识和操作技巧。服务知识要求服务人员对本部门服务项目的内容了如指掌、对答如流，并尽可能多地掌握与旅游相关的知识，以备游客查询。操作技巧是服务人员在服务过程中所体现出来的操作基本功。比如，旅游旺季门市接待人员要做到耳目灵敏、沉着冷静、聚精会神，动作熟练、准确、迅速和美观，要嘴勤、眼勤、手勤，同时能接待几位游客，做到"接一顾二招呼三"。

5. 服务仪表

就是指服务人员的外部表现和行动举止，主要是容貌修饰、着装、举止风度等。它不仅体现了服务人员的个人形象，还反映着旅行社以至国家的文明程度和道德水准。我们要求服务人员具有健康、明朗、庄重、可敬、可亲的形象，表达出全心全意为游客服务的美好愿望。为此，对服务人员仪表的基本要求是：容貌大方，不浓妆，自然健康，精神饱满；着装打扮整洁划一，庄重朴素；行为风度端庄文雅，谈吐得体，落落大方。

6. 服务时间

旅行社确定的服务时间要最大限度地满足游客的需要。根据市场规律安排服务时间。由于游客在外旅游时可能会有意料不到的事件发生，有的旅行社安排一定的人力、物力昼夜24小时值班服务。有的旅行社地处商业中心，流动人员密集，为了错开各种上下班时间，提前营业和推迟休息的服务时间等，这些都能赢得游客的欢迎。

7. 服务时机

是指服务人员为游客提供服务的最佳机会。提供服务要适时，超前和延迟服务都会引起游客的厌烦和不满。当游客尚未决定旅游，只是想打听一下旅游节目的价格时，服务人员却将自己喜好的旅游节目极力地推荐给游客，这样，即使是热情详细的介绍，游客也会感到厌烦。要掌握好服务时机，向游客提供恰到好处的服务。第一，要察言观色。有经验的旅行社接待服务人员认为提供服务的最好时机是游客对旅游线路节目产生兴趣到假设联想之间。这种服务时机有三种辨别的方法：一是游客进旅行社后直接询问和了解某条线路节目情况的时候；二是游客长时间反复地观看某条广告介绍的时间；三是旅游者从其凝视的某条线路节目的广告介绍上收起目光进行想象的时候。第二，要注意游客的言谈话语，掌握游客的需要趋向。第三，要辨认不同类型的游客，掌握时机，投其所好，有针对性地提供服务。

(三) 对旅游环境质量的管理

旅游环境质量管理就是旅行社通过对为游客提供服务的全过程中所涉及的一切硬件供应项目加强管理,如社容社貌、营业、接待等服务场所等,给游客创造一种优美和舒适的环境,使游客进入旅行社后感到明快豁亮、舒适宜人,方便咨询和报名。环境美,是旅行社争取游客光顾的极为重要的条件之一。

同样,旅行社为游客安排的膳食、住宿和交通工具等也必须质价相符,满足游客物质上的需求。当然,对旅游点和外协单位的环境设施和供应项目质量上的管理,有一定的难度。但是,只要旅行社从重视服务质量和维护游客利益出发,也不难采取一些有效的措施和办法。有的旅行社对外协单位实行定点,对餐厅、饭店和车队等进行慎重的实地考察、对比、选择和确定。签订质量保证协议和合同,这也不失为一种有效的制约措施。旅行社从宏观的角度出发,确立其更广泛的质量保证体系,对完善和提高旅游产品质量具有十分积极的意义。应充分认识到,建立这种质量保证,是旅行社质量管理的引申和延续,也是旅行社质量管理的结果和目的。旅行社在与外协单位的长期合作过程中,更要不断地将游客的质量信息反馈给对方,使之不断改善和提高服务、供应质量,以满足游客的需求。

二、ISO 9000 与旅行社产品质量管理

(一) ISO 9000 的基本概念

ISO 9000 系列标准,是国际标准化组织在总结过去传统的产品检验、测试及质量控制工作的基础上,针对制造业与服务业所制定的质量管理和质量保证标准。

当今世界贸易产品和产品质量已越来越国际化,因而要求生产产品的企业质量管理也能够在国际上求得一定程度的统一,以便对企业的技术、管理及人员的能力进行评价,并且一旦产品发生责任纠纷,也能明辨是非,找出问题所在。为此,国际标准化组织(ISO)TCl 76 技术委员会针对制造业与服务业制定了 ISO 9000 系列国际标准,作为对企业进行质量管理的标准。ISO 9000 系列标准提供了一个国际通用的质量标准体系,提出了质量体系应包括的要素,为质量管理提供了指南。

ISO 9000 系列标准,包括 ISO 9001、ISO 9002、ISO 9003、ISO 9004 国际标准。ISO 9000 是指导性标准,ISO 9001、ISO 9002、ISO 9003 标准是企业为了贸易和认证需要以顾客或第三方评价供方的质量管理状况和标准保证的三个模式,它们分别适用于不同生产范围和过程的企业,其中 ISO 9001 标准适用于开发、生产、安装和服务的全过程质量保证,ISO 9002 标准适用于没有设计、开发阶段的企业,ISO 9003 标准适用于最终检验和实验的质量保证,ISO 9004 是企业内部建立质量体系的基础性标准,而 ISO 9004—2 专门为区别于工业企业的服务企业的服务质量和如何建立服务质量体系进行了科学的阐述。ISO 9001 包含了设计、开发、生

产、安装和服务的各个阶段的 20 个要素,最适合于旅行社采用。

(二) 旅行社申请 ISO 9000 标准认证注册的意义

ISO 9000 系列标准的意义,不只是提供质量保证的一种质量体系标准,而且是企业管理系统化、程序化、标准化的一整套科学管理模式。旅行社申请 ISO 9000 标准认证注册的意义在于:

1. 提高旅行社的质量信誉,有利于开拓市场

旅行社获得了认证机构颁发的 ISO 9000 体系证书,上了机构发布的注册名录,就向公众证明了旅行社有能力按规定的质量要求提供产品,具有一定的质量保证能力。它在质量信誉方面比起未认证的旅行社有极大的优势,有利于吸引客源,开拓市场。

2. 指导消费者选择放心旅行社

目前,我国大部分旅行社作业很不规范,ISO 9000 提供了基本的质量保证体系,它是旅行社现阶段改善质量品质的一种选择方式,给获得认证的企业带来了信誉上的优势,成为一张无形的贸易护照。对于消费者来说,选择通过 ISO 9000 认证的旅行社,就好比多了一道保险,其利益能得到保障。

3. 促进旅行社按照国际标准建立和完善质量体系

ISO 9000 系列标准的目的是让申请认证的每个组织都建立起一个文件化有效运作的管理体制以提高自身的质量管理水平。旅行社企业要想申请获得认证,必须在认证前以系列标准指导企业内部的质量管理,并规范现有的质量体系;认证后,还要接受监督,对内部产品、过程以及体系质量进行不断的自我"诊断",及时发现存在的问题并改正。因此,申请 ISO 9000 标准认证,能促进旅行社建立有效运作的管理体制,提高自身的质量管理水平。

4. 有利于保护消费者的利益

ISO 9000 质量保证标准中指出:标准规定的目的,在于防止从设计到服务的所有阶段出现不合格,以增强客户的购物信心。旅行社企业按照标准管理,保证提供的旅游产品合乎旅游者的要求,从而使旅游者的利益得到了保证。

(三) ISO 9000 在旅行社产品设计中的应用

ISO 9000 主要是一种通过制度标准来保证服务质量的方法。旅行社产品主要是一系列服务,其表现形式是旅游线路与旅游历程。在产品设计阶段,把品质设计到产品中去,是保证产品质量的关键。

旅行社产品设计的过程要符合程序编制计划。首先,要确认旅游产品设计者的资格。由于旅行社产品设计的过程是一个团体合作的过程,要有与之相关的各方专业代表参加。因此,在设计产品时,要确认旅游产品设计者是否具备资格。参与旅游产品设计的人员应由三部分组成:一是精通市场、熟悉产品内容、有产品设计能力的人；二是接待一线熟悉顾客需求的人；三是具有美工设计水平的专业设计人员。由上述三部分人联合组成产品设计小组。其次，明确设计内容。旅行社产品设计主要有三个方面的内容，即交通、住宿与游览。要通过调查研究，广泛收集有关资料，明确设计过程中每个阶段的任务与责任，旅行社与这三个方面的合作伙伴要有合同依据，并做出时间安排。最后，采取评审通过的办法，对产品进行设计确定，完成整个设计的过程。

旅行社的产品设计主要包括以下3个方面的工作：

1. 设计输入

在 ISO 9000 标准4.4.4中对于设计输入有明确的规定：对不完整的、含混不清的或有矛盾的情况，应在产品设计之前与责任部门共同解决。例如，旅行社具体选择哪家酒店、哪家航空公司的产品，由谁来控制产品的承诺，合同前提如何，产品是否完全兑现，都要有控制文件。

将设计输入的要求列入设计任务书，这是开展设计工作的依据，也是验证评定的依据，因此必须形成文件。事实上，ISO 9000 就是试图以实现程序文件化，并使其得以遵循的方式保证质量。如果不做设计任务书，就会造成无检验评审依据。设计任务书由总经理下达，但在下达设计任务书之前必须由总经理召集专家讨论，下达准确的设计指令。如，在产品设计上提出固定与一家航空公司合作，选择特殊指定的酒店，统一集中客源流量的做法推出某些线路。这里涉及的产品环节有航空公司和酒店。这两个因素在设计产品前必须具备合同条件。这些因素确定后，作为设计输入，在设计评审中对航空公司和酒店是否能满足顾客的要求做出评价。对涉及社会保险、民航法令、旅游法规上的要求也要在产品中注明。如更改产品的售价是否已包括保险，保险范围如何，民航航班推迟或由于不可抗拒原因引起航班延误或取消时应对顾客负什么责任；要对预付定金做出规定，由于顾客原因取消旅行是否退还定金也要说明。这些都是设计输入的基本要素。

2. 设计输出

设计输出包括了所有设计成果，如产品说明、产品设计草案等。设计输出要对照设计输入的因素进行检查，落实输出是否能满足设计输入的需要。

3. 设计评审、验证及确认

设计评审由产品的提供方负责，由相关的职能部门人员完成。如产品涉及某些法规限制，要请有关被认可的法规制定单位或外部机构参加评审。如接待专业摩托车体育代表团，涉及摩托车入关、行驶路线，要请海关、体委和公安等有关部门参加评审。整个设计评审的记录应妥善保存。评审的目的是评价设计结果是否达到质量要求；验证是检查设计的程序是否正确；确认是对产品最终能否满足使用要求做出最终的判断和确认。

旅行社产生交易的三要素是产品对路、价格合理、质量保证。目前我国旅行社行业的产品设计普遍不够规范。如产品由某一人负责设计,设计初稿完成后交主管领导审阅一下,经领导签字就形成正式产品。在整个设计过程中既没有设计任务书,也没有由多种专门人才组成的正式评审组。这样设计出来的产品很可能不符合市场需求,或者产品存在着不可兑换性,构成事故隐患,或者一旦出现事故,难以查清责任者和实行赔偿。为了使产品适销对路,保证服务质量,旅行社产品设计要力求规范、细致、可量化和易监控。

三、旅行社产品质量管理案例

(一)实际案例

目前,游客维护自己合法权益的意识逐渐增强,旅行社必须对产品设计、导游管理、服务质量监控和投诉处理等环节引起足够重视。在下述案例中,某旅行社组织了一个九寨沟、四姑娘山九天豪华旅游团,在旅游过程中和旅游后由于没有及时、有效地处理投诉游客,引起游客投诉不断升级,最后起诉到法院,对簿公堂。纠纷虽然在法院的主持下得到调解,但旅行社为此耗费了大量的人力、物力和时间,支付了较大的经济赔偿,并严重影响了旅行社的声誉。

[例 7—1]

旅行社处理投诉不力引发诉讼

李某等 24 名游客在去年国庆节期间,参加某旅行社组织的九寨沟、四姑娘山九天豪华团,团费 3920 元/人。由于在旅途中遭遇了一系列不愉快,李某等人向旅行社投诉,在得不到及时解决的情况下,向省质监所投诉下列问题:

1. 旅行社住宿安排严重违约,安排他们到一些无星级且卫生条件差的旅店入住。

2. 用餐条件差,三个正餐吃冷饭菜。

3. 全陪服务水平不达标。

4. 缩减行程安排。

5. 作虚假广告宣传,欺骗游客。

由于双方未能达成一致意见,交省质监所处理。

经省质监所调查核实,旅行社存在以下质量问题:

1. 合同规定该团为豪华团,九寨沟和成都安排入住三星或相当于三星标准酒店,四姑娘山住标准间,茂县和汶川入住二星或相当于二星标准酒店。而实际上旅行社除在茂县和四姑娘山安排符合约定的标准以外,其余都安排入住无星级旅店;

2. 旅行社导游没有跟团往返,只在目的地陪同游客参观游览,没有提供全陪服务,且部分景点导游没有讲解;

3. 部分用餐标准不达标;

4. 没有按行程安排参观小熊猫馆等景点;

5. 广告宣传有夸大成分,但不存在欺骗游客的问题。

根据双方举证和有关法律规定,省质监所作出了该旅行社应赔偿游客每人410元的处理决定。

李某等游客对质监所的处理不服,上诉到人民法院,3月21日法院就此案进行调解,最后当事人双方以旅行社给李某等游客每人800元经济赔偿,诉讼费各付50%为条件,达成和解。

(二)案例分析

(1)旅行社做广告宣传要恰如其分,并要按广告承诺的标准提供货真价实的服务。旅游产品是一个动态的产品,旅行社除提供导游、安全和方便等无形服务之外,还要提供住宿、景点、交通及餐饮等有形的配套服务,而这些有形配套服务往往是看得见、摸得着的,它们是旅行社产品质量最直接的反映。旅游者对旅行社的产品会进行预期质量与感知质量的比较,以及过程质量和结果质量的比较,如果旅行社为了收客,夸大宣传自己的产品,比如将没有挂星牌的旅店说成"三星或相当于三星标准酒店"、一般草原宣传成"一望无际的大草原"等,使游客出游前抱着较高的期望,但实际体验之后,形成心理期望值的落差,认为旅行社利用广告进行欺骗,就容易出现投诉、要求经济赔偿的情况发生。

(2)规范旅行社运作,提高产品(旅游线路)质量。目前,旅游市场竞争激烈,为了适应市场的需求,旅行社不断开发和推出新产品(线路)。因此,旅行社要切实做好业务人员的培训,提高他们的实际操作水平,充分了解和熟悉各条线路的情况,将旅游线路的各个服务要素进行巧妙搭配,组合成质量比较有保证的旅游产品,再将这些产品推向市场。同时要加强对旅游产品在游客消费过程中的质量监控。而此案例中游客投诉旅行社安排的"全陪"没有尽职,只履行了地陪的职责,从而影响产品的服务质量,这是由于旅行社在组合旅游产品的过程中,在提供导游服务环节不规范所致。

(3)建立和完善质量管理机制,保持投诉渠道畅通,及时、有效地处理投诉。游客对旅游服务质量不满意,首先会向旅行社投诉,解决不了问题,才向质监所投诉。游客投诉除了要求得到一定的经济赔偿之外,也希望旅行社重视和采纳他们的意见,并加以改进。此案中由于旅行社极不重视游客的投诉,没有解决他们在旅途中和旅游后投诉所反映的实际问题,所以最后游客坚持要到法院起诉旅行社,以获得心理平衡和更多的赔偿。因此，旅行社要切实做好游客的投诉处理工作，把问题解决在萌芽状态。此外，旅行社还要意识到，旅行社做好游客的投诉工作，保护游客的权益，不仅能够维护旅行社的品牌，也能获得游客对企业的信任，从而用真诚培养出忠实的消费者。

项目三　旅行社产品经营的风险管理

一、旅行社产品经营的风险管理

旅行社产品的生产和消费具有同时性，即旅行社经营业务的开展过程与旅游者消费旅行社产品是同时进行的。旅行社在经营过程中经常会遇到一些难以预料的损失，这就是旅行社产品经营中的风险。为了尽可能地减少损失，旅行社就需要进行风险管理。简而言之，风险管理是指经济主体对威胁其收益的实际损失与潜在损失所进行的识别、测定和控制。

（一）旅行社产品经营中面临的主要风险

旅行社在经营管理的过程中会遇到很多风险，其中既包括一般企业会遇到的风险，也包括由于旅游活动的特殊性而产生的一些特有的风险。

1. 财务风险

旅行社与酒店、景点等旅游供应商之间，与旅游者和接待社之间存在着较为复杂的债权债务关系。很多无法收回的坏账、海外拖欠款、国内三角债等，都是困扰旅行社的大问题。大量应收账款无法按时顺利回收构成财务隐患，导致新产品研发设计的经费不足，使得旅行社的财务风险问题相对突出。

2. 市场及竞争风险

旅行社在对市场进行调查研究的基础上开发产品，然后向市场进行宣传促销，把产品推向市场。产品开发是否对路，旅行社希望通过销售产品来实现企业利润的目的能否实现，都要依靠市场来检验，市场的不确定性是旅行社面临的主要问题。

3. 人身及财产风险

旅行社产品当中涉及交通工具、房产及其他经营设施，这些财产都有可能因某种原因而受到损失，这就构成了旅行社可能面临的财产风险。旅游活动具有较大的时间、空间跨度，在旅游活动中旅行社会遇到各种问题。社会治安状况的恶化，旅行社工作人员和旅游者的失误，都可能使人身财产安全受到损害。另外，旅行社员工也有发生人身财产损失的可能性。这些不确定性因素构成了旅行社经营过程中的人身及财产风险。

4. 责任风险

在旅游者购买旅游产品时,旅游者与旅行社之间会签订合同,规定双方的权利和义务,其中对旅行社接待活动的细节也会有详细规定,如住宿、交通、所参观的景点等。由于旅游活动的综合性与复杂性,旅行社对旅游者的履约情况在很大程度上取决于其他旅游供应商对旅行社的合同履行情况。另外,旅游活动中随时可能出现的一些意外问题也会影响旅行社履约。一旦旅行社不能兑现对旅游者的承诺,没有很好地履行合同,不论原因怎样,旅行社都要承担责任,需要对旅游者进行赔偿。旅行社的责任风险也是旅行社产品经营中经常面临的一项主要风险。

(二)旅行社产品经营风险管理的步骤

1. 进行风险识别

风险识别是根据旅行社性质、经营方式、经营过程以及经营环境的分析,找出面临的风险并加以判断、归类和鉴定风险性质的过程。旅行社产品经营的风险识别可以从如下几个方面进行:①对旅行社的各个业务活动环节进行分析与考察,分析各环节存在的责任风险;②对旅行社的人员、财产状况进行分析,明确可能出现的人身、财产风险;③分析旅行社的财务状况,尤其重视对应收账款的账龄、数额等的分析,预测财务风险;④根据对历史资料、市场状况的分析以及对竞争对手情况的预测,分析旅行社的市场风险。

2. 风险预测和评价

旅行社的风险预测是通过对行业与旅行社以往的损失估计、投诉以及赔偿情况的资料进行详细分析,并运用概率论与数理统计的方法来估计和预测风险发生的可能性和损失大小。风险评价则是对旅行社风险的预期损失程序和控制、处理风险可能发生的成本费用的大小进行衡量,决定应对哪些风险进行处理以及处理的程序。由于旅行社的经营环境在不断变化,历史资料只能为进行风险预测及评价提供一些参考,还需要根据风险发展趋势、旅行社内外部因素对历史资料进行修正,以得到比较切合实际的数据。

3. 风险控制与处理

在对旅行社的风险进行合理评估的基础上,就可以控制和处理风险了。这是旅行社风险管理的最终目的。旅行社的一系列风险管理措施,都要靠控制与处理来实现。

对于不同类型的风险,控制与处理的方法也不相同,主要有以下几种:

(1)对旅行社的财产风险,可通过投保和财产监察加以转移或控制;雇员人身风险控制的基本方法是为旅行社员工安排有效的社会保险计划。

(2)市场及竞争风险难以控制,旅行社可以通过以下方法来分散或降低风险:开发市场时,进行科学的可行性分析;采用产品多样化和市场多样化方法来分散风险;新产品投入市场前,可以在目标市场中进行试销;保守商业机密,尽量增加产品中独有的特色,降低产品的可复制性。

(3)为降低旅行社的财务风险,旅行社要经常分析财务报表,及时发现问题;制定有效的信用制度;坚持先付款后接待,减少应收账款数额;提取合理的坏账准备金;准备适度的流动资金,防止财务危机;采用合理的定价及催款制度,有效规避外汇风险。

(4)旅行社的责任风险也是旅行社应该着力降低的一种经营风险。为减少旅游活动中出现问题的概率,旅行社首先要向员工尤其是导游人员进行相关教育,强化其遵照合同提供服务的意识,提高他们处理突发事件的能力与技巧。其次,要慎重选择合作伙伴,建立信誉登记制度,选择信誉好的合作者;健全与供应商之间的合同化管理,在因供应商的原因而发生损失时,可以行使追索权;在与旅游者签订合同时,尽量争取比较大的缓冲余地,对于不确定性强的事项适当降低承诺;针对旅游过程中可能出现的人身、财产损失以及旅行社责任风险,向保险公司购买保险。

(三)旅行社避免风险的主要措施

1. 树立风险意识

在中国,旅行社对风险管理的重要性目前尚未足够重视,因此也未积极采取措施去防范各种风险。多数旅行社没有专门的负责风险管理的组织或机构,人员配置上也没有吸纳风险经理、风险顾问等专业人士。在旅游业比较发达的国家,旅行社管理者对风险管理则极为重视,一般设专门机构或专人来分析、控制旅行社经营中可能出现的风险。

2. 建立风险管理组织

在一些旅游业比较发达的国家,部分较大的旅游批发商、经营商内部设立了专门的小型组织或类似机构来专门开展涉及风险的管理工作,如风险事故委员会等。这些机构的工作内容涉及旅行社的风险预测、预防、控制和风险事故的处理等方面。有一些旅行社专门聘请风险经理或风险顾问,还有一些国家在旅行社外部设立专门组织,处理旅游意外事故,如日本的"紧急事故委员会"。

处理旅游意外事件需要专业知识与技巧,同时很多问题的解决也有赖于旅行社内部各部门的共同配合。设立专门的风险管理组织的优越性在于可以使该组织既具备相关知识与处理方法,又可以在第一时间迅速反应,并召集相关部门解决问题。因此,有条件的旅行社都应该设立专门机构或人员来负责风险管理事宜,协调各部门开展工作。旅行社管理者要赋予风险管理部门在处理问题时协调各部门工作的权力,以便于统筹解决问题。

3. 分散经营风险

旅行社是高风险行业,必须在经营中尽量降低并分散风险。通常可以采用以下几种方法：

（1）与供应商订立保证合同：旅行社的很多责任风险是由于旅游供应商的失误造成的。针对这种情况，旅行社可以在与供应商签订合同时专门订立保证条款，一旦发生问题，就可以对供应商的过失进行追索，以降低责任风险。

（2）多元化经营：多元化经营，通俗地说，就是不要将鸡蛋放到一个篮子里。旅游业具有季节性、脆弱性等特点，而通过投资于其他行业或地区，旅行社可以分散经营风险，提高抗风险能力。很多时候，其他产业的发展也可以为旅行社带来客源，可以在一定程度上减少市场风险。

（3）集团化经营：集团化经营是增加企业经营稳定性，降低风险与波动的有效途径。通过集团化经营、横向一体化、纵向一体化、跨行业联营等策略，可以将经营风险化整为零，增加旅行社抗风险的能力；同时，集团化使一部分旅行社的外部风险内部化，有利于对一部分财务风险、市场风险、责任风险的控制与管理。

4. 积极参加保险

保险公司等外部组织可以为旅行社提供专业服务。旅行社应该充分利用这些市场化的、成熟的服务，减少意外损失。

国内的很多旅行社为降低成本不愿主动为旅游者投保，这种现象在国内旅游中尤为突出。随着国家政策的引导与强制，现在大多数旅行社已接受为旅游者购买旅游意外伤害、行李损失、第三者责任等保险。

二、旅行社的危机处理

危机是指影响企业生产经营活动的正常进行，对企业生存、发展构成威胁，损害企业形象的某些突发事件。任何一个旅行社的发展都不可能是一帆风顺的，一些突发性、灾难性事件在造成人员和财产损失的同时，往往还会影响到旅行社的形象和声誉。

[例7—2]

一次突发事故引起的赔偿

2013年，南昌某旅行社组织一个由42人组成的单位旅游团前往新疆旅游。在全陪小王的带领下，旅游团7月18日从南昌出发前往西安，在西安游览一天，然后前往新疆游览，7月24日从乌鲁木齐返回。

7月18日，南昌到西安的K244趟列车由于车辆检修，晚出发了4个多小时，团队客人将对列车晚发的不满发泄在全陪小王的身上，以列车晚点会导致在西安游览景点缩水为由，要求旅行社给出补偿方案，小王只能表示很无奈，一再沟通下，终于说服了大家。接下来的旅程大家都游玩得很愉快，就在 7 月 24 日早上 7 点时，客人向小王提出要乘飞机返回南昌，要求把已经订好的当天 11:15 的 K596 次列车的火车票全部退掉，小王为安抚游客情绪，答应了游客的请求并表示全权负责退票事宜。在陪同客人游览完行程中最后一个景点天山后，小王赶到火车站，这时离列车发车时间还有 2 个小时，但是火车站人山人海，小王排了半个小时队后发现队伍还是很长，于是找到车站相关人员交涉，但无果。小王又找地陪帮助，地陪也无能为力，只能继续排队。最后小王排到退票窗口的时候列车已经发车 40 分钟了。由于后面没有类似团队，车票也无法改签，火车票直接损失近 1.2 万元。

后来，双方经过多次交涉，这笔费用由旅行社和该单位各自承担一半，但由于发生了一连串不愉快的事情，这个单位从此再没有联系该旅行社去旅游。

上述案例中，旅行社全陪小王虽然尽了很大的努力，但由于不清楚旅行社的责任范围，随意承诺满足游客的额外要求，导致了旅行社背负赔偿责任。由此可见，旅行社产品的质量相对其他有形产品来说更难把控，如若处理不当，很容易引起不良后果。如何应对突发事故，保证产品质量，如何更好地规避风险，突发事故发生后的应急处理是旅行社应该关注的问题。

（一）危机的预测

危机管理包含危机预测和危机处理。危机预测工作做得好，有助于做好危机处理的工作。前面的工作没做好，会增加后面工作的难度。

1. 危机的种类和特点

（1）危机的种类

①一般危机，指一般性矛盾纠纷。如个别员工因服务态度或售后服务不到位而与旅游者发生的矛盾纠纷，个别员工因违反岗位职责或其他过失而导致的一般事故或不良影响，个别员工因工资待遇与领导发生争执以及员工之间的纠纷等，均属于一般危机。

②重大危机，主要包括自然灾害、交通能源事故、自身失误、商业危机、人为破坏和劳资纠纷等。

（2）危机的特点

①危机事件具有突发性和偶然性。危机事件往往在很短的时间内爆发，使人猝不及防。

②危机事件具有极大的破坏性。危机事件不仅会对旅游者造成伤害，而且会损害旅行社的整体形象，甚至会波及其他旅行社或整个社会。城门失火，殃及池鱼。有时候，别的旅行社的危机也会牵连到本旅行社，一种危机可能会引发另一种危机。

③危机事件还具有极大的影响性。事件会经新闻媒体报道而成为旅游者关注的焦点,影响范围会迅速扩大,有时甚至可能成为国际新闻,从而给旅行社处理危机、重塑形象工作增加难度。

2. 建立危机预警机制

一般来说,危机是难以预测的,但许多危机在爆发之前会出现某些征兆。因此,建立危机预警系统,做好各种精神上和物质上的准备,是十分必要的。旅行社要把它作为一项基本任务。

(1)树立危机意识。旅行社有了危机意识,对危机征兆非常敏感,就能及时发现危机的萌芽,对有可能导致危机的发生尽早加以圆满地解决;同时对危机的到来有充分的心理准备;当危机来临时从容镇定,能够在危机中看到这也是改善管理、重塑形象的良机,而不至于束手无策或手忙脚乱。

(2)加强信息管理。信息管理是预警系统的重要组成部分。有关危机预警方面的信息主要包括:①旅游者对旅行社产品的反映和评价;②国家和地方经济政策及经济、政治体制改革的方向,有关行业标准的变化;如 2013 年颁布的《中华人民共和国旅游法》规定:旅行社不得以不合理的低价组织旅游活动,诱骗旅游者,并通过安排购物或者另行付费旅游项目获取回扣等不正当利益。规定旅行社组织、接待旅游者,不得指定具体购物场所,不得安排另行付费旅游项目。同时规定,经双方协商一致或者旅游者要求,且不影响其他旅游者行程安排的除外。另外,《中华人民共和国旅游法》还对导游的行为作出规定:导游和领队不得擅自变更旅游行程或者中止服务活动,不得诱导、欺骗、强迫或者变相强迫旅游者购物或者参加另行付费旅游项目。这些信息都是旅行社要掌握的并且在操作团队时要注意的内容。③重点客户的变动趋势;④竞争对手的生产经营策略和市场需求发展变化趋势;⑤旅游服务产品供应商的价格及股市的波动情况;⑥旅行社自身的经营、管理状态和产品、服务质量。

人们对危机的到来普遍会感到恐慌。信息管理就是防止不利的信息对领导决策和旅行社正常经营活动产生干扰,避免领导做出错误决策,避免旅游者心理和情绪受到不良刺激。

(二)危机的处理

危机事件发生后,旅行社应迅速向有关部门报警、求救,并利用旅行社力量进行自救。如遇到有可能造成人员伤害的事件,应把防止和减少人员伤亡放在首位,在保证人员安全的前提下,抢救有关档案资料、设备财物等。与此同时,要更多地关注旅行社形象受损害的情况。要在危机处理机构的指挥、部署和部门的协助下,有效地控制事态,重新树立旅行社形象。

1. 控制事态,真实传播

这里所说的事态,主要是指因为舆论影响而形成的失去旅游者的信任和支持、给旅行社造成更大压力、使危机影响扩大、危机处理难度增加的状态。要传播真实的信息,开放信息传播的通道,加强对信息的监控以及确定新闻发言人。

2. 争取合作,表明态度

争取旅游者的合作、支持是处理危机事件、控制事态的关键。对一些重大的危机,单靠旅行社自身的力量是难以应付和处理的。只有取得社会各界的支持和协助,才能渡过难关。依靠真实的传播可以使旅游者了解危机的性质和旅行社受损失的情况,以赢得广泛的同情。除此之外,旅行社还要表明对危机的态度,赢得旅游者的信任,争取社会各界在精神、资金和人力等方面的支持。

3. 标本兼治,重塑形象

旅行社在处理危机事件的过程中,要尽快着手开展形象重塑工作,恢复旅行社在旅游者心目中的形象和声誉。只有使旅行社的形象重放光彩,旅行社才能最终摆脱危机。

(1)确立新的企业目标:一般来说,重塑形象的工作主要包括4个方面:①使受害者及家属得到最大的安慰;②使利益受到损失者得到补偿;③使怀疑者获得信心,重新成为忠诚的合作者和支持者;④吸引新的合作者和支持者。

(2)加大信息传播力度:危机事件往往是旅行社向旅游者显示其高超的传播能力和生存能力的好时机。旅行社要抓住这一良机,采取各种形式,利用各种传播媒介,展示旅行社能够经受挫折、坚韧不拔的素质和强大的凝聚力,进一步扩大旅行社的知名度,提高旅行社的美誉度。

(3)诚恳答谢社会各界:旅行社能够渡过难关,得力于社会各界的协助和支持。不管他们出于何种动机,客观上都对旅行社有好处。因此,要采取多种形式答谢,如可以在产品或服务的价格上让利,可以举办慰问演出活动或演讲、报告会,也可以由主要领导走访致谢或送达感谢信,还可以通过新闻媒体表示赞扬。

(三)各种类型的突发事故处理方法

旅行社除了做好日常接待服务管理工作之外,还必须随时准备处理旅游接待过程中的各种突发事故。能否妥善处理好各类突发事故,不仅是对旅行社接待服务人员的严峻考验,更会对旅行社的社会信誉和经济效益产生重要影响。因此,旅行社的管理者及接待服务人员都应当高度重视旅游接待过程中突发事故的处理,以便更好地维护旅游者、旅行社及整体旅游市场的利益。

1. 处理突发事故的原则

处理突发事故的原则主要有3项,即宾客至上原则、服务至上原则和合理而可能原则。

首先,宾客至上是服务业的宗旨。旅游者不仅是旅行社经济来源的提供者,更是远道而来的宾客。他们花费时间、金钱和精力,带着愉悦身心和审美的目的来到异国他乡,希望拥有满意美好的旅程。旅行社应该为旅游者提供良好优质的服务。

服务至上原则是旅行社接待服务人员工作的出发点。服务至上原则强调旅行社在日常接待服务工作中应当从维护旅游者利益的角度出发,尽其所能满足旅游者提出的合理要求。

旅游者有时会因对旅游活动的期望值过高而提出自己的意见和要求。这时,导游员应根据合理而可能的原则满足游客那些既合理又能够实现的要求,而对于那些既不合理又不可能实现的要求,导游人员则要通过实事求是、合情合理的解释,取得旅游者的谅解。

2. 处理事故的依据

旅行社处理事故的依据是相关法律法规和旅游协议。

(1)法律依据。我国有下列与旅游相关的法律法规:《中华人民共和国旅游法》《中华人民共和国消费者权益保护法》《旅行社条例》《导游人员管理条例》《旅游安全管理暂行办法》《旅游投诉处理办法》《中华人民共和国海关法》《中华人民共和国保险法》《文物保护法》《风景名胜区管理条例》《中华人民共和国外国人入境出境管理法》《中华人民共和国公民出境入境管理法》等。

根据《旅行社条例》,旅行社损害旅游者合法权益的,旅游者可以向旅游行政管理部门、工商行政管理部门、价格主管部门、商务主管部门或者外汇管理部门投诉,接到投诉的部门应当按照其职责权限及时调查处理,并将调查处理的有关情况告知旅游者。

(2)协议依据。旅行社为旅游者提供服务,应当与旅游者签订旅游合同。《中华人民共和国旅游法》规定,旅游合同应当采用书面形式,并包括下列内容:

①旅行社、旅游者的基本信息;
②旅游行程安排;
③旅游团成团的最低人数;
④交通、住宿、餐饮等旅游服务安排和标准;
⑤游览、娱乐等项目的具体内容和时间;
⑥自由活动时间安排;
⑦旅游费用及其交纳的期限和方式;
⑧违约责任和解决纠纷的方式;
⑨法律、法规规定和双方约定的其他事项。

旅行社应当对旅游合同的具体内容作出真实、准确、完整的说明。如果因为旅行社故意或过失没有履行合同,给旅游者造成经济损失,旅行社应承担赔偿责任。其中包括:旅行社收取旅游者预订款后没有成行,又没有在规定时间内通知旅游者;因旅行社的过错造成误机(车、船);旅行社安排的餐厅食品质价不符;饭店和交通工具低于合同规定的等级档次等。在旅游过程中,如果导游人员不按合同规定,擅自变更活动日程、擅自增加购物次数、擅自向游客索要小费等,旅游者也可向旅游质量监督机构举报。

3. 旅游突发事故的处理方法

(1) 旅游者伤病、病危或死亡的处理

①伤病。旅游者意外受伤或患一般性疾病时,导游人员应及时探视,劝其尽早去医院看病并留在饭店内休息,必要时通知餐厅提供送餐服务;如有需要,导游人员应陪同患者前往医院就诊,并向游客讲清看病费用自理。严禁导游人员擅自给患者用药。

②旅游者病危。旅游者病危时,导游人员应立即协同领队或亲友送病人去急救中心或医院抢救,或请医生前来抢救。患者如系某国际急救组织的投保者,导游人员还应提醒领队及时与该组织的代理机构联系。在抢救过程中,导游人员应该要求旅游团的领队或患者亲友在场,并详细地记录患者患病前后的症状及治疗情况。需要签字时,导游人员应请患者的亲属或领队签字。在抢救过程中,导游人员应该随时向当地接待社反映情况。若游客病危但亲属不在身边时,导游人员还应该提醒领队及时通知患者亲属。患者亲属到来后,导游人员应协助其解决生活方面的问题。如患者系外籍人士,导游人员应该提醒领队及时通知患者所在国驻华使(领)馆。同时妥善安排好旅游团其他旅游者的活动,全陪应该继续随团旅行。

③旅游者死亡。旅游者死亡,不管是什么原因,导游人员都应立即向当地接待社报告,由当地接待社按照国家有关规定做好善后工作。同时,导游人员应稳定其他旅游者的情绪,并继续做好旅游团的接待工作。游客如系非正常死亡,导游人员应注意保护现场,并及时报告当地有关部门。

(2) 旅游者丢失证件、财物、行李的处理

①丢失证件。

A. 丢失外国护照和签证。由当地旅行社开具证明,由本人持证明到当地公安局挂失;然后持公安局证明到所属国驻华使、领馆申请补办新护照;领到新护照后再去当地公安局办理签证手续。

B. 华侨丢失护照和签证。由当地旅行社开具证明,失主持遗失证明到省、自治区、直辖市公安局(厅)或授权的公安机关报失并申请办理新护照,还须持新护照去侨居国驻华使、领馆办理入境签证手续。

C. 丢失港澳同胞回乡证。由失主持当地接待旅行社的证明向遗失地的市、县公安部门报失,经查实后由公安机关的出入境管理部门签发一次性有效的《中华人民共和国出境通行证》,凭证返回香港、澳门。

D. 丢失台湾同胞旅行证明。由失主向遗失地的中国旅行社或户口管理部门

或侨办报失,核实后发给一次性有效的出入境通行证。

E. 丢失居民身份证。由当地旅行社核实后开具证明,失主持证明到当地公安局报失,经核实后开具身份证明,机场安检人员核准放行。

②丢失财物。财物包括一般物品、贵重物品、汇票等。财物丢失,无论是由于本人的不慎,还是接待服务方面的疏忽,导游员都要详细了解失物的形状、特征、价值,分析物品丢失的可能时间和地点并积极帮助联系、查找。如果失主已办了人身和财物保险,应由保险公司赔偿其损失;如果是由于接待方的失误,则应由有关部门赔偿。如果旅游者丢失的是进关时登记并必须复带出境的贵重物品,接待旅行社要出具证明,失主持证明到当地公安局开具遗失证明,以备出海关时检查或向保险公司索赔。

如果丢失汇票、旅行支票、信用卡,应立即办理挂失手续,并向当地公安机关报案,以挽回损失。证件、财物,特别是贵重物品被盗,是治安事件,导游员应立即向公安部门和保险公司报案并协助查清线索,力争破案,找回被盗财物。如果找不到被盗物品,则要协助失主开具失窃证明书,并提供热情的服务,安慰失主以缓解其不快情绪。

③丢失或损坏行李。当旅游者的行李丢失或损坏时,导游人员应该详细了解行李丢失或损坏情况,积极协助查找责任者,当难以找出责任者时,导游人员应该尽量协助当事人开具有关证明,以便向投保公司索赔,并视情况向有关部门报告。

(3)旅游者走失事故的处理

游览过程中,旅游者走失的情况难免时有发生,大致可分为以下两种情况。

①集体活动中走失。旅游团在某一游览点活动时,个别旅游者可能由于对某一景物产生浓厚兴趣或忙于摄影而脱离了团队,造成旅游者走失;也可能因为导游员照顾不周致使旅游者走失。发现旅游者走失后,地陪应立即向团内其他游客了解情况并请领队、全陪迅速分头去找,自己带领其他游客继续游览。在采取了各种必要的措施后仍找不到,而且确信走失者并未返回下榻的宾馆以后,应报告旅行社和旅游管理部门请求协助,必要时经领导同意向公安部门报案。找到走失者后,导游人员应问清情况,分析走失原因。如果是导游员的失误则应向游客道歉;如是游客自身原因,应对其进行安慰,讲明利害关系,提醒其以后注意。发生游客走失事件后,导游员应对事故做出总结,写出书面报告,内容包括游客走失的原因和过程、寻找情况、处理结果、游客反应等。

②自由活动中走失。旅游者外出自由活动走失后,导游员应立即报告旅行社,并通过有关部门通报当地公安局、派出所和交通部门,尽可能详细地提供走失者的相貌、衣着特征和相关情况,请求沿途寻找。旅游者走失后出现的其他情况,应视具体情况做治安事故或其他事故处理。

(4)旅游安全事故的处理

①交通事故的处理。交通事故有飞机事故、火车事故、汽车事故等,但最常见的是汽车事故。在行车期间要保证司机注意力集中,不疲劳驾驶,不和他人聊天。如果发生重大交通事故伤亡时,导游员应立即组织现场人员进行抢救,让旅游者离开车辆;对重伤员进行止血、包扎、夹板等初步处理;电话呼叫救护车或立即拦车送伤员去医院。不要在忙乱中破坏现场,应尽快通知交通、公安部门派人来现场调查处理。调查时,导游员和司机要密切合作,实事求是地介绍事故发生的情况,不要互相推诿,更不能无理取闹。同时,还要向旅行社报告事故的发生和伤亡情况,请求派人前来指挥事故的处理,并要求派车把未伤和轻伤者接送至饭店。事故发生后,还要注意稳定旅游者的情绪,通过提供各种服务和安排适宜的活动,使旅游者从惊慌中解脱出来,力争继续按计划参观游览。对伤亡人员的抢救处理和前述对患病和死亡问题的处理一样,都要由有关部门出具证明,最后由导游员写出书面报告。书面报告要详细准确,最好和领队联合署名。

②火灾事故的处理。旅游团下榻饭店以后,导游员必须熟悉楼层的安全出口、安全楼梯的位置及安全转移线路,并提醒游客注意防火。遇到火灾,导游员要立即报警并迅速通知领队及全团游客,指挥大家听从工作人员的统一指挥,迅速通过安全出口离开现场。切记不要慌乱,更不能只顾自己而不顾全团旅游者的安全。如果情况紧急,千万不要搭乘电梯或随意跳楼,导游员要引导大家自救,以求保全性命,等待救援。例如,将面部靠近墙根、墙壁或地面,且用湿毛巾捂住脸顺墙爬出去;用浸湿的衣物、被褥堵塞门缝或泼水降温;打开未燃烧一方的窗户;看到或听到救护人员时要大声呼喊,或在窗口摇动色彩鲜艳的衣物等。旅游者脱离火灾现场后,导游员要立即抢救伤员,伤重者送医院治疗;若有游客死亡,按有关规定处理。导游员应采取各种措施,稳定团队情绪,解决生活方面的困难,设法使旅游活动继续进行。此外,导游员还应协助领导处理好善后事宜,认真写出书面报告。

③治安事故的处理。坏人的骚扰、偷窃、抢劫、诈骗、行凶等统称治安事故。在带团游览期间,导游员要时刻提高警惕,尽量防止治安事故的发生。一旦发生治安事故,导游员应该做到临危不惧、挺身而出,奋力与坏人拼搏,勇敢地保护游客,并立即把旅游团转移到安全地带,要争取利用群体的力量将凶犯抓获。但也要防备坏人携带凶器,因此不可鲁莽行事,要以旅游团队的安全为重。如有游客受伤,应立即组织抢救。发生治安事故后,导游员要立即报警,并应实事求是地介绍案件发生的时间、地点、经过、作案人的特征,以及受害人的姓名、性别、年龄、国籍、伤势、损失物品的名称、数量、型号、特征等情况。同时向旅行社领导汇报并请求指示。治安事故发生后,导游员要注意稳定团队情绪,努力使旅游活动继续开展。对事故写出详细的书面报告,处理好受害者的补偿、索赔等事宜。

(5) 旅游者越轨行为的处理

越轨行为一般是指游客违犯一个主权国家的法律和世界公认的国际准则的行为。虽然游客的越轨行为属于个人问题的范畴,但处理不当也容易引起不良后果。因此,处理旅游者的越轨行为,要分清几个界限:越轨和非越轨的界限,有意和无意的界限,无故和有因的界限,言论和行为的界限,正常交往和非正常交往的界限。只有正确区分上述几个界限,才能正确处理此类问题。

①对不当言论的处理。由于社会制度和政治观念的差异,外国游客可能对中国的方针政策和实际国情有误解。因此,导游员应通过积极地宣传,认真地回答旅游者提出的问题,友好地介绍我国国情,诚恳地阐明我们对某些问题的立场、观点,以达到求同存异、友好相处。但是,如果有人站在敌对的立场上进行恶意攻击和诬蔑,导游员应予以严正地驳斥,必要时报告有关部门。

②对违法行为的处理。由于社会制度和传统习惯的差异导致各个国家的法律制度不完全一样。对因为缺乏对中国的法律和传统习惯的了解而做出违法行为的外国旅游者,导游员要讲清道理,指出错误,并报告有关部门,根据其情节适当予以处理。

③对与中国人不正常交往行为的处理。外国旅游者和中国人不正常的交往行为是指违犯我国法律有关规定的交往,如走私、贩毒、偷盗文物、卖淫嫖娼、盗窃国家机密和经济情报等。一旦发现这类违法犯罪行为,导游员应立即汇报,并配合司法部门查明罪责。

④对异性越轨行为的处理。当外国人对中国异性行为不轨时,导游员应阻止,并告知中国人的道德观念和异性间的行为准则,对不听劝告者应指出问题的严重性,必要时采取断然措施。

(6) 漏接、错接和误机(车、船)事故的处理

①漏接事故的处理。所谓漏接事故,是指旅游团队已抵达某地但无导游员迎接的事故。如果是由于导游人员自身原因造成漏接事故,导游员要向旅游者说明原委并诚恳道歉;如果是由于客观原因造成漏接事故,导游人员也应向旅游者进行耐心细致地解释,防止引起误解。在以后的旅游活动中,导游还要将功补过,以消除旅游者的不愉快情绪。

②错接事故的处理。所谓错接,是指导游员接了不应由他接的旅游团队,这是由于导游员的责任心不强,在接站时未能认真核实所造成的。错接事故发生后,导游员必须向旅游者说明情况,诚恳道歉。

③误机(车、船)事故的处理。误机(车、船)事故一旦发生,导游员和旅行社应尽快和机场(车站、码头)联系,争取让游客改乘下一班次的交通工具。如果旅游团不能马上离开本地,导游员应稳定游客的情绪,安排好滞留期间的食宿和活动,

并通知下一站做必要的变动。误机(车、船)事件,既耽搁了时间,又造成经济上的损失,所以不仅应该立即采取补救措施,并且还应向旅游者赔礼道歉。事后必须查清事故原因和责任。

(7)旅游者个别要求的处理

①餐饮方面的个别要求。餐饮方面的要求可以分成两种情况:一种是由于宗教信仰、生活习惯、身体状况等原因,有些旅游者在团队出发前提出饮食方面的特殊要求,如不吃猪肉或其他肉食、不吃油腻荤腥、不吃辛辣、不吃盐糖等。旅行社应事先与饭店联系,不折不扣地兑现;另一种是旅游团抵达后旅游者临时提出来的用餐要求,则要视情况处理。一般情况下,游客换餐应提前3个小时打招呼,否则旅行社可以不予调换,但地陪也可与餐厅联系,在可能的情况下尽量满足游客的要求;如确实存在困难,地陪应向旅游者讲明情况,协助其自行解决。

②住房方面的个别要求。团体旅游者在旅游目的地下榻于哪家饭店、享受什么等级的住房标准,在旅游协议书中都有明确规定。如果提供的住房低于标准,或者以同星级的饭店替代协议书中标明的饭店,旅游者提出异议,旅行社应负责调换或提出补偿办法。如果不是由于旅行社的原因,旅游者提出调换住房,则要视情况处理。如果是由于客房内卫生设备达不到清洁标准,导游员应该和饭店协商予以满足,无法满足的,要做耐心解释。如果是要求调换高于协议标准的住房,如有可能,尽量予以满足,但必须向旅游者说明需自理退房损失和房费差价。

③娱乐方面的个别要求。娱乐活动是旅游团晚间活动的重要内容,是一种积极休息的办法。一般在旅游协议书中都有事先安排的计划内文娱活动。由于旅游者兴趣和爱好不同,有的旅游者要求临时调换或自费观赏别的文艺演出,导游员应本着"合理而可能"的原则,尽量设法帮助解决,满足游客的要求。如果协议书上没有将文娱活动列入计划,应先征求团队意见,然后再做安排;如果已经列入计划,旅游者又要求在计划外选择其他文娱活动,导游员可以在购买门票、联系交通工具等方面提供帮助,通常不陪同前往。但如果旅游者要求去大型娱乐场所或情况复杂的场所,导游员须提醒旅游者注意安全,必要时应陪同前往,但费用由旅游者自理。如果旅游者要到不健康的娱乐场所去,导游员要断然拒绝。

④购物方面的个别要求。购物是旅游活动的六大要素之一,是参观游览活动的重要补充。在购物时,旅游者往往会提出各种特殊要求,导游员应设法满足其要求。如果旅游者要求单独外出购物,导游人员要予以协助,当好购物参谋,如建议其去哪家商场购物,为其安排出租车并让其携带中文便条(条上注明商店名称、地址和饭店名称)等。但在旅游团即将离开本地时,导游人员要劝阻旅游者单独外出购物。如果旅游者在某商店看中一件商品,当时犹豫不决,回饭店后才下了决心,只要时间许可,导游员应帮助购买,必要时陪同前往;如果旅游者购物后发现是残

次品、对物品不满意或者计价有误,要求导游员帮其退换,导游员也应积极协助解决,以维护旅游地的商业信誉。若外国旅游者希望购买古玩或仿古艺术品,导游员应建议其去文物商店购买,并告知中国有关文物保护的规定。若发现个别旅游者有走私文物的可疑行为,要立即报告有关部门。

⑤探视亲友的个别要求。凡属正常的探视,导游员应设法予以满足。比如外国旅游者要求探视在华亲友,其亲友无论是中国公民还是外国公民,都应协助联系或让其自行联系。导游员一般不参加他们之间的会见,没有担当翻译的义务。如果外国旅游者要求探望非亲非故的中国人,如会见中国同行洽谈业务、联系工作、捐款捐物或慕名拜访某位名人,导游人员要向有关领导汇报,按规定办理。若外国旅游者要求会见驻华使、领馆人员,导游人员不应干预,必要时应给予帮助。若外国旅游者邀请导游人员参加使、领馆举行的活动,导游人员应经领导批准后方可前往。若旅游者希望其在华亲友随团活动,在征得领队和旅游团其他成员同意后可满足其要求,办理入团手续。对驻华使、领馆人员的随团活动,要严格按照我国政府的有关规定;如果要求随团活动的外国旅游者在华亲友的身份是记者,一般应婉言拒绝。

⑥中途退团或延长旅游期限的要求。旅游团或部分旅游者要求提前离开中国或延长旅游期限,导游员无权答复,必须立即报告接待方旅行社,由其酌情处理。导游人员则应在领导指示下做具体工作予以协助。

关键词汇

旅行社产品质量　评价标准　旅行社产品质量管理　ISO 9000　风险管理　危机处理

思考与练习

一、填空题

1.《中华人民共和国旅游法》是_____年颁布的。

2.旅游者丢失港澳同胞回乡证,需要失主持当地接待旅行社的证明向遗失地的市、县公安部门报失,经查实后由公安机关的出入境管理部门签发一次性有效的_____,凭证返回香港、澳门。

3.危机的种类分为_____和_____。

4.旅行社产品设计主要有三个方面的内容,即_____、住宿与_____。

二、单项选择题

1.旅游者一般不会购买(　　)保险。

A. 旅游意外伤害险　　　　　　B. 行李损失险

C. 旅行社责任险　　　　　　　D. 旅行社免赔险

2.（　　）包含了设计、开发、生产、安装和服务的各个阶段的20个要素，最适合于旅行社采用。

A. ISO 9001　　　　　　　　B. ISO 9002

C. ISO 9003　　　　　　　　D. ISO 9004

3.（　　）是指旅行社所具有的服务功能，由服务人员和旅游服务设施相结合而组成。

A. 服务技术　　　　　　　　B. 服务内容

C. 服务内涵　　　　　　　　D. 服务项目

三、多项选择题

1. 旅行社分散经营风险的方式有（　　）

A. 与供应商订立保证合同　　B. 多元化经营

C. 集团化经营　　　　　　　D. 专业化经营　　　E. 独资经营

2. 处理突发事故的原则是（　　）。

A. 宾客至上原则　　　　　　B. 以人为本原则

C. 服务至上原则　　　　　　D. 合理而可能原则　　E. 舍己为人原则

3.《中华人民共和国旅游法》中规定，旅行社为旅游者提供服务，应当与旅游者签订旅游合同并载明下列事项（　　）。

A. 旅行社、旅游者的基本信息

B. 交通、住宿、餐饮等旅游服务安排和标准

C. 游览、娱乐等项目的具体内容和时间

D. 违约责任和解决纠纷的方式

E. 旅游购物次数

四、判断题

1. 危机事件具有突发性和不可预见性。　　　　　　　　　　　　　（　　）

2. ISO 9000系列标准，包括ISO 9001、ISO 9002、ISO 9003、ISO 9004国际标准。

（　　）

3. 如果要求随团活动的外国旅游者在华亲友的身份是记者，一般应请示旅行社，获得同意后可随团前往。　　　　　　　　　　　　　　　　　（　　）

五、简答题

1. 旅行社产品服务质量评价标准有哪些？

2. 试述旅行社产品质量管理的内容。

3. 旅行社可以采取哪些主要措施避免风险？

4. 假如你是一名旅行社管理人员,你怎样看待危机预测和危机处理工作?
5. 旅行社处理各种突发事故的原则和依据是什么?

六、案例分析

某旅行社男导游员小李接待了一旅游团,团中大部分是男性游客。在饭店用完餐后,小李刚想带游客去游览,有游客当面向小李建议下午的游览可否请旅行社安排一名女性导游员。小李听后觉得很委屈,随即打电话给旅行社,请旅行社重新安排导游员。

旅行社经理告诉小李,社内导游已全部出团去了,换导游是不可能的,并要求小李沉住气,尽力做好说服游客的工作和导游服务工作。于是,小李就没好气地跟游客说:"现在是旅游旺季,别说女导游,连男导游都调不出,请你们委屈一下。"小李觉得游客太不给他面子,因此导游时始终提不起劲。游客虽说无奈,但游兴也大减。

请问小李的做法是否妥当?正确的处理方法是什么?

参考文献

[1] 蔡必昌. 旅行社管理操作实务[M]. 广州:南方日报出版社,2004.

[2] 曹华盛. 旅行社经营与管理[M]. 上海:上海人民出版社,2010.

[3] 杜江,戴斌. 旅行社管理比较研究[M]. 北京:旅游教育出版社,2004.

[4] 甘朝有. 旅游心理学(修订版)[M]. 天津:南开大学出版社,2005.

[5] 保继刚,楚义芳[M]. 旅游地理学(第三版). 北京:高等教育出版社,2012.

[6] 郭国庆. 服务营销管理(第三版)[M]. 北京:中国人民大学出版社,2013.

[7] 国家统计局. 中国统计年鉴 2013. http://www.stats.gov.cn/tjsj/ndsj/2013/indexch.htm.

[8] 贺学良:现代旅行社经营管理[M],上海:复旦大学出版社,2003.

[9] 黄明亮,赵利民. 旅行社经营管理[M]. 北京:中国人民大学出版社,2006.

[10] 贾静. 试析不同类型家庭的旅游行为特点[J]. 焦作工学院学报(社会科学版),2003(03).

[11] 蒋三庚. 旅游策划[M]. 北京:首都经济贸易大学出版社,2002.

[12] 李宝明. 旅行社经营管理[M]. 北京:经济科学出版社,2004.

[13] 李广. 旅行社企业的品牌之路. 中国营销传播网 http://www.emak.com.

[14] 李天元. 旅游学[M]. 北京:高等教育出版社,2002.

[15] 李永文. 旅游地理学[M]. 北京:科学出版社,2004.

[16] 林峰. 旅游品牌整合营销传播系统及其应用. 林峰视点 http://www.lin.lwcj.com.

[17] 林峰. 旅游品牌整合营销传播体系. 林峰视点 http://www.lin.lwcj.com.

[18] 刘北林. 现代服务学概论[M]. 北京:中国物资出版社,2008.

[19] 刘志远,林云. 旅游营销策略[M]. 上海:立信会计出版社,2001.

[20] 马勇,刘名俭. 旅游市场营销管理[M]. 大连:东北财经大学出版社,2008.

[21] (美)匹赞姆(Pizam,A.)等编著;舒伯阳等主译. 旅游消费者行为研究[M]. 大连:东北财经大学出版社,2005.

[22] 潘宝明. 旅行社管理概论[M]. 武汉:华中师范大学出版社,2006.

[23] 秦明. 旅游心理学[M]. 北京:北京大学出版社,2005.

[24] 孙爱荣. 打造旅行社竞争优势之我见[J]. 企业研究,2006(1).

[25]王鹏飞.旅游产品设计基础[M].北京:首都师范大学出版社,2005.

[26]吴国清.旅游线路设计[M].北京:旅游教育出版社,2006.

[27]徐云松.旅行社经营管理[M].杭州:浙江大学出版社,2005.

[28](英)斯沃布鲁克(Swarbrook,J.),(英)霍纳(Horner,S.)著;俞慧君,张鸥,漆小燕译.旅游消费者行为学[M].北京:电子工业出版社,2004.

[29]张道顺.旅游产品设计与操作手册(第三版)[M].北京:旅游教育出版社,2012.

责任编辑：张　萍
图片提供：微图网

图书在版编目(CIP)数据

旅行社产品设计／万剑敏主编. ——北京：旅游教育出版社，2014.7(2021.8重印)
新编高职高专旅游管理类专业规划教材
ISBN 978－7－5637－2958－6

Ⅰ．①旅… Ⅱ．①万… Ⅲ．①旅行社—市场营销学—高等职业教育—教材　Ⅳ．①F590.63

中国版本图书馆 CIP 数据核字(2014)第 125534 号

新编高职高专旅游管理类专业规划教材
旅行社产品设计
万剑敏　主编

冯　静　朱　廉　徐玉萍　副主编

出版单位	旅游教育出版社
地　　址	北京市朝阳区定福庄南里1号
邮　　编	100024
发行电话	(010)65778403 65728372 65767462(传真)
本社网址	www.tepcb.com
E - mail	tepfx@163.com
印刷单位	北京虎彩文化传播有限公司
经销单位	新华书店
开　　本	787 毫米×960 毫米　1/16
印　　张	12
字　　数	178 千字
版　　次	2014 年 7 月第 1 版
印　　次	2021 年 8 月第 3 次印刷
定　　价	25.00 元

(图书如有装订差错请与发行部联系)